孙犁二十世纪八十年代在天津

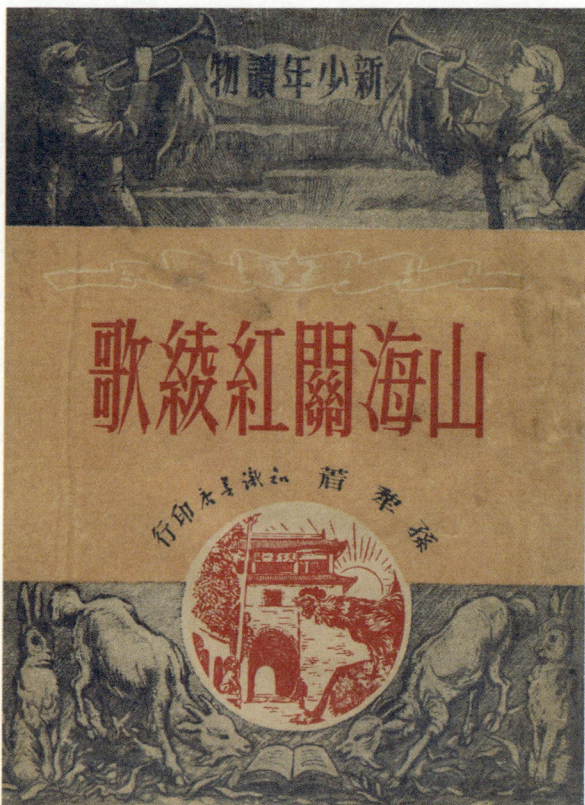

孙犁的第一本诗集《山海关红绫歌》
知识书店 1951 年版

孙犁 1946 年春在河北蠡县

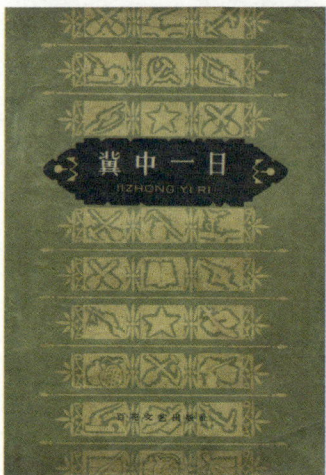

孙犁参与编辑的《冀中一日》
百花文艺出版社 1959 年版

孙犁参与编辑的《冀中一日》(下集)
百花文艺出版社 1963 年版

孙犁 1972 年在白洋淀

铁木前傳

孙犁 著

天津人民出版社

孙犁的中篇小说《铁木前传》
天津人民出版社 1957 年版

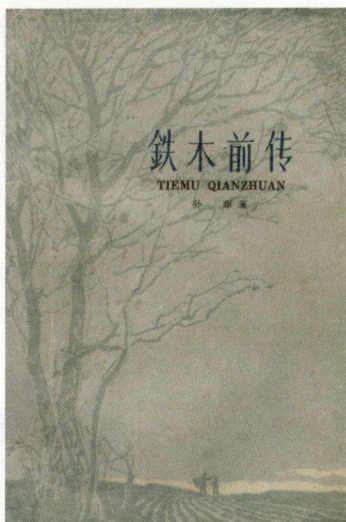

铁木前传

TIEMU QIANZHUAN

孙 犁 著

孙犁的中篇小说《铁木前传》
百花文艺出版社 1959 年版

孟冬十郡良家子血作陳陶澤中
水野曠天清無戰聲四萬義軍
同日死羣胡歸來血洗箭仍唱胡
歌飲都市都人迴面向北啼日夜
更望官軍至　杜甫　悲陳陶

一九九四年五月十三日晨為閣北日報寫副刊名硯
有餘墨用耿二所寄詩箋書此　孫犁

孫犁书杜甫《悲陈陶》诗

风云初记

编辑笔记

白洋淀纪事

津门小集

如云集

善闇室

孙犁作品及斋名印·韩大星刻

南开大学亚洲研究中心资助出版

孙犁年表

刘运峰 主编

天津出版传媒集团

图书在版编目（CIP）数据

孙犁年表 / 刘运峰主编. -- 天津：百花文艺出版社, 2024. 11. -- ISBN 978-7-5306-8767-3

Ⅰ. K825.6

中国国家版本馆 CIP 数据核字第 2024KD2639 号

孙犁年表
SUNLI NIANBIAO

刘运峰　主编

出 版 人：薛印胜
策划统筹：汪惠仁　张　森　　　**封面设计**：蔡露滋
责任编辑：田　静　　　　　　　**版式设计**：王宝萍
出版发行：百花文艺出版社
地址：天津市和平区西康路 35 号　　**邮编**：300051
电话传真：+86-22-23332651（发行部）
　　　　　　+86-22-23332656（总编室）
　　　　　　+86-22-23332478（邮购部）
网址：http://www.baihuawenyi.com
印刷：山东临沂新华印刷物流集团有限责任公司
开本：787 毫米×1092 毫米　　1/32
字数：242 千字
印张：13.25
版次：2024 年 11 月第 1 版
印次：2024 年 11 月第 1 次印刷
定价：68.00元

如有印装质量问题，请与山东临沂新华印刷物流集团有限责任公司联系调换
地址：山东省临沂市高新技术产业开发区新华路 1 号
电话：(0539)2925886　邮编：276017

写在前面

　　《孙犁年表》最初由傅瑛、黄景煜编写,始自 1913 年 5 月 11 日(农历四月初六)孙犁出生,止于 1981 年 8 月 6 日孙犁写作《〈澹定集〉后记》,共六十九年,凡五百五十余条目,约三万五千字。该年表的编写曾得到冉淮舟的帮助,稿成后又经孙犁本人审阅订正,发表于《新文学史料》1984 年第 3 期、第 4 期。

　　这是国内第一部较为完整的孙犁年表,对于了解和研究孙犁的生平与创作提供了重要的参考,但限于当时的条件,许多内容都没有在《孙犁年表》中得到体现。更值得一提的是,年表发表之后,孙犁又有大量的作品问世,孙犁的社会交往、日常生活也增添了许多丰富的内容,尤其是随着《芸斋书简》《芸斋书简续编》《书衣文录全编》《孙犁文集》《孙犁全集》等重要著作的出版,孙犁的生平和创作史料不断被发现。因此,编写一部内容完整、史料翔实的《孙犁年表》的时机已经成熟。

　　本次出版的《孙犁年表》是一个全新的版本,时间跨度约九十年，基本上涵括了孙犁的一生。

本书以目前能够见到的孙犁资料包括已经公开发表的作品、书信、书衣文录、谈话、题字等为基础，参以记者和编辑的访谈、孙犁亲朋故旧的回忆等资料，力求全面、完整、客观地反映孙犁的人生道路、文学创作、理论探索、社会活动、人际交往等各个方面。

本书的编写，大体遵循以下原则：

第一，全书行文以孙犁为主语，在叙述有关事迹时，一般主语从略，但在出现多人互动易引起歧义时，则出现主语。

第二，全书行文以客观叙述为主，一般不做主观判断和评论。

第三，对于孙犁的作品，主要注明题目、写作或发表时间、发表报刊名称（期刊杂志期次、卷次以原件标注为准）、出版单位名称、收录情况，一般不引用原文，也不做内容介绍。但对于内容重要且未收集或新发现者，则适当引用原文或做内容介绍。

第四，全书编写，以事系日、以日系月、以月系年。日期不详者，或记为旬，或记为本月；无月可据者，或记为某某月间，或记为季，或记为是年。旬记于每旬之末，某某月间、季，分别插入当年相应位置。同一日中，有具体时间可考者，均以"清晨""上午""下午"和"晚上"表示，按时间先后排序。同一日期有多项记事者，每一事以句号为标记，另一事接排，不分段。

第五，全书采用公元纪年，用阿拉伯数字表示。但对于引文中的数字汉字，则保持原貌。

本书的具体编写，力求体现以下三个特色：

第一，完整性。《孙犁年表》在认真研读孙犁著作的基础上，根据孙犁同时代人以及友人的书信、日记、回忆文章，全面、完整反映孙犁的生平与创作。

第二，客观性。年表不同于传记，也不同于作家本人撰写的回忆录。《孙犁年表》本着客观准确的原则，忠实反映孙犁的人生经历和心路历程。有关孙犁情绪的变化、感情的波动等史实，年表仍如实记录，不为尊者讳。

第三，学术性。由于孙犁本人不写日记，因此在其某些回忆性文字中，往往会存在事实偏差。另外，孙犁写信大多不署年月，或因信封遗失、收信人回忆失误等因素，使得一些书信日期的确定还存在困难和误读，不少收入《孙犁文集》《孙犁全集》《芸斋书简》《芸斋书简续编》的书信日期存在明显差错。本书采取孙犁作品互证、同时代人日记以及回忆，对孙犁本人的误记进行考辨和订正，在一定程度上排除了孙犁研究的障碍。

第四，实用性。本书严格控制篇幅，所有叙述均围绕孙犁展开，除一些重大背景外，不做过多铺陈，不旁逸斜出，不喧宾夺主，为读者提供一部部头适中、查考方便的《孙犁年表》。

本书的创新性体现在：

第一，充分吸纳孙犁研究的最新成果。如新发现的孙犁书信，新出版的孙犁《书衣文录全编》，王林《我与孙犁四十年》，甘以雯、谢大光文章中有关孙犁生平活动的内容等。

第二，采取详略得当的编写方式。对于事实清晰、便于查找的相关资料，文字表述从简从略；对于新发现的材料、脉络不够清晰的史实、未收入《孙犁文集》《孙犁文集》的篇目，则从细从详，部分内容甚至全文照录，以期裨补《孙犁全集》和《孙犁文集》的缺憾。

刘运峰

2024 年 5 月 15 日

1913 年 | 出生

5 月 11 日（癸丑年农历四月初六） 生于河北省安平县东辽城村（今孙遥城）一农民家庭。父亲孙墨池在安国县一家油坊做掌柜，母亲张翠珠为家庭妇女。村子在滹沱河南岸，有一百余户人家，东至县城十八里，西南至子文镇三里，镇上逢四、九日有集，三月和十月有药王庙会。

取名孙树勋，又名孙振海。上有兄姊五人，下有弟弟一人，均殇。出生时家境已稍宽裕。出生后母亲无奶水，靠以碎馒头煮成粥状喂养，得以存活。

幼年体弱，且患惊风疾。至十来岁时由叔父骑驴带到伍仁桥针刺手腕(在清明日，连续三年)，逐渐痊愈。

1919年｜六岁

是年　入本村小学，为新式学堂，不再读四书。功课以习字、作文为主。父亲请人为祖父撰写碑文，令其背诵。家中每年请老师两次酒饭，叔父告知老师不要体罚，因其有病。冬季曾提小玻璃煤油灯上夜校，甚觉有趣。

童年时期　曾听本村德胜大伯讲《七侠五义》，又听外地擀毡条的弟兄三人讲《呼家将》。

上学期间　曾从村西头刘家和东头刘家借阅《封神演义》，又自东头刘家四喜叔那里借阅《金玉缘》(《红楼梦》)。

1924年 | 十一岁

是年　随父亲至安国县,考入高级小学,住在父亲经商的店铺。半年后,与母亲、表姐寄居于父亲一胡姓朋友的闲院,地处西门里路南。小学设备完好,书籍很多,开始阅读文学研究会成员的小说,如叶绍钧的《隔膜》、刘大杰的《渺茫的西南风》等,眼界大开。同时阅读商务印书馆出版的《东方杂志》《教育杂志》《学生杂志》《妇女杂志》《儿童世界》等。

上学期间　父亲为请一课外教师,为一潦倒秀才,教其古文,并代买《诗韵合璧》一部,但未能攻习。父亲又买来一古文家的文集叫其阅读,但没有兴趣,一无所得。

父亲还希望其毕业后报考邮政,并要其与一位青年邮务员交好,二人常一起到城墙上散步,但并没有学到什么。

1926年｜十三岁

是年　报考保定第二师范学校，未被录取，不得已改考入保定育德中学，此中学为私立，费用较高。

1927 年 | 十四岁

年初　因年幼想家,不愿出远门,休学一年。父亲寄来《三民主义》一册。

是年　与黄城王姓女子订婚,女方十八岁。

1928 年 | 十五岁

寒假后　复学。

是年　作文得到老师称许,并屡次在校刊《育德月刊》上发表,多为小说。

课余在图书馆借阅文学作品。

10 月 1 日　作《自杀》,载保定育德中学《育德月刊》第 1 卷第 10 期,署名十五班孙树勋。

是年　与王姓女子结婚。

1930年｜十七岁

5月5日　作小说《孝吗？》,载《育德月刊》第2卷第5期,署名孙树勋。

11月1日　作独幕剧《顿足》,载《育德月刊》第3卷第1期,署名孙树勋。

是年　作小说《弃儿》,载《育德月刊》第2卷第10期,署名孙树勋。

1931年｜十八岁

5月23日　作小说《麦田中》,载《育德月刊》第3卷第7期(1931年)。

是年　长子孙晓普出生。

是年　初中毕业,升入本校高中,为普通科第一部,近似文科。课程有中国文化史、欧洲文艺思潮史、名学纲要、中国伦理学史、中国哲学史、社会科学概论、科学概论、生物学精义等,知识大为长进。在此期间开始阅读马克思《政治经济学批判》等经典著作,并做笔记。试写文艺批评文章并向报刊投稿,但均未被采用。同时攻读英语,又试作古文,均获好评。

1932 年 | 十九岁

读书期间 应同班同学张砚方（当时为平民学校校长）之请，担任女高小二年级国文课。与学生王淑产生爱情，通信被训育主任查出，遂被免职。

1933 年｜二十岁

春季　写作论文《唯物史观艺术论》，投寄胡秋原主编的《读书杂志》。胡回信"稍迟即登"，但终于未登，亦未退稿。

春季　阅读新出版的茅盾长篇小说《子夜》，并从分析《子夜》阶级性、社会性的角度出发，作论文《〈子夜〉中所表现中国现阶段的经济的性质》，载《中学生》1934 年 1 月第 41 号，署名芸夫。

是年　高中毕业。因家庭生活困难，无力报考大学。

1934 年｜二十一岁

春季　去北平谋事，与张砚方同住天仙庵公寓。父亲托人代为谋得市政府工务局雇员一职，因不适应，屡屡请假，局长易人后被免职。失业一段时间后，又经父亲托人，在象鼻子坑小学任事务员，每月薪金十八元。

在北平期间　曾购买、阅读文艺书籍。并向报刊投稿，略被采用。

4 月 26 日　在天津《大公报》副刊《小公园》发表诗歌《我决定了》，共分八节，其中第五节写道："一部分的人，正在输血，给那一部分的人。"署名芸夫。

夏季　保定育德中学同学鲁承宗到北平旅行，到天仙庵公寓看望。

10 月 25 日至 26 日　在天津《大公报》发表散文《故都旧书摊巡礼》，署名孙芸夫。

11 月 29 日至次年 1 月 1 日　在天津《大公报·本市副刊》发表《北平的地台戏》，署名芸夫。

是年　常作电影评论和新书评介，作论文《同路人文学论》等，未发表。留意"左联"与胡秋原、苏汶的论战。

1935年 | 二十二岁

春季　田汉被捕,写文章驳斥国民党御用文人王平陵对田汉的攻击,投寄《现代》杂志,未刊用。

9月23日　长女孙晓平出生。

是年　大量阅读社会科学、文艺理论书籍,节衣缩食,购买鲁迅作品和多种革命文艺期刊,进行文艺理论方面的探讨。

是年　自象鼻子坑小学辞职。辞职后曾挟新出之《死魂灵》出城,去黑龙潭访育德同学习之安。

1936年 ｜ 二十三岁

失业回家后 继续读书自修，练习写作，曾订《大公报》一个月，费用三元。

暑假后 经同学侯世珍、黄振宗介绍，到安新县同口小学教书，月薪二十四元。同口为白洋淀边一大镇，富人较多，小学设备好，住学校楼上。

是年 订阅鲁迅曾任主编的《译文》杂志。通过邮政代办所汇款到北平、上海购买新书，并抄写作品中的警句贴于墙上，反复诵读。

是年 在教学过程中给学生讲解进步作品和国家危亡形势。

1937年 | 二十四岁

7月7日 卢沟桥事变,抗日战争全面爆发。因无法回同口教书,托人将衣物带到安国父亲所在店铺。随后,又托人将在学校的两柳条箱书籍运回家乡。

8月下旬 日军进攻保定一带。中共中央派遣红军干部孟庆山赴冀中发动群众,开展抗日游击战争。

12月 接河北游击军政治部主任侯平(世珍)信,邀去肃宁,次日去安平县城,见县政指导员李子寿,随土匪出身的杨队长骑马前往肃宁,晚抵达,见宣传科刘科长,晚上见到侯平。次日,随吕正操一阎姓参谋长乘大卡车至安国县,见到阎肃、陈乔、李之琏等过去的朋友。因穿军装,父亲以为已参加八路军,甚为不安。

是年 随父亲回到安平。吕正操司令部转移至安平黄城一带。在子文镇街头结识王林。

1938年｜二十五岁

3月20日　在路一主编的《红星》杂志创刊号上发表《现实主义文学论》，包括：(一)马、恩与现实主义；(二)"典型性格"的表现；(三)宇宙观、实践、创作；(四)内容、形式、语言。首次署名孙犁。

4月5日　编写《民族革命战争与戏剧》，由冀中人民自卫军政治部油印。该书包括：前奏；上篇：一、民族解放战争与艺术武器，二、戏剧的特殊性，三、中国劳动民众接近的戏剧，四、我们的口号；下篇：一、怎样组织剧团，二、怎样产生剧本，三、怎样演出；结语：开展戏剧运动。同日，在《红星》杂志第2期发表《战斗的文艺形式论》，包括几种轻便的文艺形式、关于写诗、关于绘画三部分。由此扬名，被路一称为"冀中的吉尔波丁"。吉尔波丁为苏联文艺理论家。

春季　编辑中外革命诗人诗集《海燕之歌》并作前记，在安平铅印出版。

5月　冀中人民武装抗日自卫委员会成立，由李之琏推荐，任宣传部部长。随后，与任志远、胡磊一起到蠡县、高阳、河间等县组织分会。

7月　冀中抗战学院在深县成立，任教官。第一期在民运院讲抗战文艺，第二期在军事院讲中国近代革命史。

8月　与陈乔一起，组建抗战学院剧团，创作剧本《鹰燕记》，反映青年知识分子对抗战的不同认识，在部队多次演出。创作歌词《抗战学院校歌》。

10月24日 对王林所写反映西安事变的剧本《怒潮》提出批评，认为第一幕对话太多，而对宁明(剧中女主角)指出"变态心理"之处太多。

12月 《冀中导报》创刊，发表《鲁迅论》，占一个整版。

年终 县城被日军占领，学院分散，带一流动剧团随冀中各团体行动。因敌情紧张，又大力疏散，与陈肇骑自行车南下，晚至一村，得知陈肇二弟在该村教民兵武术，叫门不应，多人上房开枪，急推车出村躲避。

年终 到冀中一分区，见到赵司令员和熟人张孟旭，领一大收音机抄新闻简报。之后，隐蔽在深县一大村庄地主家，饭食很好。其间曾冒险回家，夜闻枪声，与妻子到一堂伯家躲避。

1939年｜二十六岁

3月25日　根据中共中央决定，由贺龙率领八路军120师到达冀中，巩固抗日根据地。抗战学院解散，随120师开展游击战争。

4月12日　遇王林，谈冀中区火线剧社复活情况。

5月中旬　经王林介绍，与陈肇、董逸峰及安平—安姓区干部过平汉铁路，到山区工作。冒雨在夜间爬山，鞋底洞穿。因将介绍信毁弃，迟迟没有被分配工作。在一山村遇到刘仁。黄敬到来，证明其身份，方分配到设在阜平城南庄的晋察冀通讯社工作。

在通讯指导科工作，每天写指导信数十封，编油印刊物《通讯往来》《文艺通讯》。同时在三将台等村参加办识字班工作。

生活条件极为艰苦，将大夹袄剪分为二，与陈肇各缝褥子一条，以砖代枕。粮食紧张，不能吃饱，常去野外捡拾红枣、黑枣以及烧蝗虫充饥。

10月7日　于百花湾作《梨花湾的故事》，载北岳区边区文教会编印《边区诗歌》一书，署名林冬苹。

10月10日　于阜平完成《论通讯员及通讯写作诸问题》一书，1940年4月由百花湾边区抗敌报社铅印出版。署集体讨论，实一人所为。

11月15日　于灵丘下石砘作《一天的工作》，载晋察冀通讯社编印《文艺通讯》。

12月20日　于阜平东湾作《白洋淀之曲》，载《文艺通讯》。

冬季　与陈肇、董逸峰组成记者团赴雁北地区应县、繁峙一带采访。遇敌人扫荡,发烧,急忙渡河转移。

是年　作叙事诗《儿童团长》。

是年　初识田间。

是年　育德中学校友刘秉彦到来,赠小手枪一把。

1940年｜二十七岁

1月19日　于阜平鲜姜台(三将台)作《识字班》,载《文艺通讯》。

3月23日　于阜平完成短篇小说《邢兰》,载晋察冀《五十年代》1941年创刊号。

5月29日　作《晋察冀边区村剧团的组织、工作和特点》,包括:在剧本问题上,他们是怎样地解决了呢? 在导演问题上,他们是怎样地解决了呢? 他们怎样进行了舞台工作呢? 载《抗敌周报》第2卷第11、12期。

7月7日　作《"七七"画十景》,载7月7日《抗敌报》。

7月25日　中华全国文艺界抗敌协会晋察冀边区分会(简称"文协")成立,沙可夫为主任,与田间、邓康等调入文协。

8月9日　《写作问题手记》载《抗敌三日刊》,署名林冬苹。

本月　初识康濯。

9月14日　作《关于墙头小说》,载1941年3月7日《晋察冀日报》。

10月　作《谈儿童文艺的创作》,载1941年2月16日《晋察冀日报》,署名林冬苹。

12月24日、26日　在《晋察冀日报》发表《冬天,战斗的外围——这是我们报告于世界的……》,1983年11月10日《天津日报》重新发表。

1941 年 | 二十八岁

年初　编写青少年文学读物《鲁迅、鲁迅的故事》。

1 月 15 日　作《一九四〇年边区文艺活动琐记》，载 1 月 26 日《晋察冀日报》。

1 月 31 日　在《晋察冀日报》副刊《晋察冀艺术》第 4 期发表《我们的主题》，署名林冬苹。

2 月 5 日　《晋察冀日报》报道：由沙可夫、远千里、田间、孙犁、周巍峙等组织的鲁迅研究会即将成立。

2 月 24 日　在《抗敌三日刊》发表《连队通讯写作课本》第一课，题为《用什么话写呢？》。

2 月 25 日　于滹沱河北岸作《〈鲁迅、鲁迅的故事〉后记》。

本月　作叙事诗《春耕曲》。

本月　参加边区文艺民族形式的讨论，主张"新瓶新酒"，并作《接受遗产问题》，其提要载 3 月 15 日《晋察冀日报》副刊《晋察冀文艺》第 9 期。

3 月 20 日　在《抗敌三日刊》发表《连队通讯写作课本》第二课，题为《材料问题》。

3 月 24 日　在《抗敌三日刊》发表《连队通讯写作课本》第三课，题为《怎样表现？》。

春季　冀中区开展"冀中一日"写作运动，近十万人参加。

4 月 3 日　在《抗敌三日刊》发表《连队通讯写作课本》第四课，题为《政治性·新闻性·故事性》。

4月7日　在《抗敌三日刊》发表《连队通讯写作课本》第五课,题为《叙事性和抒情性》。

5月9日至14日　晋察冀边区召开文化界人士"民族形式"座谈会,参会并作发言。

5月14日　在《晋察冀日报》副刊《晋察冀艺术》第14期诗歌专号发表《关于诗的语言》。

5月15日　参加晋察冀边区文协创作会议。

本月　作短篇小说《懒马的故事》。

6月16日　晋察冀辖区第一次文代大会开幕。

6月18日　在《晋察冀日报》副刊《晋察冀艺术》第16期发表论文《壮健性——纪念高尔基》,署名力编。

6月27日　晋察冀边区文联成立。

初秋　出差回冀中,为"新世纪"剧社讲课。反"扫荡"时,随剧团在南边几个县打游击,后又回到安平。

同时期　应王林之邀,在安平县郝村同李英儒、路一等编辑《冀中一日》,主编第二辑《铁的子弟兵》。其间,冀中抗联主任史立德同梁斌、齐岩、白力行、刘大风等来看望并慰问。

9月　《鲁迅、鲁迅的故事》由新华书店晋察冀分店出版,列为"青年儿童文艺丛书"第一辑。沙可夫为此书作序。全书分两部分。第一部分:救救孩子(一)、救救孩子(二)、小兄弟、闰土、写在《祝福》里、中国妇女、母亲、一件小事、二员闯将、最大的故事(一)、最大的故事(二);第二部分:美丽的夜晚、长妈妈、郭巨埋儿、看会、看戏、兔和猫的故事、赵七爷、九斤老太、散媳妇、长明灯、香胰子的故事、续香胰子的故事、贤良女学校的西洋景、阿Q(一)、阿Q(二)、阿Q(三)、阿Q(四)。共二十七篇。

10月 《冀中一日》印出发行。提议出一册《纪念鲁迅先生逝世五周年特辑》,随《冀中一日》同时发行,意见被采纳。

本月 《用什么话写通讯》《报告文学的感情和意志》载冀中区油印刊物《通讯与学习》,后者于1983年8月25日《天津日报》重新发表。

12月 参加冀中《前线报》文艺小组座谈会并发言。发言稿以《论战时的英雄文学——在冀中〈前线报〉文艺小组座谈会上的发言》为题,载12月16日《晋察冀日报》。

冬季 根据编辑《冀中一日》心得,编写《区村和连队的文学写作课本》,副题为"给《冀中一日》的作者们"。连载于冀中军区《连队文艺》和晋察冀《边区文化》。此书阐明了个人的文学观,论述了文学的特性,以及文学与生活、文学与人民之间的血肉关系。

是年 编写《少年鲁迅读本》,连载于晋察冀《教育阵地》杂志,共十四课:家、姥姥家、小伙伴、私塾、图画书、童话、环境、科学知识的重要、老师、为了拯救祖国、完全解放了我们、格言、他写下少年们的历史、战术。

是年 于平山创作《女人们》(三篇),包括《红棉袄》《瓜的故事》《子弟兵之家》,载晋察冀《新长城》1941年1卷2期。

是年　于平山作《芦苇》《战士》,载 1946 年 4 月 16 日《北方文化》第 1 卷第 4 期,署名纪普。

是年　作《投宿——故乡纪事》,载 1946 年 6 月 8 日《晋察冀日报》。

是年　作《观察和思维——从王隽闻的长篇〈平原上〉引起的二三问题》,载《抗敌三日刊》。

是年　作《摘树叶》,佚。

1942 年 | 二十九岁

1 月 12 日　于南郝村写作《〈区村和连队的文学写作课本〉油印本后记》。

1 月 20 日　在《晋察冀文艺》第 1 期发表《王福绿——人物杂记之一》和《〈铁的子弟兵〉读后》,后者署名林冬苹。

2 月 20 日　在《晋察冀文艺》第 2 期发表《新人物·感情·气氛》,包括:一、新人物;二、新的感情;三、新的气氛。

本月　作《接受遗产问题》(提要),载 1942 年 2 月《晋察冀日报》。

本月　作《春耕曲》。

4 月 20 日　在《晋察冀文艺》第 4 期发表《检查自己》和《加强文艺武装力量》,署名犁。

春季　《区村和连队的文学写作课本》,由冀中文建会油印发行。冀中军区《连队文艺》、晋察冀《边区文化》等杂志均予连载。

本月　由冀中返回阜平山地。

5 月 4 日　参加晋察冀边区第三届艺术界开幕式和晋察冀边区文救会第二次代表大会。

5 月 6 日　参加边区文联第二次代表大会。

5 月 14 日　在《晋察冀日报》发表《谈诗的语言》。

5 月 31 日　次子孙晓达出生。

本月　在《晋察冀文艺》第 5、6 期合刊发表《诗言志》和《战争和田园》,署名犁;发表《朗诵》,署名力编。

6月24日　在《晋察冀日报》发表《〈冀中一日〉之后》，署名力编。

8月25日　作《爹娘留下琴和箫》，载1943年4月10日《晋察冀日报》文艺副刊《鼓》。因当时有人认为过于"伤感"，1980年以前的作品集均未收录。

本月　作《走出以后》，载《新群众》1946年第2卷第4期。

本月　加入中国共产党，介绍人为田间、陈山。

9月24日　中秋节，于阜平作《丈夫》，载12月23日《晋察冀日报》文艺副刊《鼓》。

11月3日　作《关于"冀中一日"》，载1942年11月3日《解放日报》，署名力编。后改题为《关于"冀中一日"写作运动》，收入《耕堂杂录》。

11月20日　于山谷左边的小屋作《老胡的事》。

初冬　在文联工作的同时，开始编辑《晋察冀日报》文艺副刊《鼓》。《晋察冀日报》是抗日战争时期解放区著名的地方报纸之一，作家的许多重要作品均在此报发表。

本月　转为正式党员。

12月15日　在《华北文艺》第6期发表《论概括的能力》。

12月23日　在《晋察冀日报》文艺副刊《鼓》发表《慷慨悲歌》，署名力编。

冬季　日寇对边区"扫荡"，文联机关化整为零。与曼晴编为一组，一边给报社写战地通讯，一边与敌人周旋。

年终　执笔完成《怎样体验生活？》，署田间、邵子楠、何洛、曼晴、邓康、孙犁讨论,孙犁执笔。

是年 编写《语言简编》,由晋察冀文联油印,佚。

是年 长子孙晓普因盲肠炎不治夭折。

1943年 | 三十岁

1月15日至22日　以记者身份参加晋察冀边区首届参议会会议。

1月31日　在《晋察冀日报》文艺副刊《鼓》发表诗歌《大小麦粒》，诗末自注：1943年春天。

本月　作《一个知识分子的自白》，署名余而立，意即"我到而立之年"。此文佚。

本月　在晋察冀《文风》发表《助谈录》，佚。

2月8日　元宵节，作《她从天津来》，载2月25日《晋察冀日报》。

2月13日　自平山致王林信。后以《二月通信》为题，载2月21日《晋察冀日报》，副题为"寄一个没有到会的参议员"。

春季　写作短篇小说《黄敏儿》。

3月16日　致时达信，贺其与王岫天结婚，同时抄录美国诗人惠特曼的一首抒情诗作为贺礼，认为这里面有爱，有力量和爱的力量的根基。信中还提到："敌人已侵入南店，我们可能转移。"

4月17日　《晋察冀日报》报道鲁迅文艺奖金委员会评选年奖及第三、第四季度奖结果，《区村和连队的文学写作课本》获唯一年奖，《丈夫》获季度奖。

5月19日　在《晋察冀日报》发表短篇小说《第一个洞》。

6月28日　致晋察冀文联、文协下乡同志信，以《和下乡同志们的通信》为题，载晋察冀边区油印刊物《文化界》。

7月　《怎样写作》(上、下册)由华北书店印行。此书为油印本《区村和连队的文学写作课本》更名后首次铅印,前有林火《编辑前记》,卷尾有范瑾所写《二版小记》,全书分为九章,附录《本书学习研究提要》及后记。

夏季　边区文联机关撤销。调至《晋察冀日报》社工作。

9月　开始编辑油印杂志《山》,以山地社名义印行。

秋季　调至华北联大高中班任教。与梁斌相识并交往。

冬季　日军抽集兵力,向北岳区发动为时三个月的"扫荡"。随学校反"扫荡"至繁峙一带山区,住在蒿儿梁,历时三个月。

1944 年 | 三十一岁

3月 到曲阳县六区采访一星期。中间遇敌情,钻地道躲避。

本月 从曲阳返回阜平,当晚即得到通知:立即准备去延安。此后,随华北联合大学高中班启程,日行六七十里。

4月 途经陕西绥德,在晋绥军区司令部见到吕正操,以随身携带的一部线装《孟子》相赠。

6月 到达延安。先后在鲁迅艺术文学院任研究生、教员,与鲁藜、邵子南等为邻。

7月 延安鲁迅艺术文学院开学,担任创作实践辅导。小说《杀楼》在《文艺》墙报上贴出。其间,曾作关于《红楼梦》讨论的发言。陆续写作章回小说《五柳庄对敌斗争话本》十回,写《中国传统小说》一篇,报告三篇。

11月15日 致田间信,谈到初到延安,想在政治上提高一步,相机改行学做政治工作。

是年 作《山里的春天》。根据3月在曲阳体验生活的经历,作《游击区生活一星期》。

1945 年 | 三十二岁

4月16日 在延安《解放日报》发表短篇小说《杀楼——五柳庄纪事》，为计划写作的"五柳庄系列"之一节。

5月10日、11日、14日、15日 在重庆《新华日报》发表散文《游击区生活一星期》，内文小标题为：一、平原景色；二、抗日村长；三、洞；四、村外；五、守翻口；六、人民的生活情绪；七、回来的路上。

5月15日 在延安《解放日报》发表短篇小说《荷花淀——白洋淀纪事之一》，在延安文艺界引起震动。康濯、丁玲均回忆，毛泽东在看过这篇小说后称孙犁是一个有独特风格的作家。

6月2日 散文《白洋淀边一次小斗争——解放区生活报导》载重庆《新华日报》，本文与《游击区生活一星期》的发表，在国统区引起强烈反响。

7月3日 在延安《解放日报》发表短篇小说《村落战——五柳庄纪事》，署名孙犁、赵侠、铁彦。

8月14日 在延安《解放日报》发表短篇小说《麦收》，署名孙犁、赵侠、铁彦。

8月15日 日本宣布无条件投降，当晚睡下很早。

8月31日 在延安《解放日报》发表短篇小说《芦花荡——白洋淀纪事之二》。康濯回忆，毛泽东在看了孙犁的这些小说后称作者很有才华。

9月20日　参加华北文艺工作团,上午十时出发,走出鲁艺大门并集体合影留念。与凌子风负责打前站,离开延安,下午到达四十里铺并在此宿营。

9月21日　下午,到达延长县甘谷驿,恰逢当地集日。

9月22日　由武装部队护送,过陕西境内之雁门关,渡过清涧河,到达叫禹店的小村庄。

9月23日　到达郭家塔,受到模范兵站的热情招待。

9月24日　在郭家塔休整一天,精简行李。

9月25日　在雨中到达清涧县。

9月26日　应邀到县政府听当地干部介绍情况。晚上,与当地艺人联欢。

9月27日　下午,到达石嘴驿。

9月28日　翻过九里山,到达绥德。

9月29日　在绥德师范与当地文艺工作者开座谈会。晚上,与当地文工团联欢。绥德地委、专署在新华饭庄设宴招待。

10月2日　与绥德文工团座谈《白毛女》。

10月3日　离开绥德,过霍家沟,在谢家渠宿营。

10月4日　经白家沟真武庙,到郭家沟。

10月5日　走出陕甘宁地界,过黄河,进入山西境内。

10月6日　在碛口休整,看画家马达画女青年推磨速写,留下深刻印象。

10月7日　到达三交(临南县),经过万佛洞,由一位民兵小队长护送。

10月8日　在临县城庄宿营,看到当地群众极为贫穷。

10月9日　在杨家沟休息,晚上到达康宁镇。

10月10日　到达兴县境内,在距离县城三里的地方宿营。

10月15日　离开兴县,下午到距县城六十里的界河口。

10月16日　途中在大涧村休息,晚上在距岢岚县城五里的坪后清村宿营。

10月17日　途中在三井镇休息,晚上到岢岚县城,住在老乡家里。

10月18日　上街游览。

10月20日　在于庄子宿营。

10月21日　过东湖镇,到达九姑村休息。通知要求养足精神,准备过同蒲路,不准出门,以免暴露。

10月22日　通过敌人封锁线,行程一百余里,到达旧广武,中途只在大徒沟作短暂休息。

10月24日　到达新广武。

10月25日　稍事休息。下午,到达胡家滩。

10月26日　途中可以看到滹沱河和五台山,在柴底沟宿营。

10月27日　前行二三十里,到达柴梁沟,村干部颇为热情。

10月28日　休整。

10月29日　冒雨行军,在繁峙川下汇休整。

10月30日　到达大营,逢集日,见到《晋察冀日报》。继续前行,在齐林宿营,晚饭吃到大米和羊肉。

10月31日　途中在王家堡休息。晚上,在宗庄堡宿营。

11月1日　在大风中爬上抢风岭,过北岳恒山,在庙门前休息,住浑源县城。

11月2日　晚上,县大队请客,地委书记、专员、分区司令员作陪。

11月4日　在广灵县望狐村休整。

11月6日　继续前行,过桑干河,在杨家店宿营。

11月7日　为庆祝十月革命节,工作队举行聚餐,饭菜颇为丰盛。晚上,住天镇。

11月8日　离开天镇,乘火车于当晚到达张家口。

在张家口休整期间　遇到邓康、康濯等老战友。经领导批准,准备回冀中写作。乘火车到宣化,在车站与邓康相见,又取王炜日本斗篷、军毯各一件御寒。

11月18日　自下花园步行到涿鹿,又经易县过平汉铁路,到清苑西一路南行,奔老家安平。

11月20日　《晋察冀日报》刊载《荷花淀》《芦花荡》《麦收》等作品。

本月　张家口电台每日广播孙犁作品。

12月2日　黄昏时回到家乡,与父母、妻子抱头大哭。王林在场,极为激动。妻子抱着孙晓达说:"这就是你爹!"孙晓达出生后,尚未见过孙犁。对王林谈到在延安时缺乏描写敌后的作品且无人负责,于是写了《五柳庄纪事》和《白洋淀纪事》。看到王林正在追求的刘桂欣,认为非常合适。

到家四五天后　到蠡县县城,经时为宣传部长的梁斌介绍,住到县城东北的刘村写作,历时约半年。

12月14日　王林来家中,借日本厨川白村著、鲁迅译《出了象牙之塔》。

12月30日　到蠡县参加工作团"突击一个村庄"后回到家中。

本月　为安平县李福来、何光耀、张建华三位抗战烈士撰写碑文,题为《三烈士事略》。

1946年｜三十三岁

1月1日　去王林处吃饭，对王林讲追求刘桂欣的方式不好，不能"挤得太凶"，让对方接受不了。事后又向刘桂欣解释王林在外奔波多年，难免性急。夜半和父母谈话，劝父亲少去祁州（安国）故东家，因其思想太落后。

1月4日　阅读王林反映冀中五一反扫荡的长篇小说《腹地》中的几段，认为主角在事变前的介绍太多。

1月19日　写便条给刘桂欣，邀其次日来家中吃饭。

1月20日　请王林、刘湘到家中吃饭，刘桂欣未至。

2月21日　致田间信，提及对过去所写作品均不满意，准备重写。谈对延安的感受和对田间诗集《给战斗者》的印象。

本月　作《写作指南》，包括文前三点声明：甲、取材方法；乙、文艺去病；丙、写的过程。收入冀中区1946年版《冀中抗战八年写作运动手册》，署名顾问会。

3月23日　与王林谈话，认为其短篇小说《家长》无中心。

3月24日　在村中参加国民代表大会选举。

3月30日　致康濯、李肖白信，谈写作情况。

4月初　在蠡县小学教师训练班讲话。此讲稿经肖静记录整理，以《谈乡村文艺工作》为题，载4月8日《冀中导报》。

4月10日　致田间信，谈精神和创作的苦闷。

4月15日　在《冀中导报》发表短篇小说《碑》。

4月22日　在冀中通讯会议上发表讲话,由石坚记录,题为《谈谈写作问题》。

4月下旬　父亲下地春播时受风寒,发烧不退,本家立增叔到河间报信,到地委机关请医生一起赶回家中,因医术、药物均不好,父亲去世。

5月4日　中共中央发出《关于清算减租减息及土地问题的指示》,决定改变土地政策,由减租减息改为没收地主土地分给农民。"土改"开始。

5月5日　到冀中军分区十分区报到,当夜敌军袭击电台。

5月16日　在安平集上遇刘桂欣,向其问询王林、路一情况。

5月19日　在《晋察冀日报》发表短篇小说《第一个洞》。

5月20日　在《冀中导报》发表《蠡县抗战烈士纪念塔碑记》;致康濯信,谈深入生活和创作情况。

5月25日　致康濯信。

5月26日　致康濯信并托张庚带去小说《钟》,谈到"自觉其中小资情绪浓厚"。

5月28日　与王林会面,认为刘桂欣不可能和王林结合,但不同意王林追求剧团演员刘燕瑾,认为剧团中人情感太游离,主张找一个能生产、"能跟着跑"的妻子就可以了。

5月29日　致康濯信并捎去小说《藏洞》。

5月30日　致康濯信,苦于没有书看。

5月底　到河间,准备到第八中学教书。后到《冀中导报》社编辑

《平原杂志》，并从事通俗文艺创作。

6月2日　与王林会面，谈工作。

6月3日　与王林等人观看傅铎创作的反映冀中抗日战争生活的歌剧《王秀鸾》，火线剧社演出，刘燕瑾主演，认为比《白毛女》内容好。

6月4日　作《看过〈王秀鸾〉》，载6月18日《冀中导报》。

6月8日　在《晋察冀日报》发表小说《夜渡——故乡纪事》。此为对1945年所作《白洋淀边一次小斗争》的改写。

6月22日　接到林铁指示，在"七·七"前出一非文艺性白洋淀日刊。

6月27日　夜间，在《冀中导报》社与王林等讨论《平原杂志》。

本月　《少年鲁迅读本》由张家口教育阵地出版社出版。

本月　作《介绍〈夫妻识字〉》《介绍〈卫生组长〉》《〈平原杂志〉征稿简约》，载《平原杂志》第1期。

本月　作《〈平原杂志〉征稿启事》《〈平原杂志〉为组织读者小组启事》，载当年《平原杂志》。

本月　作《反对美国军事援蒋》。

7月1日　在《冀中导报》发表散文《纪念党的生日》，署名纪普。

7月3日　给王林看康濯来信，其中提到周扬应邀赴美国讲学，准备将孙犁作品编成小册子，印单行本带到美国。与崔嵬、王林等十二位冀中文艺界人士发表通电，表示坚决支持周恩来正义的声明，坚决反对国民党反动派重陷人民于水火、出卖中国为殖民地的无耻行径。

7月4日　致康濯信,谈自己的工作和心情。

7月7日　在《平原杂志》第1期发表诗歌《咏水》,署名土豹。发表《介绍〈卫生组长〉》,未署名。发表《稿约》两篇(分别为《征稿启事》《征稿简约》)和《编辑后记》,均未署名。

7月17日　王林来访。

7月30日　读到《晋察冀日报》所刊登的署名白桦对《碑》的批评文章,表示反感,认为作者文章非实事求是态度。

7月31日　致康濯信,谈创作意见以及对待批评的态度。

8月1日　在《平原杂志》第2期发表《怎样认识美国》,署名纪普。发表《说书》,署名土豹。发表《编辑后记》,未署名。

8月4日　在《晋察冀日报》发表散文《坑杀抗属》,后改题为《王凤岗坑杀抗属》。

8月16日　致田间信,谈到“总觉得自己距离群众是太远了”,又谈到自己的写作计划。

8月24日　代王林写完《蒋介石焚书坑儒》一文结尾。

8月25日　在《平原杂志》第3期发表鼓词《蒋介石臭史》,署名土豹;发表《编辑后记》,未署名。

8月28日　致康濯信,询问周扬所选《解放区短篇创作选》篇目,提及重印《鲁迅、鲁迅的故事》。

9月1日　致康濯信,谈对赵树理小说印象以及自己在创作上的苦恼。

本月 参加冀中区党的文艺工作者座谈会。

10月8日 在王林处与王亢之、秦兆阳闲谈，提到在延安时，周恩来对曹禺极为推崇，认为延安没有一个人比得了曹禺。

10月15日 参加冀中文协成立大会，当选为执行委员和常委。

10月18日 与王林等一起听冀中军区司令员孙毅作动员报告，防止蒋介石军队进犯，将刘桂欣与路一订婚的消息告知王林。

10月20日 在《冀中导报》发表鼓词《民兵参战平汉线》，署名土豹。

本月 短篇小说《藏》修改完成。

本月 在《平原杂志》第5期发表《祝冀中文协成立》，署名纪普。发表《向英雄的民兵们致敬》，未署名。

11月20日 作《翻身十二唱》，载11月27日《冀中导报》，署纪普录，并附《录者小记》。1962年8月9日，作《后记》云："此篇标注'录'，实系我的创作。是创作而标明'录'，已想不起当时的用意何在。以原有后记，兹不复赘。"

11月23日 致康濯信，谈仿照康的《我的两家房东》写了一篇《我的堂叔父》。

11月29日 与王林、李黑交谈，赞同王林提出的搞新街头画的建议，主动提出写街头诗。

1947 年｜三十四岁

1 月 1 日　在《平原杂志》第 6 期发表杂文《今年新年》。发表梆子戏或二簧剧本《比武从军》，署名纪普。发表《今年春节，怎样闹玩意？——本社的一个建议》，未署名。

2 月 17 日　在《冀中导报》发表散文《相片》，署名纪普。

2 月 22 日　在《冀中导报》发表散文《天灯》，署名纪普。

2 月 28 日　经梁斌、周刚介绍得知蠡县妇女劳动模范刘法文的事迹，即前去采访。

本月　以记者身份随吴元人、孟庆山等到安平一带检查工作。

3 月初　到白洋淀一带采访，先后到达同口、端村、关城、采蒲台等地。

3 月 8 日　在《冀中导报》发表散文《小陈村访刘法文》。

3 月 10 日　在《冀中导报》发表散文《织席记》。

3 月 14 日　在《冀中导报》发表散文《采蒲台的苇》。

3 月 18 日　在《冀中导报》发表散文《安新看卖席记》。

3 月 27 日　在《冀中导报》发表短篇小说《新安游记》。

春季　作《〈写作入门〉后记》。写作一系列反映翻身农民生产互助、勤俭持家、支援前线的散文作品，包括《张金花互助组》《曹蜜田和李素忍》《"帅府"巡礼》《渔民的生活》《张秋阁》。前四篇均载《冀中导报》，后重发于 1949 年 3 月 24 日《天津日报·文艺周刊》第 1 期，总题为《农村速写》。

4月10日　致田间信,谈行踪及写作情况,同时诉说精神的苦闷。

本月　小说散文集《荷花淀》由香港海洋书屋印行,为周而复主编的"北方文丛"第二辑。收《荷花淀》《游击区生活一星期》《村落战》《白洋淀边一次小斗争》《山里的春天》《麦收》六篇。

5月17日　在《冀中导报》发表散文《一别十年同口镇》。

5月18日　在《冀中导报》发表散文《孟庆山部长访问抗属李大娘记》,署名原平。1950年4月收入《农村速写》时改题为《访问抗属》。

6月12日　青沧战役开始,被派到前线采访。

6月13日至14日　到唐官屯采访,亲历战争场面。

6月18日　在《冀中导报》发表通讯《光复唐官屯之战》。

7月12日　到河北省博野县小王村参加"土改"试点工作,主要担任复查、给工作团整理材料。

7月13日　幼女孙晓玲出生。

7月25日　作反映"土改"运动速写两则,以《随感》为题,载8月1日《冀中导报》。

本月　《文学入门》由冀中新华书店印行,为《区村和连队的文学写作课本》删削本,共删去九节,加后记一篇。

8月6日　与王林一起在小王村参加群众评议会。

8月9日　向王林透露不愿做整材料、做总结等工作,也不愿回到《冀中导报》,想去东北工作。

8月11日　与王林一起到青年妇女骨干王香菊家访问,听其介绍小王村情况。

9月12日 在《冀中导报》发表散文《王香菊》。

9月16日 在《冀中导报》发表散文《香菊的母亲》。

10月6日 在《冀中导报》发表散文《老大娘诉苦翻心》。1950年4月收入《农村速写》时改题为《诉苦翻心》。

是年 作品在冀中区土地会议期间受到批判。散文《一别十年同口镇》《织席记》、小说《新安游记》，同时在《冀中导报》被批判。《一别十年同口镇》因写到"土改"后富农家庭的人们参加劳动，被指责为"立场"问题，《织席记》被指责为"丑化农民"，《新安游记》因将实际生活中的城西南头写为东北头，被指责为"客里空"。

是年 土地会议后 到饶阳县张岗小区工作，将头发剪去，意在消除烦恼、"败火"，以表示对"土改"工作中一些过火做法的不满。

1948年┃三十五岁

1月10日 刘敏在《冀中导报》发表《孙犁同志在写作上犯"客里空"错误的具体事实》一文,对孙犁进行了夸大其词、无限上纲的批判。

春季 由张岗小区分配到大官亭负责当地"土改"工作。

6月25日 到王林处,告知开封解放,歼、俘敌三万多人。提到据胡苏讲文学院取消,一切文艺工作由文协和戏剧联合会领导。表示不愿上山。

7月10日 于饶阳县东张岗完成短篇小说《光荣》,载1948年《华北文艺》创刊号,是本人最喜欢的一篇小说。

7月27日 完成短篇小说《种谷的人》,载8月12日、17日《石家庄日报》。

8月8日至19日 参加华北文艺工作者会议。

9月7日 致康濯信,委托寻找《丈夫》《爹娘留下琴和箫》两篇作品,并征求其对《光荣》的意见。同时提到想学做一些文章以外的实际工作,借以锻炼自己的能力。

9月17日 王林征求对构思中小说穿插内容的意见,表示时间跨度太长,中国小说都是横断写法,小说应与历史不同。

本月 工作组结束,回到《冀中导报》。

9月下旬 调至深县,任县委宣传部副部长,负责国民教育、社会教育及乡村文艺运动。

10月5日 与深县有关人员谈写作和乡村文艺运动开展措施。

10月6日 致康濯信,检讨自己成绩太少,表示要写出一本小说。

12月下旬 奉命回河间,编入《冀中导报》队伍,在霸州胜芳镇集中,为进入天津做准备。

本月 《写作入门》由太岳新华书店根据冀中新华书店1947年版本重印。

是年 作短篇小说《浇园》,载1949年第1期《文艺劳动》。

1949 年 | 三十六岁

1月12日　在胜芳镇河房作短篇小说《蒿儿梁》。

1月15日　天津解放。

1月16日　和方纪一起骑自行车随军进入天津,道路拥挤,几乎被马挤到水里,从西沽到报社,走了将近五个小时。到新创刊的《天津日报》工作,任副刊科副科长。

1月17日　《天津日报》创刊。作《谈"就地停战"》,载 1 月 22 日《天津日报》,署名纵耕。

1月18日　在《天津日报》发表《谈工厂文艺》,提出:"从今天开始,为工人的文艺,是我们头等重要的题目。"

1月24日　在《天津日报》发表散文《新生的天津》,署名纵耕。

1月28日　旧历除夕,作《山海关红绫歌》,载 2 月 2 日《天津日报》。

2月15日　在《天津日报》发表散文《人民的狂欢》,署名纵耕。

2月21日　致康濯信,谈到由于劳累,不愿做编辑工作,特别是在城市编报纸副刊,有海派作风,实不习惯,仍想回冀中写小说。

2月24日　致康濯信并《蒿儿梁》稿。

2月27日　致康濯信并劳荣译诗四首。

3月6日下午　参加《天津日报》召开的文艺座谈会。此为天津解放后文艺工作者首次集会。与会者有陈荒煤、王林、方纪等人。

3月某日　回安平老家,带二女儿孙晓森来天津。

3月18日　致康濯信，告知《菡儿梁》已在《进步日报》发表，请其代为保管原稿。

3月20日　以副刊编辑室名义，致读者萧振国信，谈素养、诗歌的格式，强调生活经验和文字的精练、简明。

3月24日　《天津日报》副刊《文艺周刊》创刊。1947年旧作散文《张金花纺织组》《曹蜜田和李素忍》《"帅府"巡礼》《渔民的生活》四篇，以《农村速写》为题，载同日《天津日报·文艺周刊》。

此后，以《文艺周刊》为园地，培养了大批青年作者，如阿凤、张知行、刘绍棠、从维熙、韩映山、房树民、万国儒、冉淮舟等。主办副刊写作小组，结合业余作者的写作实践讲课。同时经常就一段时间内业余作者的写作状况或具体作品，直接写出评论文章，刊登于《文艺周刊》。

3月24日　在天津《进步日报》发表旧作短篇小说《嘱咐》。

4月1日　致康濯信，索要《留给小鸭做纪念》稿并向其约稿。同日再致康濯信，转去魏巍作《红杨树》诗歌一首，请康濯在《华北文艺》发表。

4月2日　致康濯信，表示不安心现有工作，仍想写东西。提及已函请周扬安排二女儿孙晓淼入北京育才学校读书。

4月14日　作《〈少年鲁迅读本〉再版小记》。

4月19日　深夜，致康濯、秦兆阳信，谈对二人创作的印象。

4月24日　致康濯、厂民信，谈将自己作品编集加入"文艺建设丛书"事。

4月29日　见到战友陈陇。

4月30日　致康濯信,谈及想找战友方冰在大连出书。

本月　《少年鲁迅读本》由天津知识书店再版,列为"新少年读物"。

本月　写作第一部中篇小说《村歌》的上篇,第一至第九节,以《互助组》为题,载5月6日、12日《天津日报·文艺周刊》;第十至第十三节,以《抗旱》为题,载《劳动文艺》1949年一卷一期。

5月19日　致康濯信,谈收转稿费和劳荣译诗。

5月26日　致康濯信,再次表示不愿做行政工作,认为:"有稿子交出去,比什么也好,何必站在文坛之上,陪侍鞠躬行礼如仪。"

6月2日　致康濯信,请其帮助校正《互助组》并约稿。

6月21日　将康濯对《腹地》意见字条转交王林。《腹地》系王林所著反映抗日战争生活的长篇小说。

6月22日　致康濯信,劝其安静下来写东西并向其约稿。

6月25日　晚上,致康濯信,谈到根据《荷花淀》《芦花荡》《采蒲台》写作电影剧本。

6月27日　致康濯信,介绍劳荣前去接洽出版《黑石坡》一事。

7月2日　到王林处,告知《红色烈士塔》已交稿,说:"我真佩服你的原则性,这故事我写就糟了,那老婆真是惨得很。"同日,与方纪、王林一起到北京参加中华全国文学艺术工作者代表大会,因编报需要当晚返回天津。

7月11日　致康濯信,委托其编辑自己的集子。

7月19日　致康濯信，谈自己作品的取舍。

本月　短篇小说集《芦花荡》由上海群益出版社出版，列为"群益文艺丛书"，收入《藏》《菡儿梁》《碑》《丈夫》《芦花荡》《邢兰》《战士》《女人们》八篇。

8月　短篇小说集《嘱咐》由北平天下图书公司出版，列为"大众文艺丛书"，收入《光荣》《浇园》《纪念》《嘱咐》四篇。

本月　小说散文集《荷花淀》由上海生活·读书·新知联合发行所根据周而复所编香港刊本重印。

9月1日　完成中篇小说《村歌》下篇《复查以后》。

9月16日　从老家安平回到天津。与王林、方纪、鲁藜等全国文协在津会员，根据全国文代会精神，筹备天津市文协，并邀请各方面文学工作者二十二人为发起人。会上向王林转达高植很关心长篇小说《腹地》出版的意见。

9月17日　致康濯信，谈及用稿费给母亲和家人买了些小米，令母亲喜出望外。

9月23日　在《天津日报·文艺周刊》发表短评《〈亲家〉》，署名纵耕。《亲家》系康濯所著短篇小说集。同日，致康濯信，谈《互助组》稿件以及为康濯《亲家》写书评事。

9月24日　致康濯信，请其将长篇小说拿到天津由读者书店出版。

9月26日　在《天津日报》发表《苏联文学怎样教育了我们》。此文与后面的两篇文章，均为欢迎法捷耶夫率领的苏联作家代表团而作,均署名纵耕。

9月29日 致康濯信,谈到由方纪、劳荣主持成立十月文学社,成员有孙犁、鲁藜等。表示因康濯长篇小说字数太多,读者书店资本不大,不能接受出版。

9月30日 在《天津日报》发表《迎法捷耶夫》;作《欢迎苏联代表团》,载10月1日《天津日报》。

10月6日 作短评《〈腹地〉》,载10月8日《天津日报·文艺周刊》,署名纵耕。

10月10日 转告王林对《腹地》的意见:"辛大刚当作一个感情抒发、寄托希望,作为一种力量教育别人尚可,但不够血肉和活生生的。这一点就不如辛广德、二强。长辛店一段,非常无力量和抽象。""辛保发的开油坊,缺乏鲜明的态度。""八十页以前枯燥无味,大'扫荡'以后,最后几十页也不如中间吸引人。白玉蓉给人的印象并不深,白母倒是给人的印象极活极深。看时对范世荣的印象,时时感到像S。"认为:"最深刻的一段是范世荣在老伴临死时那一夜计划,文字也极流利。可是令人对范再也好不了。"

10月18日 致康濯信,谈对其《黑石坡煤窑演义》的印象,表示对于当时风头正健的章回体不大喜欢。又谈到对自己作品《钟》的修改。谈及母亲突然来天津,需要陪老人逛逛,写不成东西。

10月19日 在《天津日报》发表《人民性和战斗性——纪念鲁迅先生逝世十三周年》。

10月23日 作广播稿《学习问题》,载10月26日《天津日报》,

题为《文艺学习》。

10月25日　致康濯信，提及想写一部关于抗日战争的小长篇。就南方出版社的校对擅自改动自己的文字表示不满。

10月29日　致康濯信，征求其对于《钟》的意见。

11月4日　作《石猴——平分杂记》，载1949年12月《文艺报》第一卷第七期。

11月7日　致康濯信，附《石猴》征求意见并托代为发表。

11月9日　致康濯信，谈到近几天感冒，抱怨家庭拖累，感到没有意思。又谈到写作长篇小说的计划和去电台录制广播稿一事。

11月20日　天津市文协第二次全体委员大会召开。天津市文协正式成立，当选为天津市文协副主席。

11月21日　请康濯吃饭。

11月27日　致康濯信，谈到妻子来到天津，安排住在文化大楼，自己仍居原地写作。委托康濯代为编辑自己的作品集。

本月　作短篇小说《吴召儿》，载11月25日《天津日报·文艺周刊》。

本月　王林来，谈创作剧本《提高一步》想法，对王林直言："骚乱场面你很喜欢写，是不是这样子?情感面是不是大?"表示对其《月亮》也有同样感觉。

12月7日　在《天津日报》发表《新文学和新中国妇女——欢迎国际民主妇联代表们》，署名纵耕。

12月19日　致康濯信，告知整理一本散文集，名为《农村速写》。

12月23日 在《天津日报·文艺周刊》发表《怎样认识解放区文学的内容和主题——在河北省立师范学院文史系讲》。同日,致康濯信,告知所写电影剧本未能通过,表示不同意周扬的批语,同时透露正在编一本诗集。

12月25日 与王林等接受读者书店招待,鼓励王林可以此书店为创作题材。谈到对《月亮》看法,提醒王林注意不可因此引起不必要的批评和打击。并提及在冀中时因被当作"客里空"受批判,迄今情绪受影响。所写《白洋淀》电影脚本被凌子风退回。信上"以悲愤的心情"提到导演史东山以《新儿女英雄传》拍电影,其中已有白洋淀,因此不再拍摄《白洋淀》。

本月 作《山地回忆》,载茅盾、巴金主编的《小说》杂志1950年第三卷第四期。

是年 旧作短篇小说《钟》,载《文艺劳动》第六期。

是年某月星期五 致王林信,谈对歌剧《刘巧儿》观感。

是年 作短篇小说《采蒲台》,载1950年"十月文艺丛刊"第二辑《雪》。作论文《怎样认识生活》《怎样阅读小说》等。

1950年 | 三十七岁

1月3日 作《红杨树和曼晴的诗——他们的诗集读后》，载1950年2月《文艺报》第一卷第十期。"红杨树"系魏巍笔名，"曼晴"系栗曼晴笔名。同日，致康濯信，谈替魏巍和曼晴各编一本诗集事。

1月7日 晚上，致康濯信，谈不愿到丁玲主持的《文艺报》工作。

1月8日 参加天津文协会议。

1月15日 致康濯信，寄《石猴》和《山地回忆》校正稿，提及开始一篇小说的写作。

1月19日 作《小胜儿》，载1950年2月天津文协《文艺学习》1卷1期。同日，致康濯信，谈自己在创作题材上的狭隘和苦恼。母亲和大女儿返回老家。

1月21日 晚上，王林来访，对王林讲北京批评康濯净赶任务，这样下去是否可惜。又对自己的创作感到苦恼，不外几个女孩子，不过换个名字而已，想跳出这个圈子。

1月30日 致康濯信，转达地方干部对《黑石坡》的反响。

1月31日 任天津日报社社务委员。

本月 作《秋千》，载《人民文学》1950年3月1卷5期。

本月 作《女保管——平分杂记》初稿，5月改写，载《河北文学》1962年第2期。

本月 作《略谈下厂》，载1950年2月天津文协《文艺学习》1卷1期，署名纵耕。

2月1日　作《〈文艺学习〉前记》。

2月4日　致康濯信，谈对其作品印象。

2月5日　致康濯信，祝贺其喜得千金，寄上《小胜儿》印稿。

2月8日　因当选天津青联委员，为天津一千余名青年文学爱好者讲文学创作三小时，声嘶力竭，疲惫不堪，卧床一昼夜尚未恢复。协助妻子、儿子打扫房间，张贴年画，购买糖果等，准备过春节。

2月9日　晚上，致康濯长信，谈创作体会和生活近况。

2月17日　王林来，一起去找尹喆，因其未归，又回到家中闲谈。物价发生波动，昨天买一包烟为一千六百元（旧币），是日则变成三千三百元。

2月23日　致康濯信，谈创作体会。

本月　《文艺学习》由上海文化工作出版社根据《区村和连队的文学写作课本》删削本（即《写作入门》）印行，列为"工作与学习"丛书第一辑。

本月　《写作入门》由中南新华书店根据冀中新华书店1947年版本再版。

本月　中篇小说《村歌》由天下图书公司出版。

本月　作短篇小说《正月》，载《文艺学习》1卷2期。

3月3日　下午，致康濯信，谈对其作品印象。

3月9日　致康濯信，谈自己的身体状况和所处环境。

3月20日　收到杨思仲（陈涌）准备写孙犁作品评论信，提出想看《杀楼》等作品,请其找康濯解决。

3月21日　下午,致康濯信,谈自己在创作上的苦恼,托其寻找《鲁迅、鲁迅的故事》。

3月25日　作《两天日记》之一,载1950年3月30日《天津日报》副刊,署名纵耕。

3月26日　作《两天日记》之二,载1950年3月30日《天津日报》副刊,署名纵耕。

3月27日　应萧也牧之约,作《解放区作品里的现实主义》,收入中国青年出版社1950年9月版《关于文学修养》(茅盾等著)。

3月28日　致康濯信,谈到最近写一童话,但开头后即中断。向康约杂文稿。

3月29日　作《评〈郝家俭卖布〉》,载3月31日《天津日报·文艺周刊》。《郝家俭卖布》为天津纺织工人大吕所作短篇小说,载3月31日《天津日报》。

本月　作《关于生活报告——介绍〈在列车行进中〉》,载4月1日《天津日报》,署名编辑室。

本月　作《〈农村速写〉后记》。

4月10日　致康濯信,说明不愿在北京勾留原因,谈到当年所写《鲁迅、鲁迅的故事》"实在太幼稚",证明"我们还是有进步的"。

4月17日　在《天津日报》发表《从小说〈小军和小彦〉看农村婚姻——纪念中国婚姻法的颁布》,署名少达。

4月24日　致康濯信,谈自己两个月没有动笔,"懒散如此,实应警惕"。

4月27日　致康濯信,寄去《农村速写》。

本月　小说散文集《农村速写》由天津读者书店出版,列为"十月文艺丛书",收入《投宿》《相片》《天灯》《一别十年同口镇》《新安游记》《织席记》《采蒲台的苇》《渔民的生活》《王香菊》《香菊的母亲》《诉苦翻心》《张金花纺织组》《曹蜜田和李素忍》《"帅府"巡礼》《小陈村访刘法文》《访问抗属》《塔记》十七篇。

5月1日　中国保卫世界和平大会天津分会成立,当选为天津分会委员。

5月4日　在《天津日报》发表《五四运动与中国文学遗产》,署名纵耕。

5月9日　在《天津日报》发表《为了加强"读者往来"告读者作者》,署名编者。后改题为《关于"读者往来"》,收入上海文化工作社 1950 年 12 月版《文学短论》。

5月12日　国际护士节,作《看护——在天津中西女中讲的少年革命故事》,载 6 月 2 日《天津日报·文艺周刊》。

5月15日　对王林所写《纪念史沫特莱女士》一文谈自己的印象,认为写得不坏,有感情。王林《东西南北》有可能刊发于《新生晚报》,稿费为十三四斤玉米面,王林认为偏低,孙犁认为不太少。

5月16日　致康濯信,谈无生活而影响创作,"颇有怀乡之思"。

5月21日　与王林会面,告知康濯来信中提及有人对王林《女村长》的意见,认为写得孤立、脱离群众。

5月25日　应邀到天津中西女中校庆纪念日发表演讲，以说书的形式，讲了《看护》里的故事，效果甚好。

5月26日　致康濯信，谈近期创作和编辑情况。

5月30日　在《天津日报·文艺周刊》发表《小站国旗歌——"六一"国际儿童节读物》，署名少达。

本月　《少年鲁迅读本》由天津知识书店重印。

6月6日　致康濯信，告知已决定下乡到河北农村进行创作，并打算冬季完成一小长篇，提出准备研究康濯全部作品。

6月8日　致康濯信，谈到"近日心情很坏，肝火很大，已向报社提出坚决回乡去写作，但报社不见允，闷愤之余，成一恋爱故事，约有我平常作两篇长短"。又谈及自己小说集的编排方法，表示完全同意康濯的意见。

6月12日　去天津耀华中学讲演，介绍康濯的《我的两家房东》《亲家》《一个知识分子下乡的故事》。

6月13日　致康濯信，谈去天津耀华中学演讲事。提到："当那些穿着全身洁白的衣服的少男少女们围绕在我的身边，我颇有飘飘欲飞之感。"

6月22日　王林来访，劝说缓一点下乡。

6月23日　致康濯信，谈对周扬批评的看法和自己作品的编辑出版事。

6月29日　致康濯信，告知经周扬协调，报社已同意到天津纺织厂体验生活。委托康濯调王炜到文学研究所工作。

6月30日　致王林信，告知报社不同意其下乡村体验生活的要求，只能在天津下工厂，同时编辑《文艺周刊》。

本月　作《甜瓜——一篇关于农村婚姻问题的报告》，载7月14日《天津日报·文艺周刊》。收入《秀露集》时改题为《婚姻》。

7月5日　作《抗日战争的文学作品》，载7月7日《天津日报·文艺周刊》。

7月6日　作《学习》，载7月11日《天津日报》。

7月7日　作《节约》，载7月15日《天津日报》。

7月9日　作《小刘庄》，载7月24日《天津日报》。

7月15日　致康濯信，谈到上午在报社学习、写作和编辑《文艺周刊》，下午去工厂，写通讯杂文。信中提及准备写一部小长篇，拟题为《风云初记》。

7月18日　作《对〈一篇关于农村婚姻问题的报告〉的检讨》，连同读者萧来的批评信，一同载7月28日《天津日报·文艺周刊》。

7月22日　致康濯信，告知近日患病，提及《文艺周刊》将发表对《甜瓜》的批评和自己的检讨。

7月26日　作《团结》，载7月29日《天津日报》。同日作《宿舍》，载7月30日《天津日报》。

7月28日　致王林信，谈《风云初记》写作进度，表示仍想到农村去住，认为天津非久居之地。

7月29日　听鲁藜传达周扬7月25日对下厂文艺工作者的谈话，以感谢口吻对王林说："像曹葆华他们做了多少有益的工作！"

认为周扬的这几次谈话,是用了很大的脑筋,和文化大会上的讲话大为不同。

7月30日 上午,王林陪同时达来访,谈对王林《腹地》的印象。中午,吴砚农请时达吃饭,因下午要去天津第二棉纺厂搜集材料,未作陪。

本月 开始创作长篇小说《风云初记》一集。

8月1日 作《挂甲寺渡口》,载8月4日《天津日报·文艺周刊》。

8月4日 致康濯信,约稿并谈自己的写作和演讲等情况。

8月5日 应邀去中西女中参加返校节活动。

8月21日 作《慰问》,载8月24日《天津日报》。

8月22日 作《保育》,载8月25日《天津日报·文艺周刊》。

8月23日 致康濯信,告知因饮食不慎患赤痢一周。谈到长篇小说只写了开头,缺乏信心。

9月15日 作《厂景》,载9月18日《天津日报》。

9月14日至17日 出席天津市第一届文学艺术工作者代表大会,当选为委员。

9月22日 长篇小说《风云初记》第一节在《天津日报·文艺周刊》刊出。

9月23日 致田间、康濯信,谈到仍在跑工厂和写作长篇小说。

9月29日 《风云初记》第二节在《天津日报·文艺周刊》刊出。

10月6日 《风云初记》第三、第四节在《天津日报·文艺周刊》刊出。

10月13日　《风云初记》第五节在《天津日报·文艺周刊》刊出。

10月20日　《风云初记》第六节在《天津日报·文艺周刊》刊出。

10月27日　《风云初记》第七至第十节在《天津日报·文艺周刊》刊出，文末附言：《风云初记》第一篇共十节完，续稿暂缓发表，希读者原谅。

11月2日　为配合抗美援朝运动，作《捍卫祖国的任务》，载11月3日《天津日报·文艺周刊》。

11月8日　作《保卫》，载11月10日《天津日报·文艺周刊》。

11月17日　《风云初记》第十一、第十二节在《天津日报·文艺周刊》刊出。

11月23日　作《站在祖国的光荣岗位上——向天津抗美援朝志愿医疗队致敬》，载11月24日《天津日报·文艺周刊》，署名纵耕。

11月24日　《风云初记》第十三节在《天津日报·文艺周刊》刊出。

12月1日　《风云初记》第十四节在《天津日报·文艺周刊》刊出。

12月8日　《风云初记》第十五节在《天津日报·文艺周刊》刊出。

12月15日　《风云初记》第十六节在《天津日报·文艺周刊》刊出。

12月22日　《风云初记》第十七节在《天津日报·文艺周刊》刊出。

12月29日　《风云初记》第十八至第二十节在《天津日报·文艺周刊》刊出，文末附言："《风云初记》第二篇完。"同日，致王林信，谈对文艺政策的看法以及人们对《风云初记》的评价，提到"家庭事甚为麻烦，近日颇有干脆之意"。

本月　短篇小说集《采蒲台》由生活·读书·新知三联书店出版，列为"文艺建设丛书",收入《正月》《小胜儿》《山地回忆》《看护》《吴召儿》《石猴》《采蒲台》《钟》《种谷的人》《杀楼》《走出以后》《黄敏儿》《老胡的事》十三篇。

本月 论文集《文学短论》由上海文化工作社出版,列为"未名丛书(5)"。收入《文艺学习》《怎样认识生活》《怎样认识解放区文学的内容和主题》《怎样阅读小说》《苏联文学怎样教育了我们》《欢迎苏联代表团》《迎法捷耶夫》《人民性和战斗性》《〈亲家〉》《〈腹地〉》《评〈郝家俭卖布〉》《红杨树和曼晴的诗》《新文学和新中国妇女》《从小说〈小军和小彦〉看农村婚姻》《谈工厂文艺》《略谈下厂》《关于〈读者往来〉》《关于生活报告》《五四运动与中国文学遗产》《说书》《介绍〈时事传〉》二十一篇。

某月23日 致田间信,提到准备编辑自己的诗集,请其帮助寻找刊有早期诗作的《晋察冀诗选》和《鼓》。

1951年｜三十八岁

1月4日 作《祝一九五一年的创作》，载1月7日《天津日报》，未署名。

1月7日 晚上，王林来访，闲谈陈企霞对王林《腹地》的批评。孙犁认为陈企霞的文章也难免存在无中心和支离之感，称时间可以解决一切。

1月15日 参加《天津日报》副刊写作小组讨论会并发言，题为《作品的生活性和真实性》，载1月21日《天津日报》。

1月29日 致康濯信，谈对其小说的印象及《风云初记》的写作进度，提到"颇有传之其人、证之历史的愤激之请，亦文人之通病。但没有这股劲，也就难以执笔了，故近来既不以流行式的批评稍馁己志，亦不为诸闺秀之喝彩，而略显飘飘，沉着应战，老兄之言甚是"。致王林信，谈到《人民文艺》刊发的1925年俄共决议，自信《风云初记》并非过眼云烟。同日，致王林信，请其细看《人民文艺》刊登的曹葆华新译的1925年俄共关于文艺政策的文章。

1月31日 作《寒假里的阅读》，载2月15日《天津日报》。

2月5日 《风云初记》第二十一节在《天津日报·文艺周刊》刊出。

2月11日 《风云初记》第二十二节在《天津日报·文艺周刊》刊出。

2月18日 《风云初记》第二十三节在《天津日报·文艺周刊》刊出。

2月25日 《风云初记》第二十四节在《天津日报·文艺周刊》刊出。

3月4日 《风云初记》第二十五节在《天津日报·文艺周刊》刊出。

3月11日 《风云初记》第二十六节在《天津日报·文艺周刊》刊出。

3月18日 《风云初记》第二十七、第二十八节在《天津日报·文艺周刊》刊出。文末附言:长篇《风云初记》第一册完,一九五〇年七月至一九五一年三月。

本月 开始写作《风云初记》二集。

4月4日 在《天津日报》发表《近刊简述》,署名纵耕。

4月15日 《风云初记》二集第一节在《天津日报·文艺周刊》刊出。

4月22日 《风云初记》二集第二节在《天津日报·文艺周刊》刊出。

4月29日 《风云初记》二集第三节在《天津日报·文艺周刊》刊出。

本月 诗集《山海关红绫歌》由天津知识书店出版,列为"新少年读物",收入叙事诗《山海关红绫歌》《小站国旗歌》《大小麦粒》《春耕曲》四首。

本月 《文艺学习》由上海文化工作社再版,列为"未名丛书(5)"。

5月6日 《风云初记》二集第四节在《天津日报·文艺周刊》刊出。

5月13日 《风云初记》二集第五节在《天津日报·文艺周刊》刊出。

5月14日 致王林信,希望王林安心休养,谈到《风云初记》写作在坎坷中进行,身心均为不适。

5月20日　《风云初记》二集第六节在《天津日报·文艺周刊》刊出。

5月27日　《风云初记》二集第七节在《天津日报·文艺周刊》刊出。

本月　作《关于文艺作品的"生活"问题——代〈河北文艺〉答读者》,载1951年6月《河北文艺》2卷8期。

6月15日　致王林信,谈近日文坛动态。

6月17日　在天津日报社为通讯员讲关于语文修养问题。

6月23日　致康濯信,为纪念"七一"约稿,谈到受情绪影响,决定暂时停止《风云初记》的写作。

6月30日　致康濯信,认为康濯的小说《正月新春》形式和人物都很活泼,但主题不够突出。同时认为有些批评文章"实质是一种谩骂,我以为《文艺报》不应该登这种文章,这会助长一种很没意义、并非战斗的风气"。信中表示身体不好,精神很坏,有摆脱家庭负担、远走高飞之意。

7月8日　《风云初记》二集第八至第十节在《天津日报·文艺周刊》刊出。附记:《风云初记》二集第一篇完。为了更多登一些短小之作,密切配合当前任务,以及便于作者从容地组织和修改,续稿暂时不再在本刊连载,希读者鉴谅。《风云初记》一集已编入"文艺建设丛书",不久可由三联书店出版,承读者询问,特此附告。

7月17日　任天津日报社社务委员会委员。

8月12日　《风云初记》二集第十一至第十五节在《天津日报·文艺周刊》刊出。

9月9日　《风云初记》二集第十六至第二十节在《天津日报·文艺周刊》刊出。文末附言:《风云初记》二集第二篇完。

10月6日　《光明日报》同时刊登林志浩、张炳炎《对孙犁创作的意见》和王文英《对孙犁〈村歌〉的几点意见》,认为其作品"依据小资产阶级的趣味来观察生活,表现生活","歪曲地塑造了几个新人物的典型形象"。

10月15日　到北京集中,参加访问苏联代表团。当日,参加丁玲宴请。

10月16日　领取出国用品约四十件。

10月17日　访苏代表团成立临时党支部,作表态发言。晚上,参加全国文联举行的饯行宴会。

10月18日　上午,集体到故宫博物院参观中共党史展览。下午,听周扬作文艺思想性质问题报告。再次领取出国用品。

10月19日　上午,听周文作南方老革命根据地见闻报告。下午,去首都影院参加纪念鲁迅逝世十五周年大会,周恩来出席,郭沫若、陈毅、沈钧儒、茅盾等分别讲话。晚上,去青年宫交谊所参加纪念鲁迅文艺晚会,老舍、新凤霞等表演节目。李季送来出国护照。

10月20日　按代表团要求撰写自传,以供苏联人阅读。

10月21日　参加代表团组织的学习会。

10月22日　晚上,乘火车前往苏联访问。周扬、丁玲、艾青、李伯钊、宋之的等前来送行。此前曾致信王林,告知《光明日报》对其进行批评事。

10月23日 早上,到达秦皇岛。晚上,到达沈阳。

10月24日 早晨,到达哈尔滨。晚上,到达齐齐哈尔。

10月25日 早上,到达满洲里,外交部驻满洲里办事处接待。中午,与众人逛街。晚上六点,换乘苏联列车。

10月26日 到达赤塔市,下车游览。代表团成员自传被退回,团长冯雪峰要求修改时注意三条:个人简历、文学事业、不要太谦虚当然也不必太狂妄。

10月27日 列车经过贝加尔湖,观看窗外景色。

10月30日 副团长曹靖华介绍参观计划。晚上,到达斯维尔德洛夫斯克,下车散步。

10月31日 到达基洛夫城,下车散步并买明信片。

本月 长篇小说《风云初记》一集,由人民文学出版社出版,列为"文艺建设丛书"。

11月1日 当地时间上午十点半,到达莫斯科。戈宝权和瞿秋白女儿瞿独伊前来迎接。苏联作家协会在车站举行隆重欢迎仪式。入住莫斯科大旅馆。下午,参观苏联革命历史博物馆。晚上,到柴可夫斯基剧院观看音乐舞蹈晚会。

11月2日 上午,参观红场、莫斯科河、列宁山、普希金广场等。下午,参观地铁,到苏联作家协会。晚上,到莫斯科大剧院观看话剧。

11月3日 上午,参观煤矿工业部、食品牛奶工业部幼稚园。下午,参观高尔基博物馆。晚上,到大剧院观看舞剧《罗密欧与朱丽叶》。

11月4日　上午,参观列宁博物馆。下午,瞻仰列宁遗容。晚上,到小剧院观看话剧《美国之音》。

11月5日　上午,参观201女子左娅中学。下午,参观斯大林礼品陈列馆。

11月6日　上午,参观马雅可夫斯基博物馆(故居)。下午自由活动。晚上,到小剧院观看话剧《难忘的一九一九》。

11月7日　上午,经过六道检查,进入红场观礼台,参加红场阅兵式。晚上,去马戏团看戏。

11月8日　在莫斯科参观。晚上,到列宁山观看莫斯科夜景,到傀儡剧院看木偶戏。

11月9日　上午,到苏联画廊(美术馆)参观俄罗斯名画。晚上,到莫斯科职工大厦参加国际作家保卫世界和平晚会。

11月10日　上午,参观儿童读物大楼。下午,参观东方博物馆。到百货公司,买留声机一台。晚上,看立体电影。

11月11日　上午,参观莫斯科动物园。下午,去百货公司。晚上,看彩色纪录片《大鲸鱼》。

11月12日　上午,参观高尔基文学研究院。下午,代表团开会,就团员们的一些不良习惯进行批评。

11月13日　参观克里姆林宫。下午,与高尔基文学研究院人员联欢。晚上,去小剧院观看话剧《巡按》。

11月14日　参观托尔斯泰故居,品尝托尔斯泰最喜欢吃的腌苹果。晚上,参观托尔斯泰孤儿院,看孩子们表演节目。

11月15日 上午,与《新世界》杂志社人员联欢。

11月16日 上午,参观莫斯科大学校园内各种风格建筑。下午,参观列宁图书馆。晚上,观看舞剧《堂吉诃德》。

11月17日 上午,参观莫斯科托尔斯泰庄园。晚上,到职工大学参加乌兹别克诗人节日晚会。

11月18日 早晨,冯雪峰召集短会,号召大家每人写一首诗,预备在27日中苏友好大会上朗诵。上午,到艺术剧院观看马尔沙克的儿童剧《十二月》。晚上,到大剧院观看《红罂粟》,认为歪曲和侮辱了中华民族和中国的伟大胜利,是一个很坏的剧。

11月19日 上午,到职工会文化部听伊凡诺夫讲话。下午,参观建筑展览会。

11月20日 参观作家俱乐部、苏联作家协会。

11月21日 参观莫斯科小汽车厂,看了装配部、诊疗室、工人家庭等。晚上,到儿童剧院观看《红领巾》。

11月22日 晚上,乘飞机到达斯大林格勒。

11月23日 上午,参观斯大林拖拉机工厂中的文化宫、医疗所、孤儿院等。下午,参观斯大林博物馆。晚上,听斯大林格勒城建总工程师作报告。

11月24日 上午,参观红十月工厂、烈士公园,到伏尔加河沿岸观光。下午,到红十月工厂工人宿舍访问。晚上,参加市委书记举行的饯行宴会。

11月25日　乘飞机到达巴库。晚上,到全城最高点基洛夫公园观看巴库夜景。

11月26日　上午,参观斯大林博物馆,与阿塞拜疆作家见面,相互介绍情况。晚上,到剧院看芭蕾舞表演。

11月27日　到岛上参观海底采油。晚上,到音乐院听音乐。

11月28日　参观地下印刷室、科学院、作家协会等。晚上,乘火车离开巴库。

11月29日　上午,到达阿塞拜疆基罗瓦巴特,参观阿塞拜疆诗人尼扎米墓、克拉拉蔡特金集体农庄。晚上,参观纺织厂,观看话剧、电影。

11月30日　上午,离开阿塞拜疆。下午,到达乔治亚共和国(即格鲁吉亚)首都第比利斯。晚上,参加音乐晚会。

本月　《文艺学习》由上海文化工作出版社印行第三版。

12月1日　上午,乘汽车到达共青鹰之峰,看第比利斯城全景。下午,游览市区,参观斯大林地下印刷所、斯大林公园、儿童文化宫等。晚上,到歌剧院看儿童剧《请不来的客人》。

12月2日　参观第二水电站、斯大林诞生地,到歌剧院看芭蕾舞表演。

12月3日　上午,参观越拉运河、第一水电站。下午,到作家协会与当地文艺界人士联欢。午夜,离开第比利斯。

12月4日　下午,到达苏湖密。晚上,到公园游览。

12月5日　参观列宁集体农庄,看了学校、果树苗圃、劳动英雄之家、茶叶厂。

12月6日 离开苏湖密,途经夏格里风景区,下车观光。晚上,到达苏联旅游、度假胜地——索契。

12月7日 上午,乘船到黑海上观光。下午,上街游览。

12月8日 上午,乘飞机离开索契,经停乌克兰哈尔科夫机场。机上不耐颠簸,发生呕吐。下午,到达莫斯科。晚上,到大剧院观看话剧《伊凡·苏萨宁》。

12月9日 上街游览。

12月10日 下午,参加《文学报》座谈。

12月11日 早晨,代表团开全体会。下午,到苏联作家协会参加座谈。午夜,离开莫斯科,乘火车去列宁格勒。

12月12日 中午,到达列宁格勒。下午,参观市区。傍晚,参观曙光号战舰(即阿芙乐尔巡洋舰)。晚上,参观教堂、菲德格尔要塞监狱,到歌剧院观看芭蕾舞剧《青铜骑士》。

12月13日 上午,参观列宁故居、俄罗斯博物馆、普希金故居。下午,参观儿童宫。晚上,到高尔基青年宫观看歌剧。

12月14日 上午,参观冬宫。下午,去列宁格勒作家协会参加告别会。晚上,到歌剧院观看芭蕾舞剧《天鹅湖》,随后乘火车回莫斯科。

12月15日 中午,回到莫斯科。下午,参观奥斯特洛夫斯基博物馆。

12月16日 上午,陪同徐光耀、康濯到百货公司购物,代买胶卷四个。

12月17日 下午,参加苏联作家举行的宴会和记者招待会。晚上,在旅馆听李修却夫斯基讲新现实主义和革命浪漫主义问题。

12月18日 到机场准备回国,因大雪不能起飞,又返回旅馆。

12月19日 早晨,乘飞机回国,途经古比雪夫、奥慕斯克、新西比利斯科。

12月20日 上午,飞抵伊尔库茨克。下午,与当地作家见面。

12月21日 因天气原因滞留伊尔库茨克。晚上,观看西伯利亚新闻纪录片。

12月22日 登机后因天气寒冷飞机不能发动,下机再回旅馆。

12月23日 早晨,乘飞机离开伊尔库茨克。北京时间下午两点半到达首都机场,文化部派人迎接,入住文学研究所。

12月24日 自北京回到天津,探望生病的母亲。晚上,王林来访,长谈,赠王林马雅可夫斯基像瓷盘、列平(现通译列宾)画托尔斯泰耕田画片、苏联功勋芭蕾舞悲剧演员照片。

本月 《风云初记》一集,由人民文学出版社再版。

是年 作《致安乐师范文艺研究小组的信》,后以《关于小说〈荷花淀〉的通信》为题,载1952年《文艺报》第17期。

1952 年｜三十九岁

1月3日　作《马雅可夫斯基——赴苏参观学习纪要（一）》，载 1 月 6 日《天津日报·文艺周刊》。

1月9日　晚上，与王林一起观看李桂云主演河北梆子《大蝴蝶杯》。

1月10日　作《托尔斯泰——赴苏参观学习纪要（二）》，载 1 月 13 日《天津日报·文艺周刊》。

1月14日　作《斯大林格勒——赴苏参观学习纪要（三）》，载 1 月 20 日《天津日报·文艺周刊》。

1月23日　作《巴库——赴苏参观学习纪要（四）》，载 2 月 4 日《天津日报·文艺周刊》。

2月8日　作《幼稚园——赴苏参观学习纪要（五）》，载 2 月 10 日《天津日报·文艺周刊》。

2月14日　作《莫斯科——赴苏参观学习纪要（六）》，载 2 月 15 日《天津日报·文艺周刊》。

2月22日　作《列宁格勒——赴苏参观学习纪要（七）》，载 2 月 24 日《天津日报·文艺周刊》。

2月28日　作《果戈里》，副题为"纪念他逝世一百周年"，载 3 月 2 日《天津日报·文艺周刊》。

3月4日　晚上，与王林聊天，提到文化部准备调其到北京电影局写电影剧本，表示不愿去，想继续把《风云初记》写完。

3月5日　看王林所写关于长篇小说《腹地》的检查,认为还应用毛泽东提出的几个重点再自我反省一下,否则有点像"以论自然主义的方法论自己"。随后又纠正说,不是"以自然主义方法检讨自己",又说对于马克思恩格斯的那些名言,得看怎么解释,用在什么具体场合,我们反对标语口号,也反对一般化形式主义。

3月8日　作《格鲁吉亚——赴苏参观学习纪要(八)》,载3月9日《天津日报·文艺周刊》。

3月27日　作《论切实》,载3月31日《天津日报·文艺周刊》,副题为"'三反''五反'运动以来本刊发表的几篇小说读后"。晚上,王林来家中闲谈。

4月29日　致康濯信。寄《风云初记》二集及插图,说明因气力不佳,只写了二十九节,同时希望得到丁玲的阅读意见。此信当时未发出。

5月9日　参加《天津日报》副刊写作小组讨论会并发言,题为《怎样把我们的作品提高一步》,载5月12日《天津日报·文艺周刊》。

5月12日　在4月29日致康濯信后附言,说明原稿只有一份,请转告编委和出版社注意保存,因"脑力太差,想再写也难了"。

5月19日　在《天津日报·文艺周刊》发表学习毛泽东《在延安文艺座谈会上讲话》体会——《领会和收获》。

6月17日　晚上,王林来家中闲谈。向王林转达康濯对《风云初记》第二部的意见,认为不如第一部,感慨:"搞创作这玩意儿就是不能急了，就是不能急了。"

10月17日　作《鲁迅的小说——纪念先生逝世十六周年》，载10月19日《天津日报·文艺周刊》。

初冬某日　去保定，上午应远千里之请在河北省文联租用的红星剧场作报告，就生活、学习、写作谈创作体会。报告会后见到时在保定一中读书的韩映山，说："你写的那篇《鸭子》，有个细节，说是仲秋昏过去了。我把它改了改，我觉得值不得昏过去。还有一段，你写村边那条河，向西流，怎么倒流？把我闹糊涂了。后来我考虑，可能是实际情况，于是就没改。还有另一篇《学习》题目不明确，我改成了《苑苇和小芝》……"在住处与来访的韩映山及同学任彦芳谈话，劝告："不要光看我的书，我写的情节不够激烈，有很多缺点。""你们要多看些经得住时间检验的书。也不要光看当前的刊物，要看点古典名著，取法乎上，才能提高。"在回答如何塑造典型人物时说："不要被那些抽象的理论吓住，什么叫典型？慢慢来吧！开始，你们就按照生活里熟悉的人物写，写像了就不容易。比如我，写了那么多女孩子，究竟哪个是典型？这个问题很复杂。"最后说："以后，我们多通信吧！你们给我写了信，我一定复信，真的。这次下乡，到安国县，要去半年。"

11月　作《在苏联文学艺术的园林里》，载《人民文学》1952年第11期。

12月27日　回到天津。

12月28日　晚上，王林来家中闲谈，两人谈到留里可夫批评批评家的论文《在生活中不会是这样的》,大笑不止。告知王林,胡乔木在第二届"作家到生活中去"训练班上的讲话中,已正式批评了孔厥、袁静的《新儿女英雄传》没有思想性,也批评了得奖的《人民战士》。

本月 到河北省安国县下乡体验生活,其间拜访胡氏干娘。

1953年｜四十岁

1月2日　晚上，王林来访。告知王林地委正召开紧急会议，主要议题是扩兵。谈到过去冀中的文艺工作，认为对待崔嵬的方式不见得对。

1月4日　离开天津，到农村体验生活。

1月5日　到河北省安国县，先到于村，下旬到城南六里东长仕村。因住处寒冷，曾患感冒。此次下乡，为中篇小说《铁木前传》的写作做了准备。

1月30日　致王林信，谈下乡所遇之环境，谈到"因生活不定，油灯不亮，营养不足，未敢为文"。

2月6日　杨朔至天津给学联作报告，住国民饭店，鲁藜宴请，与王林一起作陪。晚上，致康濯信，谈下乡见闻及感受。委托康濯审定《风云初记》二集清样。

2月18日　晚上，王林来访，一起谈论王林妻子刘燕瑾主演的电影《葡萄熟了的时候》。

2月20日　致丁玲信。

3月　论文集《文学短论》（续编），由上海文化工作出版社出版，列为"未名丛书（10）"。收入《抗日战争的文学作品》《捍卫祖国的任务》《站在祖国的光荣岗位上》《作品的生活性和真实性》《寒假里的阅读》《关于文艺作品的"生活"问题》《马雅可夫斯基》《托尔斯泰》《果戈里》《论切实》《怎样把我们的作品提高一步》《领会和收获》《关于小说〈荷花淀〉的通信》《鲁迅的小说》十四篇。

4月15日 致王林信,谈对当时文艺批评的看法,提到"鲁迅云,文学的一个要素为'韧',前仆则后继,不骄不馁"。

本月 《风云初记》二集由人民文学出版社出版。

5月6日 书面提出对王林长篇小说《战斗中的人民》(后定名为《站起来的人民》)的意见。

本月 开始写作《风云初记》三集。

6月17日 王林带来对《腹地》的辩护一文。告知王林看到周扬在电影会议上的报告中提到文艺创作何时能好转,很难估计。说:"我听到这种说法,难免有一种幸灾乐祸的心理。"表示对当时文艺界乱扣帽子、乱打棍子,造成作家垂头丧气、畏首畏尾状态的不满。还谈到巴甫连珂回忆高尔基的文字,《母亲》是根据巴库近郊巴衣洛伏地方的一个工人阶级家庭的历史写成的,那一家和高尔基有很亲密的友谊。又谈到现今某些人(曾支持陈企霞的领导人物们)可能感到对过去否定了的东西,应有新的办法,但是为了个人威信和面子,不肯重新提这些事,冤枉了也就冤枉了。

7月9日 《风云初记》三集断片第一至第五节载《天津日报·文艺周刊》。

7月11日 致王林信,告知子女状况,谈及《风云初记》处在一种困难的写作状态里。

7月28日 致王林信,谈子女状况,告知以抄写《风云初记》方式消暑。

7月底　林默涵来天津,欲商量对王林长篇小说《腹地》进行批判事,闭门不见。

8月6日　致田间信,提到因感到才力不足,不想专门当作家,就下一步工作变动征求意见。

8月24日　作《杨国元——农村人物杂记》,载8月27日《天津日报·文艺周刊》,署名孙芸夫。

8月27日　作《访旧——农村人物杂记》,载8月30日《天津日报》,署名孙芸夫。

本月　作《我对写作的一点体会——讲给新参加报社工作的青年朋友们》,包括:一、学习;二、写作;三、公式化、概念化、一般化;四、关于批评。载1953年9月1日天津日报编《新闻通讯》第48期,2005年7月1日重新发表于《天津日报》。

9月1日　致田间信,提出赴京参加文代会,为便于休息,想住到田间家中。谈对田间《板门店纪事》和康濯《第一步》的印象。

9月4日　作《婚俗——农村人物杂记》,载9月10日《天津日报·文艺周刊》,署名孙芸夫。

9月12日　作《家庭——农村人物杂记》,载9月16日《天津日报》,署名孙芸夫。同日,致田间信,提到因经济原因,不能在北京买房。

9月14日　作《齐满花——农村人物杂记》,载9月18日《天津日报·文艺周刊》,署名孙芸夫。同日,王林来家中吃饭聊天,对王林谈到《译文》第二期译载的列夫·托尔斯泰的《为什么》,大加赞赏其历史材料的确实性。

9月22日中秋节 下午,在文化部礼堂听胡乔木作报告。同日,到丁玲家参加晋察冀作家宴会。

9月23日至10月6日 全国第二次文代大会召开。全国文协改为中国作家协会,当选为理事。

本月 《文学短论》由上海文化工作出版社根据1950年12月版本修订再版,抽出《五四运动与中国文学遗产》《说书》《介绍〈时事传〉》三篇,标为"正编"。

10月19日 作《全面的进修——纪念鲁迅先生逝世十七周年》,载10月23日《天津日报》。

11月7日 出席天津市"庆祝十月革命三十周年大会",当选为天津市第四届中苏友好协会理事。

11月9日 作《论培养》,载11月19日《天津日报·文艺周刊》。

11月23日 作《论情节》,载11月26日《天津日报·文艺周刊》。

12月2日 作《论风格》,载12月31日《天津日报·文艺周刊》。

1954年丨四十一岁

1月6日　晚上，王林来送照相机，留下《金达莱》手稿征求意见。

1月8日　在电话中和王林谈照相机事，谈到《金达莱》，说："看过了，还可以。"

3月　作《论农村题材》，收入作家出版社1963年11月版《文学短论》。

4月1日　晚上，王林来家中闲谈。对王林讲路翎自朝鲜回来后写的几篇小说在《人民文学》刊出后，大受《文艺报》推崇，但中宣部认为存在重大问题，为此召开座谈会，让康濯执笔进行批判。提到明年要有一批作家不吃公家饭，感到对专业化问题没有底，因为旧的生活写完了，新的生活没有积累。

4月14日　致康濯信，告知近况和《风云初记》写作进度，因《采蒲台》的出版对康濯表达谢意。

4月22日　致康濯信，谈对康濯小说《第一次知心话》的意见及修改说明。提及大女儿响应国家号召，去石家庄棉纺一厂工作。关于孙犁大女儿孙晓平去石家庄一事，经过如下：孙晓平原在天津棉纺厂工作，上级号召支援石家庄棉纺一厂，孙晓平一同事积极报名，被批准后又后悔，在车间内大哭，且不吃午饭。孙晓平好言相劝，说："如果你不愿意去，我替你去。"该同事立即找领导说孙晓平主动和她调换，领导便派孙晓平支援石家庄棉纺一厂。孙晓平回家哭诉，孙犁对女儿说："石家庄那地方不错，咱老家人多。"

从此,孙晓平落户石家庄。

本月　短篇小说集《采蒲台》,由作家出版社根据生活·读书·新知三联书店1950年12月版再版。

5月7日　晚上,鲁藜、王林来家中,邹明在座。王林夸赞近日看过的匈牙利的两个片子,问王林中国创作上不出色的原因是什么,王林答:"正如鲁迅早说过的不敢正面现象。"孙犁认为肖洛霍夫的《静静的顿河》艺术的修养也不是了不起高的。

5月30日　致康濯信及《风云初记》三集原稿,请其提出意见并改正。

本月　《文艺学习》,由上海文艺联合出版社根据上海文化工作出版社1950年2月版重印。

6月16日　致田间信,决定下乡体验生活,但未得到批准。

6月20日　作《契诃夫》,载7月15日《天津日报·文艺周刊》。

6月23日　晚上,王林来家中,与王林谈及对梁斌小说的评价。认为在水平线以上,比李英儒的《战斗在滹沱河上》水平高。

6月24日　作《契诃夫——纪念他逝世五十周年》,载7月15日《天津日报·文艺周刊》。

7月8日　上午,到王林家,告知体检时发现有肝肿大现象,已抽血做最后诊断。因精神紧张失眠。

7月10日　下午,到王林家,告知检查结论是肝部稍显下垂,无大碍,精神为之放松。

7月18日　时达来天津,下午前去会面。

7月24日　作《〈文艺学习〉校正后记》。

8月9日　在天津市中学生"暑期讲座"讲话，题为《写作漫谈——在暑期讲座上对同学们讲的话》，载《文艺学习》第6期。

8月26日　晚上，王林来家中，对王林讲梁斌最近在《北京日报》和《天津日报》先后选登两篇作品，有些冲昏头脑，应冷静好好删改，不要着急。

本月　作"《〈农村速写〉后记》之又记"。

9月28日　晚上，王林来家中，在看《论衡》。对王林讲《文心雕龙》的作者是个和尚，可见功夫不纯，质量是提不高的。又提到工作和生活，对王林说新女性要求丈夫的是：事业越崇高越好，生活越庸俗越好！

10月28日　致孙瑛信，对其花费力气搜集自己的著作且开列目录表示感谢。

秋季　梁斌到唐山疗养院看望路一，途经天津前来拜访，以炖鸡、炸茄夹招待梁斌。告知梁斌用一个通宵读完了《红旗谱》三十万字的原稿，认为人物和语言都有了，但开头节奏太慢。在周家食堂设宴招待梁斌，方纪、王林作陪，谈论文艺界现状和路一的病情。

11月3日至4日　写作论文《〈红楼梦〉的现实主义成就》，载《人民文学》第12期，署名林冬平。

11月5日　与方纪、鲁藜、王林一起参加天津市委宣传部副部长郑季翘召集的《红楼梦》批评小组会议。

11月11日　晚上，出席天津市文化艺术界关于《红楼梦》研究的座谈会,作《关于〈红楼梦〉研究》的发言,发言摘要载 11 月 26 日《天津日报》。

本月 作《答〈文艺学习〉编辑部问》,载《文艺学习》第 9 期。

12 月 6 日 致康濯信,介绍邹明赴京,请其安排住处,索要《风云初记》三集原稿。

12 月 10 日 晚上,王林来家中,告知王林丁玲和康濯对《腹地》的意见。此前妻子怀孕,因安装烟囱劳累导致流产。

本月 小说散文集《农村速写》,由通俗读物出版社根据天津读者书店 1950 年 4 月版重印。其中,《新安游记》更名为《除奸英雄》,抽去《塔记》,增加《张秋阁》《访旧》《杨国元》《家庭》《齐满花》五篇。

1955年 | 四十二岁

1月4日　上午，王林、路一来家中，将路一1954年12月27日的信转交王林，认为这封信对《腹地》的评价很解决问题。中午，请两人吃火锅。

1月31日　下午，王林来家中，对王林讲修改《风云初记》的计划：把好的章段留下，把不好的删去一部分。提到《文艺报》一、二期合刊上刊登的高尔基的几封信真是有远见。

2月13日　作《新的里程——纪念中苏友好同盟互助条约签订五周年，学习第二次全苏作家代表大会文件》，载2月15日《天津日报》。

2月21日　作《谈〈海鸥〉》，载2月25日《天津日报》。

2月28日　致康濯信，谈自康濯接手《文艺报》以来出现的新气象，就批判胡风思想征求意见。

3月6日　出席政协天津市委员会全体委员第一次会议，当选为天津市政协第一届委员会委员。

3月11日　出席天津市中苏友好协会第五届代表会议，当选为理事。

3月17日　致葛文信，谈对其小说的意见。

4月　《风云初记》一、二集合订本由人民文学出版社出版。

5月9日　王林来访，谈方纪在文章中抨击鲁藜之事。

5月21日　作《要更进一步揭露胡风》，收入天津通俗文艺出版社 1955 年版《胡风反革命集团在天津的罪恶活动》(第一集)。

6月　《风云初记》三集断片(第二十一至第二十五节)以《蒋家父女》为题,载《人民文学》第6期。

7月20日　读过王林的短篇小说《一个新人的诞生》之后对王林说:"虽然意义很好,其中细节部分,因系从长篇摘出,未能使人连贯理解(如地方游击队之化整为零,借米借柴等),亦易引人断章取义。"

9月中旬　在天津文联办公室开会,商议创办文学刊物《新港》。会上辞谢大家推举担任主编的建议,说:"像我这样的老家伙,早编过好几种报刊了,现在强调培养新生力量,该轮到年轻些的同志来干了。所以我建议方纪同志当主编,鲍昌当编辑部主任。"

9月28日　梁斌到东北调查肃反材料返回,途经天津,入住孙犁家中。下午,王林来,谈话至天黑。

本月　短篇小说《荷花淀》由通俗读物出版社出版,列为"文学初步读物",附有编者《作者介绍》《本书说明》各一篇。

10月　《新港》筹备组成立,任编委。

11月16日　晚上,与方纪、王林一起观看吕剧《王定保借当》,认为:"古典的东西,虽一二人而令人感到丰满。我们弄一大群人上台,反倒很贫乏,影子似的转来转去而索然乏味。强构成矛盾和剧情,又粗糙又不自然。"

12月初　到天津南郊白塘口乡体验生活。

12月10日　作《妇女的路》,收入百花文艺出版社 1962 年9月版《津门小集》。

12月12日 作《刘桂兰——津郊小集(一)》,载12月16日《天津日报》,署名石纺。

12月13日 作《青春的热力——津郊小集(二)》,载12月20日《天津日报》,署名石纺。同日,致田间信,谈对其所写游记的看法。

12月21日 作《一天日记——津郊小集(三)》,载12月26日《天津日报》,署名石纺。

1956年 | 四十三岁

1月7日　作《津沽路上有感》，载1月19日《天津日报·文艺周刊》。

1月28日　在《天津日报》发表《积肥与择菜——津郊小集（四）》，署名石纺。

2月18日　上午，与方纪、王林逛天津劝业场。

3月2日　在北京参加中国作家协会第二次理事会会议（扩大），下午到怀仁堂照合影，毛泽东等中央领导出席。

3月29日　因写作《铁木前传》劳累过度，午睡起床小便后晕倒，将左腮跌破，被送往医院缝合。

4月4日　晚上，王林来家中看望。

4月30日　中共天津市委宣传部给南京、上海等地市委宣传部开具介绍信，说明："作家协会天津分会副主席，天津日报编委孙犁同志（中共正式党员）前往您市旅行访问，请在工作上予以协助，生活上给予照顾是荷。"

5月初　离开天津，到济南、南京、上海、杭州旅行。

5月10日　到达南京，到南京市文化局接洽，入住安乐酒家。

5月某日　到达上海，去新开业的古旧书店购书，后去杭州。

5月21日　回到天津，继续修改《铁木前传》。

5月31日　致王林信，感谢其帮助开介绍信，谈南方之行感受。

6月初　参加天津日报社体检，有肝脏硬化症状。

6月8日　王林来家中,劝说到北戴河休养。

本月　天津《新港》月刊创刊,任编委。

初夏　完成中篇小说《铁木前传》,投稿《新港》,被鲍昌和张学新审稿后退稿,转寄《人民文学》秦兆阳。

7月5日　《家乡的土地——〈风云初记〉三集断片》第一至第五节(实为第五至第十节),载《天津日报·文艺周刊》。

本月　《文艺学习》由新文艺出版社重印,增加《校正后记》一篇。

8月13日　作《左批评右创作论》,认为文艺批评应顾及全篇。当时未发表。1979年1月底作附记,载1979年2月4日《天津日报》,署名耕堂。

9月11日　下午,英文版《中国妇女》严婉宜来访。同日,王林来家中,向王林推荐《资治通鉴》。

9月26日　致田间信,谈自己身体状况和创作情况,委托其到北京和平画店物色一张齐白石的画。

10月14日　下午,到天津政协礼堂参加纪念鲁迅逝世二十周年座谈会,对王林在发言中过分强调创造人物必须根据真人真事的提法委婉提出批评。

11月　《风云初记》三集断片(第十一至第十五节),以《离别》为题,载《新港》第11期。

12月　中篇小说《铁木前传》在《人民文学》第12期刊出。

1957年 | 四十四岁

1月17日　中国作家协会天津分会召开《铁木前传》座谈会。

1月21日　中午,王林来家中看望,病情仍不见好转。曾服用名医赵寄风的药,反造成整夜失眠,精神更加紧张。服安眠药后可睡四小时。

本月　中篇小说《铁木前传》由天津人民出版社出版。

2月13日　下午,在招待所与天津市文化局李奕局长谈话。王林前来看望。

2月17日　下午,王林来招待所看望,告知已不用服安眠药,三夜可以睡十六七个小时。

3月17日　上午,王林来看望,仍因钻死牛犄角不能自拔,病情加重。

3月25日　杨循在天津市委礼堂对王林说:"孙犁这几天情绪坏极了,光说自己没有希望了,连医生和李奕局长规定遛弯的信心都没有了,光在屋里瞎想。"

夏季　就医于北京红十字医院,后又至小汤山疗养。

8月2日　王林来小汤山看望,病情好转,已经稳定。

12月1日　王林前来看望,失眠症已好,但又患痢疾。

1958年│四十五岁

3月底或4月初　到青岛疗养。母亲送到门外，说："别人病了往家里走，你怎么病了往外走呢！"

青岛疗养期间　写作诗歌《海葵赋》，因原稿遗失，于1981年7月8日据记忆补充成篇："东海有动物，名曰海葵花。展瓣如秋菊，艳丽胜朝霞。荡漾碧水中，美人着轻纱。突然一收缩，阴森似毒蛇。其体滑而腻，其味腥且臊。颜色诱浮生，触之不能逃。陷阱何足论，网罗不堪比。世事多变态，无如此诡谲。不堪陈几案，弃之不可惜。还养我贞石，清空明月里。"

4月　小说散文集《白洋淀纪事》由中国青年出版社出版，康濯编辑，列为"播种文艺丛书"。全书收录自1939年至1950年间作品五十四篇，分为两辑。第一辑为小说，收录《看护》《正月》《小胜儿》《秋千》《山地回忆》《吴召儿》《石猴——平分杂记》《村歌》《蒿儿梁》《光荣》《浇园》《种谷的人》《采蒲台》《纪念》《"藏"》《嘱咐》《钟》《碑》《芦花荡——白洋淀纪事之一》《荷花淀——白洋淀纪事之二》《麦收》《杀楼》《村落战》《丈夫》《黄敏儿》《老胡的事》《走出以后》《懒马的故事》《邢兰》；第二辑为散文、特写、通讯等，收录《天灯》《王香菊》《香菊的母亲》《织席记》《渔民的生活》《张金花纺织组》《曹蜜田和李素忍》《"帅府"巡礼》《小陈村访刘法文》《访问抗属》《相片》《一别十年同口镇》《诉苦翻心》《新安游记》《采蒲台的苇》《塔记——蠡县抗战烈士塔碑记》《白洋淀边一次小斗争》《游击区生活一星期》《山里的春天》《战士》《芦苇》《投宿》《女人们(三篇)》《识字班》《一天的工作》。

该书采取倒排方式,即后写的作品排在前面,先写的排在后面。康濯在《编后说明》中说:"书名《白洋淀纪事》,是因为作者的家乡就在河北平原上的白洋淀附近,作者在战争中在那一带(当时是晋察冀边区的冀中区)参加斗争的时间也比较长,书中反映那一带人民生活的作品也比较多,作者为人熟知的短篇《荷花淀》等也曾以《白洋淀纪事》为副题,所以就沿用了这个名字。"

本书的编辑过程带有一层悲凉的色彩,正如作者本人所述:"一九五六年秋天,我的病显得很重,就像一个突然撒了气的皮球一样,人一点儿精神也没有,天地的颜色,在我的眼里也变暗了,感到自己就要死亡,悲观得很。其实这是长期失眠,精神衰弱到了极点的表现。家里人和同事们,都为我的身体担心,也都觉得我活不长了。康濯同志来天津看我,就很伤感地说:'我给你编个集子,还要写一篇长一些的后记。唉,恐怕你是看不到了。'"

12月12日 母亲去世,享年八十四岁。

1959年｜四十六岁

1月19日　致康濯信,告知身体状况曾有好转,但入冬之后因情绪不好,身体略微变坏。信中还谈到对康濯近作的印象以及对保定的回忆,信中附《无题》《偶忆》旧体诗各一首。

春季　从青岛转太湖疗养。其间作《无题》诗一首。忘其首句,1981年7月9日补足。诗云:"箕山扶杖待日出,老妪扶棹泛五湖。只身病废轻一苇,不知何日见故庐。"

6月　自无锡回到天津。

本月　短篇小说集《荷花淀》由人民文学出版社出版,列为"文学小丛书"第三辑,收入《采蒲台》《荷花淀》《嘱咐》《光荣》四篇。

7月3日　早晨,王林来家中看望,对王林讲刚回到天津睡得还好,这几天又睡不好了。

本月　中篇小说《铁木前传》改由百花文艺出版社出版,张德育作插图四幅。

夏季　到北戴河疗养。

12月5日　致冉淮舟信,希望早日读到其《孙犁论》。但因身体不好,不能长时间谈话。

1960年｜四十七岁

7月 全国第三次文代大会召开,当选为中国作家协会理事会理事。

夏季 到北京,在西山八大处、颐和园作短期休养。

10月1日 王林来家中,转交时达赠送的板油、猪肉。

是年某日晚 女作家葛文、司仃,《新港》青年编辑韩映山来访。对两位女作家说:"病了这几年,看不了书报。你们写了什么作品,我也不知道。"又对韩映山说:"听说你调到《新港》来了,以后有空常来玩吧!""趁着年轻,还是要多写,熟能生巧,不能停下来。写作跟拉胡琴似的,老得拉,一不拉,手儿就生疏了。"

是年 作《无题》诗一首:"曾在青岛困病居,黄昏晨起寂寞时。长椅沉思对兽苑,喜看小鹿舞多姿。紫薇不记青春梦,素菊摧折观赏迟。如今只留栏栅在,天南地北难相知。"此诗曾书赠韩映山。

1961 年｜四十八岁

4 月 11 日　下午，与王林一起看川剧高腔《荷珠配》，为不被熟人认出，特意拉低帽子，压住眉毛。

9 月 1 日　好友沙可夫在青岛病逝。

9 月 11 日　上午，王林来家中，约去东北长白山一游，欣然接受。

9 月 12 日　致信王林，称怕身体顶不住，不愿去长白山。

10 月某日　自南开大学毕业、分配到《新港》编辑部工作的冉淮舟随编辑部同事一道前来看望。

11 月 14 日　致冉淮舟信，谈修改文稿事。

本月　小说集《村歌》由人民文学出版社出版。收入《邢兰》《黄敏儿》《丈夫》《杀楼》《村落战》《麦收》《芦花荡》《荷花淀》《碑》《钟》《嘱咐》《纪念》《"藏"》《采蒲台》《种谷的人》《浇园》《光荣》《蒿儿梁》《村歌》《吴召儿》《山地回忆》《小胜儿》《正月》《铁木前传》二十四篇。

1962 年 | 四十九岁

1月　作《〈白洋淀纪事〉再版附记》。

2月8日　百花文艺出版社编辑来访,看《津门小集》书稿。下午,致冉淮舟信,对其代抄稿件表示感谢。

2月9日　致冉淮舟信,谈《津门小集》的编辑。同时附近作《自嘲》二首。其一:"平生事迹如荒坡,敢望崇山与长河。虽有小虫与丛莽,漫步重游亦坎坷。"其二:"小技雕虫似笛鸣,惭愧大锣大鼓声。影响沉没噪音里,滴澈人生缝罅中。"又抄录旧作"曾在青岛困病居"一首。信后附《津门小集》后记。

2月13日　致冉淮舟信,确定《津门小集》书名。同日,作《勤学苦练》,载《河北文学》第3期。

2月16日　冉淮舟、韩映山来家中看望。冉淮舟拿出抄好的《风云初记》最后几章,建议重新发表一下,表示不同意,说:"这样不好,从来没有这么干过。"认为韩映山的作品还算明丽,但含蓄不够,应该有弦外之音。文学应该弄点幽默、俏皮和哲理味道。认为果戈里的《死魂灵》很好,声东击西。一再强调要读古典作品,喜欢谁的就读读谁,不要光看当前的杂志。写作要刻苦,要有所探求,要严肃对待。

2月中旬　到北京,住河北省驻京办事处,修改《风云初记》。

2月22日　下午,到医院看望来京就医的杨循。

2月23日　作家出版社来人,商谈出版《风云初记》一、二集合集。

2月24日　致冉淮舟信,回答其信中提出的作品发表及出版事。

2月28日　游览承光殿,作旧体诗三首。其一:"眉用金描唇渥丹,面像慈悲体庄严。右臂袒露丰无骨,匠人造意已登天。"其二:"玉洁冰清此第一,千年曾不染微尘。眸凝眉低唇欲启,发愿涤净儿女心。"其三:"玉桥车马万丈尘,水声松涛两失闻。团城应不似闺阁,高空明月未眠人。"

本月　旧作短篇小说《女保管——平分杂记》,载《河北文学》第2期。

本月　作《〈津门小集〉后记》,连同旧作散文《团结》《挂甲寺波口》《保育》,载《河北文学》第4期。

3月4日　致冉淮舟信,谈自己旧作的出版情况,附《一九六二年二月二十八日晨承光殿看玉佛》诗三首。

3月5日　看望在北京住院的王林。

3月11日　作《回忆沙可夫同志——晋察冀生活断片》,当时未发表。1978年3月经修改,载《辽宁文艺》1978年第5期。

3月22日　百花文艺出版社来人,商谈《津门小集》书稿及书名。同日,致冉淮舟信,谈稿件的改动和编集。

3月下旬　回到天津。

3月31日　冉淮舟来家中看望,并请为将由《新港》发表的章节题字。

春季　重写《风云初记》"尾声",并编排三集章节。

4月1日　致冉淮舟信并《铁木前传》章节题字。同日作《清明随笔——忆邵子南同志》，载4月5日《天津日报·文艺周刊》。

4月5日　致万力、冉淮舟信并附《风云初记》题字，谈回忆邵子南一文的篇幅，提到因身体原因，不想再写文章，索还回忆沙可夫一文，准备修改。

4月24日　致蠡县抗战烈士陈叔衡之子陈建民信，回答"那篇碑记"确切名称。

4月27日　上午，阿凤、万国儒、劳荣、韩映山到家中看望，谈生活和创作。

本月　作《石子和海葵花》，载《北京文艺》1979年第10期，改题为《石子——病期琐事》。作《黄鹂——病期琐事》，载北京通县文化馆编1979年《运河》。

本月　小说散文集《白洋淀纪事》由中国青年出版社再版，增加《访旧》《杨国元》《家庭》《齐满花》《婚俗》《张秋阁》六篇，《再版附记》一篇。林锴作插图五幅。

本月　《风云初记》三集断片（第十六至第十七节）以《山路》为题，载《新港》第4期。

5月2日　致冉淮舟信，谈《石子与海葵花》的修改和回忆邵子南文章的增补。

5月6日　致冉淮舟信，提出将《津门小集》的一半稿费一百五十元给冉淮舟，将回忆沙可夫、邵子南的文章总题为《回忆二则》。

5月17日　致冉淮舟信并附《津门小集》清样。致万力信，提出不再发表《石子》《回忆沙可夫同志》等几篇散文。

本月 《风云初记》三集断片(第十八至第二十节)以《河源》为题,载《新港》第 5 期。

7 月 7 日 上午,与韩映山谈写作和阅读。

7 月至 11 月 《风云初记》除《山路》与《河源》外,其余二十五节,连载于《新港》第 7 至 11 期。

夏季 旧作数篇由冉淮舟在河北省肃宁县文化馆抄得。计有短篇小说《琴和箫》《〈平原杂志〉第三期编后》《翻身十二唱》《二月通信》《论继承》等;并请安平县委代抄《三烈士事略》。收到冉淮舟抄写的这些稿件,曾计划编辑《旧篇新缀》一书,后因"四清"运动和"文化大革命"未能实现。

8 月 1 日 致冉淮舟信并《旧篇杂缀前言》。此文后以《旧篇新缀·序》为题,载 1979 年 10 月 11 日《天津日报》。

8 月 7 日 作《〈琴和箫〉后记》。晚上,作《〈平原杂志〉杂志第三期编后的后记》,当时未发表,后以总题为"文字之路",载 1979 年 10 月 11 日《天津日报·文艺周刊》。同日,致冉淮舟信并附《〈琴和箫〉后记》《〈平原杂志〉杂志第三期编后的后记》。

8 月 9 日 作《〈翻身十二唱〉后记》和《〈二月通信〉后记》,当时未发表,后以总题《文字之路》,载 1979 年 10 月 11 日《天津日报·文艺周刊》。

8 月 10 日 致冉淮舟信及《〈翻身十二唱〉后记》《〈二月通信〉后记》。

8 月 12 日 致冉淮舟信,告知《芦花荡》《山地回忆》译文刊于《中国文学》第9期,同时配发黄秋耘评论文章。

8月13日　写作散文《某村旧事》,收入《晚华集》。

8月15日　张庆田、刘怀章来访。致冉淮舟信,对其代为投稿《河北文学》表示感谢。

8月20日　托人给韩映山转去读《作画》后的意见,认为写得自然、明丽,但容量不大。《作画》为韩映山散文集。

8月21日　致冉淮舟信并附修改后的冉淮舟作《读〈津门小集〉》。

8月24日　作《读〈作画〉后记》,载1963年3月14日《天津日报·文艺周刊》。其中谈及文学作品的"美"与生活、政治的关系。

8月29日　致冉淮舟信,告知《读〈作画〉后记》已交《人民文学》,因《河北文学》对发表《旧篇杂缀》似有难意,委托冉淮舟索回稿件。

8月31日　与韩映山谈如何写"人民内部矛盾",劝其多学习,多读书,在语言上下大功夫。

9月14日　下午,去《新港》编辑部看望冉淮舟等人,未遇,将《风云初记》校样放在收发室请为转交。晚上,致冉淮舟信,告知因最近身体不好,失眠、头痛,无法修改稿件,请其通知《河北文学》暂时不要发自己的稿子。

9月15日　去北京休养,住锥把胡同河北省办事处。

9月22日　作《〈三烈士事略〉后记》,当时未发表,后以总题《文字之路》,载1979年10月11日《天津日报·文艺周刊》。

9月23日　致冉淮舟信并附《〈三烈士事略〉后记》征求意见。

本月　《津门小集》由百花文艺出版社出版。该书收入作者来到天津之后体验生活、记录现实的速写、散文。包括《新生的天津》《人民的狂欢》《学习》《节约》《小刘庄》《团结》《宿舍》《挂甲寺渡口》《慰问》《保育》《厂景》《保卫》《站在祖国的光荣岗位上》《妇女的路》《刘桂兰》《青春的热力》《一天日记》《津沽路上有感》，共十八篇，《后记》一篇。

《津门小集》因字数过少，被美术编辑陈新设计为宽 11.3 厘米、高 16.0 厘米的小开本，俗称"口袋书"。此后，百花文艺出版社出版散文集多采用这一开型。

10 月 16 日　下午，人民文学出版社来人商量出版《风云初记》合集事。致冉淮舟信并《风云初记》校样，告知进京后睡眠依然不好："今年，我不打算写、发表文章了。"提到为冉淮舟买苏联作家柯切托夫著长篇小说《州委书记》一册。另附致方纪信，请冉淮舟转交。

10 月中旬　应侯金镜夫妇、李季邀请同游香山，看红叶，李季在香山饭店请吃饭，饱醉而归。

10 月 19 日　去田间家访友，看到《新港》第 10 期，对刊发《风云初记》的编校质量感到满意。晚上，致冉淮舟信，委托其给郭小川、侯金镜、冯牧、黄秋耘、李季、贺敬之、谢恩洁寄赠《津门小集》。

10 月 20 日　迁至颐和园云松巢东院邵窝殿居住，殿内空旷，令人恐怖，但风景优美，光线充足，适合看书、写字。

10 月 21 日　致冉淮舟信，谈居住环境及感受，告知正在读《林则徐日记》和《嵇康集校注》。委托冉淮舟再给张志民、王文迎寄赠《津门小集》。

10月25日　致冉淮舟信,再次委托其向王亢之、石荣、杨循、王林等赠送《津门小集》。告知每天上午在昆明湖划船,颇有"孤家"之感。

11月7日　冉淮舟前来看望。

11月15日　致冉淮舟信,告知近日侯金镜、冯牧同来颐和园居住,不再感到寂寞。信中提到打算重印《区村和连队的文学写作课本》及附录,委托冉淮舟与百花文艺出版社接洽。

12月24日　与张雨时在王林处交谈,认为王林的小说《行军途上》对东北自然特点的描写是准确的。

冬季　梁斌来访,谈及庐山会议号召人们学海瑞。对梁斌说:"不要听那个,你一说,他就不干了……"

1963 年 | 五十岁

1月27日 王亢之、梁斌、王林、张雨时一起来家中看望。

2月12日 晚上，宴请从北京来天津为文艺创作座谈会作报告的侯金镜、冯牧，王林等作陪。

2月14日 在天津市文艺创作座谈会上发言，强调作家的思想修养、深入生活和艺术修养三个问题。后以《三点小意见——在天津市创作座谈会上的发言》为题，载《新港》第4期。

2月17日 韩映山来家中看望，对韩映山说："格调问题，是思想修养问题。"谈到要保持谦虚谨慎，多读书。

2月18日 晚上，到北京，住锥把胡同河北省办事处。

2月23日 致冉淮舟信，谈《文学短论》的编选。

2月24日 晚上，拜访陈乔，得赠诗一首，回办事处后以原韵奉和一首，题为《访陈乔》："碧水晴天柳色新，小镇危楼异乡人。曾蒙枉驾相砥砺，又同戎马走烟尘。白洋战迹著青史，我艺雕虫少奇文。京师再会白鬓发，围炉话旧暖如春。"

2月26日 致冉淮舟信，提出不想印《文学短论》。

3月7日 致冉淮舟信并附修改后的《旧篇新缀》目录。

3月18日 致冉淮舟信，谈对文稿的修改。

本月 《风云初记》一、二、三集合订本由作家出版社出版。

4月19日 致冉淮舟信，赠《风云初记》精装、平装本各一册。

5月5日 康濯前来看望，送来珍藏多年的油印本《区村和连队的文学写作课本》《语言简编》等。

5月6日　致冉淮舟信,委托抄录旧稿,提到最近又病了几天,尚未完全复原。

5月8日　致冉淮舟信并旧作,委托抄录。

5月9日　作《〈文艺学习〉新版题记》。

5月10日　致冉淮舟信并附《文学写作课本》题记,征求意见。同日,作《〈文学短论〉新版后记》,当时未发表,后以总题《文字之路》,载1979年10月11日《天津日报·文艺周刊》,并加附记:"此文后来印在书尾时,被我删得只剩百余字。"

5月14日　致冉淮舟信,谈写文章及修改的要领。

5月15日　下午,到北京,仍住原屋,与李季、张光年为邻。

5月17日　致冉淮舟信,告知到北京后情况。

5月20日　致冉淮舟信,谈阅读《给契诃夫的信》一书的体会,认为是一本最好的作家传记,从中可以了解契诃夫的为人。侯金镜冒雨来访。

5月22日　致冉淮舟信,对《文学写作课本》被大量删节感到诧异,谈诗集及旧稿的编辑。

5月23日　晚上,致冉淮舟信,告知读完《给契诃夫的信》,正在读王夫之的《楚辞通释》。

5月25日　清晨,致冉淮舟信,惦念文稿和早期作品的油印本。

5月26日　晚上,致冉淮舟信,告知收到文稿,表示给抄稿人报酬要丰厚一些,对旧稿质量缺乏信心,因此情绪低落。

6月4日　任彦芳等到颐和园拜访。

6月5日　自北京回到天津。

6月10日　致冉淮舟信并附对其散文《彩云》的七条意见。

6月16日　致《中国文学》编辑部信，表示完全同意《风云初记》译文连载章节。

本月　《风云初记》一、二、三集单行本，由作家出版社出版。

7月2日　致冉淮舟信并附《回忆二则》校样。同日，就小说《荷花淀》被删节，复读者陈炜信。后以《关于〈荷花淀〉被删节，复一读者信》纳入总题《文字之路》，载1979年10月11日《天津日报·文艺周刊》。收入《秀露集》时，改题为《关于〈荷花淀〉被删节复读者信》。

7月7日　致冉淮舟信并修改后的《〈文艺学习〉新版题记》，决定不再发表《回忆二则》。

7月8日　致冉淮舟信并附人民币一百元，表达对其帮助抄写、编辑旧稿的谢意。

7月10日　致冉淮舟信，谈对冉淮舟所写关于《红楼梦》文章的意见，告知已转天津日报文艺部。

7月17日　致冉淮舟信，谈到托文学出版社在北京所买旧书已由徐柏容带回，但过于破烂，不能使用。告知冉淮舟所写《红楼梦》文章被退回，想再介绍给晚报。

7月19日　致冉淮舟信，对自己的诗集能否印行没有把握。

7月23日　致冉淮舟信，对冉淮舟赴北京冒雨换书感到不安。希望冉淮舟下乡后多参加群众活动，多思考，多写散文纪事。

8月10日　作《〈白洋淀之曲〉后记》。

8月29日　致冉淮舟信，谈《文学短论》的修改。叮嘱冉淮舟不要针对河北省文联文艺理论研究室楚纯白的《评〈风云初记〉》（刊《河北文学》第8期）一文写反驳文章，更不要激动。

9月5日　自北京回到天津。在北京期间，看了几个展览会（包括曹雪芹展览），见到黄秋耘等朋友，并请大家吃饭。对于楚纯白的批评文章感到很受刺激，特意向侯金镜、黄秋耘申辩。

9月14日　致冉淮舟信，希望在下乡过程中多体验、观察，多看些通讯一类的短文章，祝贺他在陕西咸阳找到爱人。

9月25日　致冉淮舟信，告知《风云初记》已列入外文出版社选题计划；天津人民广播电台播讲《风云初记》；即将读完《纲鉴易知录》，感到是一部很好的历史书。

本月　为外文版《风云初记》作序，后纳入总题"文字之路"，载1979年10月11日《天津日报》。

11月17日　致冉淮舟、文联办公室信，想去天津市和平区睦南道看房子，请文联派人陪同。

本月　《文学短论》新编选本，由作家出版社印行。收入《文艺学习》《怎样认识生活》《人民性和战斗性》《〈亲家〉》《〈腹地〉》《谈工厂文艺》《略谈下厂》《评〈郝家俭卖布〉》《红杨树和曼晴的诗》《新文学和新中国妇女》《作品的生活性和真实性》《关于文艺作品的"生活"问题》《马雅可夫斯基》《托尔斯泰》《果戈里》《怎样把我们的作品提高一步》《领会和收获》《关于小说〈荷花淀〉的通信》《鲁迅的小说》《全面的进修》《论培养》《论情节》《论风格》《论农村题材》《写作漫谈》《〈红楼梦〉的现实主义成就》《勤学苦练》二十七篇,《新版后记》一篇。

12月2日 致冉淮舟信,托其到百货公司买唱片。

1964 年 | 五十一岁

1月11日 致冉淮舟信并赠送《皇甫碑》《曹全碑》和《文徵明小楷离骚经》,谈对书法的见解。

1月22日 致冉淮舟信,谈小说没有续写的原因。谈对欧阳询书法的理解。信后附书目二纸,请写信给上海文艺出版社的工作人员,托买古籍和碑帖,并特意注明:"要干净整齐者,如有污损可不买,非急用。"

1月23日 托劳荣带两部旧书至《新港》编辑部,转托赴京者为两部旧书添加封面。

1月29日 致冉淮舟信,谈购买书法字帖体会。

2月9日 致冉淮舟信,告知已校毕诗集并请代还图书馆《晋察冀诗抄》。

2月21日 致冉淮舟信,谈及因邻居安装乒乓球台,影响自己睡眠。

3月16日至3月30日 到保定出席河北省文联和省文化局联合召开的戏剧、文学创作会议,见到田间、梁斌、侯金镜等老友。

3月18日 致冉淮舟信,告知已决定去天津西郊杨柳青下乡,谈近日从上海所买字帖。

4月6日 为《往事随笔——关于托尔斯泰的回忆》《文心雕龙》包书衣并题记。

4月7日 在保定市原育德中学校址参加河北省业余创作座谈会并发言,以《业余创作三题——在一次座谈会上的发言》为题,载 4 月 16 日《天津日报·文艺周刊》。《新港》《萌芽》《河北文学》第6 期均转载。

4 月 13 日 上午,到天津柳林疗养院看望患肝炎的韩映山。

4 月 21 日 韩映山、刘怀章来访,谈培养青年作者和自己的创作打算。同时谈到在看《文艺学习》校样,把原书中对初学者批评过火的地方都改了。

4 月 诗集《白洋淀之曲》由百花文艺出版社出版。收入《儿童团长》《梨花湾的故事》《白洋淀之曲》《春耕曲》《大小麦粒》《山海关红绫歌》《小站国旗歌》七篇及《后记》。

春季 在天津南郊北闸口乡吕圪垯子村体验生活。此后不久,周扬在李夫陪同下来家中看望。

5 月 13 日 致冉淮舟信,谈到妻子病情无起色,颇为忧虑。

6 月 6 日 下午,王林来家中看望,约去长白山转转,表示同意。

6 月 14 日 儿童文学作家、《儿童文学》主编金近带王路遥、邱勋、赵沛文三位儿童文学作者前来拜访,谈自己对儿童文学创作的认识,谈话稿后整理为《关于儿童文学》。此稿在 1966 年冬散失,后找到,略加整理后载 1979 年 1 月版《儿童文学研究》第 1 集。

本月 作《进修二题》,1966 年冬散失,后找到。1978 年 8 月在篇末附注:"以上系 1964 年 6 月一篇讲话稿中的断片,1966 年冬季散失,今重获之,整理出来,投寄刊物,亦奇遇也。"载《宁夏文艺》1978 年第 5 期。

7 月 25 日 致冉淮舟信,谈及自己精神不好,暑期院内孩子较多,不得清净,想去外面走走。

7月29日　下午,王林来家中,赠人参一盆。回赠自己嫁接的鲜花一盆。

8月3日　致冉淮舟信,谈到因身体不好,外出未能实现,又读了鲁迅的一些著作,"似有所领会"。

8月27日　上午,去杨柳青,在河边看捕鱼并瞻仰烈士塔,又看了疗养院,感到环境嘈杂,非理想之地。

8月29日　致冉淮舟信,告知身体稍好。收到《文艺学习》样书,首印十万册。

本月　《文艺学习》由作家出版社出版。依据《区村和连队的文学写作课本》油印原本,将后来删削的部分补入,为此书最佳版本。除原有《前记》《油印本后记》《校正后记》外,又加《新版题记》,并附有《怎样体验生活》《和下乡同志们的通信》。

8月底9月初　去胜芳,因风大水凉,导致发烧、腹泻、精神萎靡。此后请中医治疗。报社为在昆明路安排住房,与画家马达为邻,曾准备搬迁,但又因附近有一小学而改变主意。

9月5日　致冉淮舟信,告知身体状况,答应其求字之请。

9月初　致信王林,谈到胜芳一行,回来后累病:"此次发烧出现一症状,不能不引起警惕。有一晚上,一合眼即觉灵魂要飞走,怕他不辞而别,只好睁大眼睛。"

9月16日　下午,在家整理书籍,韩映山来,示以写给妻子的诗,谈写作经验和体会。

9月19日　到医院检查身体。晚上，为冉淮舟写字三幅，均不满意。

9月20日（中秋节）　致冉淮舟信，谈身体近况。

9月28日　下午，韩映山来，与韩谈生活和创作的关系。

10月9日　致任彦芳信，告知收到寄赠诗集《帆》，认为感情真挚而语言明丽。

10月下旬或11月初　由天津日报社记者鹿占云陪同，去蓟县一星期，进行一些访问。

11月8日　致冉淮舟信。

11月9日　去保定，共停留十一天，受到当地文联热情招待，参观了南大园、前辛庄两公社。

11月14日　由徐光耀陪同，游览满城县境内抱阳山。

11月15日　韩映山和八一电影制片厂编剧郑智来访。谈白洋淀和剧本的写作。此后回老家安平，停留一天。

11月25日　致徐光耀信，谈到近日阅读浩然的《艳阳天》，赞赏是一部"有生活、有情节、有语言、有人物的作品"，想到不能故步自封，要多加努力。

11月30日　韩映山来家中看望，以木匠学徒为例，谈创作体会。

12月3日　致冉淮舟信，谈去保定之行程，又谈到对浩然的《艳阳天》"惊叹不已"，认为"有人物、有情节、有艺术、有政策"。

是年　向在天津柳林医院住院的韩映山赠送《隋唐演义》《夜谭随录》。

是年　去韩映山住处看望，赠《聊斋志异》。

1965年 | 五十二岁

2月某日　妻子因患糖尿病、高血压入住天津尖山河北省省立医院。

2月19日　为《明清藏书家尺牍》包书衣并题记。

2月25日　妻子病情进入危险期，入院后有好转。王林来家中慰问。

2月28日　致韩映山信并赠《宋人平话》一册，提到"其中用红笔标出的，是宋人'话本'为有名之作，如你没有读过，可先研究，我曾为这种形式所迷。"

夏季　去蓟县盘山。

9月16日　晚上王林来家中看望。妻子病情加重，内弟大根从安平赶来。

9月18日　在《人民日报》发表《烈士陵园》。

9月22日　因妻子拉肚子，病情急转直下，精神大受刺激，对护士态度大为不满，对王林说："拿出过去写的关于护士的两篇文章重新看了看，今天无论如何也写不出来。当时对护士生活其实并没有接近和了解，是凭着一股子热情写了那样歌颂护士的文章，现在知道得多了，世故了，反倒没有那种热情了。"同日，大女儿从石家庄赶来照料母亲。同日，林呐告知王林，有人写批评文章全部否定孙犁作品，指摘很严，投寄《红旗》杂志，《红旗》编辑部准备发表，浩然得知后建议缓发，因作者已患病多年，恐怕接受不了。

妻子病重期间　曾对前来安慰的韩映山说："我有很多地方对不住她,她跟着我,好像没得过什么好处。八年战乱,她一个人在家里;解放后,我又大病十年,在外边养病;如今,她又赶上了这样的时候……"韩映山建议可以写她,回答说："《丈夫》那个短篇里,是用她作的模特儿。我的好多语言,都是从母亲和她那里汲取来的。在创作上,她们确实帮过我好多忙。"

10月初　妻子一度病危,准备购置价值八百元的棺木送回老家安葬,后被王林、杨循等劝阻。

10月18日　下午,房管局为安排一新住处,与王林一道去看,因环境不好未搬迁。

本月　赠韩映山《十七史蒙求》,赠言为："一九六五年十月,谨以此书赠映山同志,冀能引起他学习的兴趣云。"

11月25日　远千里、王林来家中看望,又一道去省医院看望妻子。

是年　为《读书堂西征随笔》包书衣并题记,注明此书"颇污,修整时似有细物吸入肺,后应为戒"。

1966年｜五十三岁

1月3日　晚上,王林来家中略坐。

1月25日　路一、王林一道来家中聊天。

2月10日　为《都门竹枝词》包书衣并题记。

2月15日　为《金陵琐事》(上、下)《群芳清玩》(上、下)包书衣并题记。

5月22日　到干部俱乐部新剧场找王林,赏月季后去王林家,受赠深红色月季一盆。

6月26日　林呐来家中,转告读者对《铁木前传》的批评。

"文化大革命"中　被打成"周扬文艺黑线包庇和重用的黑作家",遭到批斗和人身侮辱。

夏秋之交　每天参加"学习",家中藏书被机关造反派查封。

秋季　与报社中层以上干部一起,被"集中"在天津日报社院中。

秋冬之交　住室被造反派以"压缩"为名,强行隔断,书籍被抄。

冬季　被抄家若干次,文字稿件全部丧失。此后,家里又自抄一次,重病的妻子将一些本子、信件,甚至朋友的照片全部投进火炉,住室文字几乎绝迹。

1967年｜五十四岁

6月30日　报纸《惊雷》第6期第3版以整版篇幅发表几个工人联合署名的《彻底批臭大毒草〈铁木前传〉揪出反党黑作家——孙犁》，认为这本书"严重地歪曲了社会主义革命阶段、合作化时期的农村现实生活，散布了资产阶级'人性论''人情味'，以阶级调和论，代替错综复杂的阶级斗争"。并历数作品的数条"罪状"，表示："我们的决心是：一定要把《铁木前传》这棵大毒草拔掉，搞臭！把反动学术权威黑作家孙犁彻底打倒！"

8月25日　造反派召开大会，被揪到主席台接受批斗。

9月　《红旗战报》第10号、《海河》第2号均在第4版以五分之四的篇幅，发表天津工人业余文学社锣鼓评论组的《〈铁木前传〉鼓吹的是资本主义道路》，认为孙犁在作品中"大肆鼓吹富农经济，宣扬资本主义，为新富农树碑立传，为复辟资本主义鸣锣开道"，"终究是螳臂挡道，白费力气"。

1968年｜五十五岁

1月16日　天津日报社无产阶级革命大联合造反总部编印的第20号《造反有理》在第1版刊出孙犁受批评照片,照片上打有大叉号,旁边配发文字,称其为反革命修正主义分子、旧《天津日报》编委、黑作家。

3月　《天津新文艺》"毒草小说专号"中批判《铁木前传》。

年底　和报社、广播电视局数十人被当作"牛鬼蛇神",到北郊区新闻"五七干校"喂牛、干杂活儿。一次批斗会上,一造反派污蔑其用小说反党,反唇相讥道:"你看过我的小说吗? 你说我哪篇小说反党? 哪儿反党? "

年底　全家被迫迁至佟楼一间小南屋居住。

1969年 | 五十六岁

是年秋 韩映山前来看望。对韩映山说："不要太固执吧！以后，要圆通些……""这几天，让我跟着报社的记者去采访。我看见一些女工，守着车床干活儿，我觉得她们的工作很切实。""一个人，不一定非写东西……"谈到有人贴大字报进行诬陷，表示在那样的年月，人跟人发生一些变化，是可以谅解的，因为那是个非常时期。"不是有好多造反派，儿子还给老子贴大字报吗？"

1970年 ｜ 五十七岁

4月15日 妻子因长期患糖尿病发展为尿毒症去世。

5月2日 与赵文彬访王林。

夏季 至报社文艺组上班,做"见习编辑"工作。

9月2日 中午,到王林处了解魏巍夫妇介绍的张保真的情况,考虑后同意交往并复信魏巍。

9月3日 发烧卧床。

9月6日 下午,王林、冉淮舟来家中看望。

9月13日 晚上王林来家中。感冒和泻肚已全好,精神活泼,爱说话,就与张保真交往事着急,不知魏巍为何没有回信,王林劝说对方可能在考虑。

9月20日 派小女儿孙晓玲给王林送鲤鱼一条。

10月26日 思念逝去的妻子,作《悼内子》诗一首:"一落黄泉两渺茫,魂魄当念旧家乡。三沽烟水笼残梦,廿年嚣尘压素裳。秀质曾同兰菊茂,慧心常映星月光。老屋榆柳今尚在,摇曳秋风遗念长。"

11月1日 王林来家中,告知王干之所写报告文学受到王曼恬严肃批评一事。谈天津日报社转业军人于振瀛长篇小说的处理过程。

11月12日 清晨,致王林信:"昨接老魏(魏巍)来信,略谓:朱彪(时任天津警备区司令员)同志在北京开会……在电话中,朱彪同志主动说:王林同志孩子工作问题也要解决……"

12月8日　下午,到王林处,告知出版社对于振瀛小说的最新看法。

12月14日　下午,到王林处,告知孙晓玲已由天津警备区司令部分配到佟楼一军工厂工作。

12月20日　儿子孙晓达结婚。

12月21日　约王林来家中饮酒,其间谈到工人作家蒋子龙(笔名田重)稿件。

1971年 | 五十八岁

1月28日 致韩映山信,告知:"我每天上午到报社,下午在家做一些家务事儿,这样还弄得没有时间看书学习,一年比一年衰老,这二年有点急转直下的感觉,你说危险不危险。"

1月某日 提议《天津日报》革命委员会赠送王林《新闻文选》一册,该书系毛泽东1941年4月5日至1956年10月25日所写新闻稿的汇编。

8月某日 致魏巍信,表示准备和张保真结婚。

9月18日 晚上,王林来家中,告知王林下星期二(21日)去石家庄与张保真举行婚礼。

10月间 与张保真结婚。

12月2日 致冉淮舟信,告知张保真调动遇到困难。又谈到被抄去的书籍得以发还,需要整理。

12月3日 以天津日报文艺组的名义致投稿者"曾伏虎创作组"信,肯定其对自己的作品反复修改、艺术上精益求精的精神。

1972年 | 五十九岁

1月22日 致潘之汀信,谈到张保真仍在江西,原想调来河北,但尚有困难。

春季 心情抑郁,经领导批准回安平"体验生活"。不久即被召回参加天津市京剧样板戏创作。

3月20日 致陈乔信,告知春节前患脑血管硬化,在家休息,但要帮助市里搞一个京剧剧本。谈到妻子去世、与张保真再婚及子女近况。

4月7日 致冉淮舟信,告知需要在安平多住一个时期,谈及因犯痔疮不能按原计划去白洋淀。

4月21日 与王林等一起参加王曼恬主持召开的座谈会,讨论京剧剧本《芦花寨》修改问题。

4月28日 提出对《芦花寨》"伤筋动骨"的意见,原作者赵大民不同意。

4月29日 参加京剧剧本《芦花寨》修改小组会,在听王林讲《火烧军火船》故事梗概后发言,认为还是当时写的这种剧本合情合理。

5月5日 与王林等人继续参加京剧剧本《芦花寨》的讨论。

5月24日 与赵大民乘车到达安新县。

5月25日 乘船到寨南村临河新房内。

此后,访问新安"除奸三杰"之一的熊管、新安地下党支部负责人刘诚、专做敌工的曹阳、南六村当年的区委书记马仲秋(当时化名刘刚）的叔叔。访问南刘庄当年的雁翎队老战士、班长赵大珠，郭里口堡垒户、当年的儿童团长、文工团员张小霞以及抗日女战士曹真等。

6月4日　访问雁翎队老指导员槐泽民。

6月5日　讨论剧本提纲。

6月11日　移住王家寨大队。

6月18日　致魏金波信，谈其所作两篇诗作的优缺点。

6月20日　返回天津。

7月2日　王林、刘燕瑾夫妇来家中看望。

夏季某日　晚上韩映山来访，就离开天津到保定工作征求意见，回答说："我看可以。保定这地方不错，人不能老在一个地方……"

8月6日　致韩映山信，谈为《白洋淀》剧本所拟提纲被否定，回忆在保定时期的经历，署孙犁、张保真。

8月22日　致韩映山信，谈到剧本事又将紧张起来，但因感冒不能参加提纲的讨论，对韩映山的写作提出希望。

9月19日　上午，参加剧本提纲讨论。下午，到招待所看望魏巍夫妇。

10月1日　致韩映山信，谈工作近况，感叹好稿少有，建议韩映山打破消极障碍，深入生活，署孙犁、张保真。

10月24日　致陈乔信，欢迎其在天津读书的女儿来家中做客。

11月27日　致韩映山信，谈对其新写小说的印象。

本月　由佟楼搬回多伦道原住处，与李夫为邻。为发还的《艺舟双楫》《广艺舟双楫》《六十种曲》等包书衣并题记。

12月6日　致韩映山信,托其了解韩放亲戚的基本情况。

是年　创作京剧剧本《莲花淀》,载《莲池》1979 年第 2 期。

1973年│六十岁

1月31日　致韩映山信,谈自己身体状况和家庭情况。

3月6日　为《全唐文纪事》(下)包书衣并题记,署瓶书斋。

3月7日　致韩映山信,谈自己情绪时常波动,张保真照顾得力。同日,致曹彦军信,托其向白洋淀房东问候。建议其认真读一些古典文学作品特别是鲁迅的作品,多练习写散文,要"取法乎上",要做笔记,要大开眼界。

3月22日　致冉淮舟信:"收到你的信和小说稿,当即和过去旧稿放在一起,看到你保存的这些稿件,整齐完整,不胜感念。""我身体好多了,但有时仍头痛。还没有上班,市里仍希望帮着搞剧本,此事大难,只能尽力而为,我想自己写一提纲交卷,不知能完成否。""时常接到映山的信,他的《激动》修改稿,我又看了一遍,请你见面时告诉他:充实多了,但还不够紧凑,中间一段回忆,起了断隔的作用。"

4月13日　为自己题签的远千里诗集《三唱集》包书衣并题记,谈到时机合适时写文章纪念远千里。

本月下旬　去北京看望田间、康濯、陈肇等老朋友,并游览长城和十三陵。

5月13日　致韩映山信,谈到写作京剧剧本事。

5月17日　致冉淮舟信,惦记其病情,建议转到保定疗养。

6月9日　致冉淮舟信,谈对其小说《建设者》的印象并提出三点参考意见。

6月21日　致韩映山信，谈到京剧剧本已整理出七场，但熟人看了都不满意，准备勉强搞完。谈对冉淮舟小说《建设者》印象。同日，致曹彦军信，再次托其问候白洋淀房东。

7月16日　致刘怀章、冉淮舟信，请二人来家中商谈小女儿孙晓玲婚事。

7月25日　致王林信，谈养花情况，请其找一小盆红色的令箭荷花，因不喜欢白色的。

本月　不慎伤手，缝合五针。两个多月后仍不灵活。

8月8日　致陈乔信，谈到在同口小学的学生陈季衡来访。

9月16日　到继之处取回陈乔请人为其刻的图章。同日，致陈乔信道谢并寄旧书四种，其中《寒云日记》赠陈乔，《圆明园图咏》赠陈肇，印谱两种赠刻图章者。手伤已痊愈，但仍头晕。

9月26日　致张义书信，谈对其诗歌的印象，建议其多写新诗。

10月1日　为《小说旧闻钞》包书衣并题记。

10月6日　致韩映山信，谈近来身体状况，谈到因张保真去蓟县体验生活，不得不自己做饭。

本月　到蓟县住二十余天，参观盘山烈士陵园，走访老游击队员，接触业余作者。

11月18日　因时常头痛、胸部不适，去医院检查身体，诊断为患有冠心病。

11月20日　致韩映山信，谈去蓟县事和身体状况。

12月18日 为《清诗纪事初编》(上、下)包书衣并题记,提及:"自书发还,以此消磨,又近三载矣。"

12月21日 为《一周间》《中国小说史略》包书衣并题记,署瓶书斋。在《中国小说史略》书衣上特意注明:"此书系我在保定上中学时于天华市场(也叫马号)小书铺购买,为我购书之始","为寒斋群书之长"。

1974年｜六十一岁

1月2日　晚上,为《鲁迅书简》包书衣并题记。

1月19日　为《玉溪生年谱会笺》包书衣并题记。

2月　为《益州名画录·画史》《茧汉昌言》包书衣并题记,署瓶书斋。

4月5日(**清明节**)　在窗下种葫芦、豆角。

4月8日　王林请人送玻璃翠花一盆。

4月10日　为《六十种曲》(一)包书衣并题记,署瓶书斋。注明: "时甫从京中探望老友,并乘兴游览八达岭及十三陵归来。"为《六十种曲》(二)包书衣并题记,署纵耕。为《六十种曲》(三)包书衣并题记,署瓶书斋。为《六十种曲》(四)包书衣并题记,署瓶。为《六十种曲》(五)包书衣并题记,署瓶书。为《六十种曲》(六)包书衣并题记。为《六十种曲》(十)包书衣并题记,署瓶书斋。为《六十种曲》(十一)包书衣并题记,署瓶书斋。为《六十种曲》(十二)包书衣并题记,署瓶书斋。下午,至滨江道做丝绵裤袄各一件,工料费共七十余元。

4月22日　为《马哥孛罗游记》包书衣并题记。题记书籍发还时,尚居住在佟楼小屋中,因无处安放,将无关紧要者分赠韩映山、艾文会、李克明等。

4月24日　为《潜研堂文集》(上、下)包书衣并题记,署瓶书斋。感叹:"能安身心,其为书乎!"

4月25日　为《李太白集》（上、下）包书衣并题记，署瓶斋。注明："此集购于一九五一年冬季，为我进城首置图籍之一。"

4月27日　致韩映山信，谈到一切如常，上午到报社上班，下午在家做些家务。

4月28日　为《越缦堂读书记》包书衣并题记。

4月30日　康濯之子来，告知康濯乘公共汽车时被人挤下，摔断腿骨。晚，为家人朗诵白居易书信三通，其中有"又或杜门隐几，块然自居，木形灰心，动逾旬月。当此之际，又不知居在何处，身是何人"之句。

本月　为《西游记》《荡寇志》包书衣并题记。

5月1日　为《尔雅义疏》（上、下）包书衣并题记，署瓶斋。

5月8日　身体不适，未去报社。为郑振铎著《插图本中国文学史》包书衣并题记。

5月13日　长孙孙瑜出生。

本月　为《越缦堂读书记》（上、下）包书衣并题记，署瓶斋。

6月4日　为《宋词选》包书衣并题记。

7月2日　冉淮舟来，送来签赠本《风云初记》。历经"文革"抄家，连自己的著作都找不全了，遂托冉淮舟代找。为《风云初记》《战争与和平》包书衣并题记。

7月6日　为《宣和遗事》包书衣并题记，署瓶。

7月12日　为《东坡逸事》包书衣并题记，言："余性犹豫，虽片纸秃毫，亦有留恋。值大事，恐受不能决断之害。"

7月13日 为《天方夜谭》包书衣并题记,言:"人陷于情欲,即如痴如盲,孽海翻腾,尚以为风流韵事也。"同日,为《三姊妹》包书衣并题记。

8月17日 为《历代诗话》包书衣并题记,言:"近两年家庭风波时起,自己犹豫不决,恐怕要决裂。"为《脂砚斋红楼梦辑评》包书衣并题记,署瓶。流露与张保真决裂之意:"决裂之机,遇事即发,将不可收拾。"

8月30日 致韩映山信,告知将有保定、安平之行。

9月 因修公路未能去保定。回安平县,在老家住将近一月,身体有好转,后因胃病到石家庄休息,在《河北文艺》杂志社与田间、李满天相会,初识《文艺报》记者吴泰昌。对众人说:"有人说我有出世思想,搁笔不写了,简直是笑话,我入世还不够,还要写,多写。"

9月底 返回天津。

10月11日 致韩映山信,告知回安平、去石家庄情况。

11月23日 为周遐寿(作人)著《鲁迅小说里的人物》包书衣并题记,署瓶。特别提到:"(鲁迅)先生一世,惟热惟光,光明照人,作烛自焚。而姻缘日妇、投靠敌人之汉奸文人,无聊作家,竟得高龄,自署'遐寿'。毋乃恬不知耻,敢欺天道之不公乎!"

11月24日 为《越缦堂詹詹录》包书衣并题记,署瓶。认为李慈铭日记文字"叙述简洁,描写清丽,所记事端,均寓情感,较之翁文恭、王湘绮之日记,读来颇饶趣味也。可谓日记体中之洋洋者矣"。

11月30日 用老友陈肇所寄包书纸为《怀素自叙帖真迹》《宋人

轶事汇编》包书衣并题记,署瓶斋。

本月 为《春渚纪闻》包书衣并题记。提及冬季患头晕并感冒。

12月10日 为《清平山堂话本》《唐人选唐诗》包书衣并题记,署瓶斋。

12月14日 为商务版《学生字典》包书衣并题记,提到被抄去大部头辞书均被人掠去,只留此小字典。

12月15日 用张保真买书皮纸为《读杜诗说》《随园诗话》《随园诗话补遗》包书衣并题记,署瓶。

12月16日 为《昭昧詹言》包书衣并题记,署瓶。

12月17日 为《骨董琐记全编》包书衣并题记。

12月20日 致陈乔信,委托其为田间儿子安排工作,告知因近日头晕在家休息。

12月21日 为《古今注·中华古今注·苏氏演义》《吹剑录全编》包书衣并题记,署瓶斋。

12月26日 为《初学记》(一、二、三)包书衣并题记。

12月28日 为《辞海》包书衣并题记。

12月29日 为《海上述林》包书衣并题记。

本月 为"藕香零拾丛书第六册"之《十三处战功录》《玉牒初草》包书衣并题:"梦中屡迷还乡路,愈知晚途念桑梓。"为《增评补图〈石头记〉》包书衣并题记。

1975年｜六十二岁

1月4日　为《全宋词》(一)包书衣并题记。

1月16日　因张保真早出晚归发生争吵，请天津日报社行政组长、支部书记李夫过来调解，情绪激动，声明离异，彻夜未眠。为《全宋词》(二)包书衣并记冲突经过。

1月18日　为《全宋词》(三)包书衣并题记："人知珍惜自身名声，即知珍惜他人感情，亦能知珍惜万物。然亦不必尽如此。"

1月21日　为《敦煌古籍叙录》包书衣并题记，署纵耕。

1月24日　上午，梁斌之子散襄军来邀去梁家午饭，大雪后马路结冰，步行一小时至梁家，陪客皆为1938年所识老友。同日，致冉淮舟信。

1月25日　上午，为《毛诗注疏》(一至四)包书衣并题记，评价商务印书馆对传播中外文化之功绩。认为："古籍读本，商务最佳，其影印古书，前无古人，后无来者。"同日，为《癸巳类稿》《诸子平议》包书衣并题记。

1月27日　为《钦定元王恽承华事略补图》包书衣并题记。晚上，冉淮舟来，送来《能改斋漫录》。

1月28日　为《唐阙史》《萍州可谈》《能改斋漫录》(上、下)包书衣并题记。同日，为《夷坚志》(一)包书衣并题记："书之遇亦如人之遇。书在我室，适我无事，珍惜如掌上明珠，然此一时之遇也。一处我室，命运便难以设想。即在同一人手下，心情有变，亦会捆而售之收破烂者。然即此亦一时之遇也。"

1月31日　为《明凌濛初初刻拍案惊奇》(上、下)《明凌濛初二刻拍案惊奇》(上、下)包书衣并题记,署纵耕。提到:"此人情小说也。余昧于社会人情,吃苦甚多,晚年读此,不知有所补益否?"

2月1日　为《聊斋志异》(中)包书衣并题记,认为蒋瑞藻之《小说考证》对《聊斋志异》识见太低。为《全唐诗》(第十二册)包书衣并题记,署纵耕。

2月3日　为《蒲松龄集》(上、下)包书衣并题记,认为:"蒲氏困于场屋,而得成志异之业,诚中国文学史之大幸也。"

2月4日　有名"小华"者来,值午休,留条夹门缝而去。晚上,地震。

2月5日　市委宣传部来人慰问。为《小说考证》(上、下)、《小说枝谈》包书衣并题记,署纵耕堂。

2月6日　为《本草纲目》包书衣并题记。

2月7日　为《全宋词》(四)包书衣并题记:"王林评我:多思而寡断。此余之大病也。一生痛苦,半由人事,半由劣根,思之自恨不已。今年春节恐难平度也。"

2月8日　为《植物名实图考》《植物名实图考长编》包书衣并题记,署纵耕堂。

2月9日　为《全宋词》(五)包书衣并题记。

春节期间　见到百花文艺出版社原社长林呐,请其帮助寻找《铁木前传》,因已无自存者。

2月14日　到报社上班。

2月15日　李子寿来,谈四小时。为《中国文学批评史》包书衣并题记,署纵耕。

2月16日　上午,为孙秀华修改新闻稿。下午,外孙赵宏来,送香烟,帮助和煤泥,深感欣慰。同日,为《西湖游览志》包书衣并题记,署纵耕堂。

2月20日　为《东城杂记》包书衣并题记。

2月22日　为《龚自珍全集》包书衣并题记。晚上,梦中惊呼,彻夜不安。

3月1日　为《录鬼簿》包书衣并题记,署纵耕书室。

3月4日　为《蛮书校注》包书衣并题记,署双芙蓉馆。

3月5日　为《北游录》包书衣并题记,署双芙蓉馆。同日,传言将有地震,家人为寻躲避之处。

3月6日　为《大唐三藏取经诗话》包书衣并题记。

3月7日　为《扬州画舫录》《永宪录》包书衣并题记,署双芙蓉馆。同日,邻居告知晚上将有四级地震。

3月8日　致韩映山信,告知和张保真基本决裂,认为:"当初基础不牢,故甚易垮台也。"现已一人生活,有一人帮助做饭。为《琉璃厂小志》《天府广记》(下)包书衣并题记,署双芙蓉馆。

3月11日　致韩映山信,详谈对张保真的印象及决心离婚的原因。同日,为《洛阳伽蓝记校释》《晏子春秋集释》包书衣并题记,署双芙蓉馆。为《京师五城坊巷胡同集》《京师坊巷志稿》《明宫史》

《金鳌退食笔记》包书衣并题记,署纵耕堂。

3月12日　为《明清笔记谈丛》包书衣并题记,署双芙蓉馆。与张保真发生新的纠纷。

3月13日　为《七修类稿》(上)包书衣并题记,署纵耕堂。提及:"近日情状,颇似一篇《聊斋》故事。"为《茶余客话》(上)包书衣并题记,署双芙蓉馆。为《新译红楼梦回批》包书衣并题记,署善闇室。为《劫中得书记》包书衣并题记,署纵耕堂。提到"灯下心绪甚乱"。

3月14日　为《藏书纪事诗》包书衣并题记,署双芙蓉馆。其中颇有自责之语。

3月17日　为《元白诗笺证稿》包书衣并题记,署老年荒唐之室。为《宋词三百首笺注》包书衣并题记,署好善闇人之室。提及:"一封书信纠纷尚未息,余自警勿再受骗上当,以小失大。"为《现存元人杂剧书录》包书衣并题记,署双芙蓉馆,提到"有晚离不如早离之想"。

3月19日　为《古文观止》《明清笑话四种》《玉台新咏》包书衣并题记,署双芙蓉馆。提及:"故巢居者察风,穴居者知雨,忧存故也。""毋先天成,毋非时而荣。先天成则毁,非时而荣则不果。"为《古文观止》(下)包书衣并题记,署好善闇人装于纵耕室。为《列子》包书衣并题记,署好善闇人装于双芙蓉馆。

3月20日　为《虞初新志》包书衣并题记,署善闇。

3月24日　为《列朝诗集小传》(上)包书衣并题记,署梦露草堂。

3月26日　终日心情烦躁,至晚尤甚。艾文会来访,以病下逐客令,仍不离去,直到晚饭后方走。为《弢园文录外编》《弢园尺牍》包书衣并题记,署秀露草堂。

3月27日 以张保真所买色纸为《续藏书》包书衣并题记,署善闇书屋。

3月28日 为《诗人玉屑》《词林纪事》包书衣并题记,署娱老书室。

3月29日 上午,王林托人送玉树一株。同日,为《章氏遗书》(第一册)包书衣并题记,署善闇室。

3月30日 为《河海昆仑录》包书衣并题记,署善闇室。在该书下册书衣上粘贴《“今日文化”》一文,认为“文革”导致“文坛荒芜,成了真正无声的中国。他们把持的文艺,已经不是为工农兵服务,是为少数野心家的政治赌博服务”。当年李之琏去新疆时,曾欲以此书相赠,未果。

3月31日 魏巍两女儿来家中,因心情不好,待客简慢。下午,客人外出,为《郑板桥集》包书衣并题记,署秀露书屋。

4月2日 为《宣和画谱》包书衣并题记,署晚华草堂。送走魏巍两女儿。为《梨园按试乐府新声》包书衣并题记,署晚华堂。

4月3日 为《中国古代史》包书衣并题记。

4月7日 为《观堂集林》(四)、《许廎学林》包书衣并题记,署纵耕堂。提及:“其来也不意,其去也不解,如花如露,如影如幻。一月之内,使人削瘦如病。晚年脆弱,非幸遇也。”

4月8日 为《唐代长安与西域文明》包书衣并题记,署善闇书屋。

4月9日　为《书目答问》包书衣并题记。

4月12日　为《论俄罗斯古典作家》《铁木前传》包书衣并题记，署晚华堂。为《铁木前传》所题颇多感慨。

4月14日　早晨发生晕眩，脚下无力，到报社上班后去医务室问诊，血压为七十至一百毫米汞柱，脉搏每分钟一百，心脏主动脉第二音亢进，为血管硬化征兆，取药归。为《营造法式》包书衣并题记，署纵耕书屋。思及翌日为妻子五周年忌日，颇为感伤。

4月17日　为《野史无文》包书衣并题记，署双芙蓉馆。

4月18日　为《小腆纪年》包书衣并题记，署善闇书室。提到近日涉猎南明野史，又忆及中学同学张砚方买书后即包书皮的习惯。

4月20日　上午，到天津医学院总医院高干病房看病，血压、心脏均正常。张保真带回一条鱼改善生活，饮酒少许，但引起身体不适。同日，为《南明野史》包书衣并题记，署善闇室。

4月21日　到报社，带回数张牛皮纸。为《全唐诗》（第一册）包书衣并题记，署善闇室。

4月22日　为陈乔寄赠的《孙膑兵法》包书衣并题记，署晚娱书屋。

4月24日　为《通鉴胡注表微》包书衣并题记，署瓶斋。

4月25日　为《陔余丛考》包书衣并题记，署瓶斋。

4月27日　为《西域之佛教》包书衣并题记。晚上，梦见有人登报关心自己，大为感动，哭醒。

4月28日　为《忠王李秀成自传原稿笺证》（增订本）包书衣并题

记,署善闇书屋。认为:"李秀成临死前,明明乞怜于敌,此不只见于本文,且见于敌人之记载。而罗氏百般为其辩解,甚矣,非史学家实事求是之态度也。"为《越缦堂读书记》(四)包书衣并题记。

4月30日　为《屠格涅夫回忆录》包书衣并题记。

本月　为《海日楼札丛》包书衣并题记,署纵耕堂。自警:"晚年多病,当谨言慎行,以免懊悔。余感情用事,易冲动,不明后果,当切戒之。"

5月12日　为《云自在龛随笔》包书衣并题记,署瓶斋。注明:"距花残月缺之日,已两月整。"为《卷盦书跋》包书衣并题记,署瓶斋。提及:"时同院青年在廊下合唱小曲,此辈时光如此度过,颇甚得也。"

5月13日　为《野记》包书衣并题记。为《唐代文献丛考》包书衣并题记,署善闇。提及:"两月前云散雪消,不知风日从何处起也。"

5月14日　为《小约翰》包书衣并题记,意在"于衰老之年阅读一遍,以再现童心,进入童话境界"。晚上,卧床后因事激动,全身寒战不止。

5月15日　到报社上班,同事均去看电影,电话铃声不断,一概不接,处理完退稿,即回家为《红楼梦研究资料汇编》(第一册)包书衣并题记,署纵耕。同日,为《西游补》包书衣并题记,署晚娱堂。

5月16日　生日,与孙晓玲一同吃面条。同日,为《全唐诗》(第十一册)包书衣并题记,署晚娱书屋。提及:"年六十三岁,身德不修,遭逢如此,聊装旧籍,以遣心怀。"同日,为《古今谭概》(一)包书衣并题记,署善闇,言:"此书开卷谈决裂担误之因,使余两月来大惑不解之谜,顿然觉悟,所有过失皆因迂与怯耳。"

5月17日 为《国语》包书衣并题记。为《欧阳永叔集》(上)包书衣并题记。对欧阳修晚年修改文稿,为后世着想深为感动,认为:"今日印刷进步,每日文字满街,当日无读者,况百世乎!"为《澹生堂藏书约》《藏书纪要》《吴兴藏书录》《皕宋楼藏书源流考》包书衣并题记,署老荒书室。

5月20日 为《六朝墓志菁英二编》《唐写本〈世说新语〉》包书衣并题记。

5月23日 为《金冬心书画小记》包书衣并题记。

5月25日 为《云麓漫钞》包书衣并题记。

5月27日 清晨五时半起床,散步至鞍山道口张保真住处楼下徘徊。同日,为《六朝墓志菁英》包书衣并题记。

5月29日 为《乐府诗集》(一、四)包书衣并题记,署善闇。认为该书出版说明"多文法繁赘,不能简明,读之为苦"。晚上,有自订年谱之意,又怯于回忆往事。为《元文类》(下)包书衣并题记,署善闇。言:"一人在室,高烛并肩。庭院无声,挂钟声朗。伏案修书,任其遐想。"又为《湖海诗传》(上)包书衣并题记:"人之相逢,如萍与水。水流萍滞,遂失其侣。水不念萍,萍徒生悲。一动一静,苦乐不同。"

5月30日 拟自订年谱,但怯于回忆往事。

5月31日 为《乐府诗集》(二、三)包书衣并题记,署善闇。认为自己"不能展望未来,不能抒写现实,不能追思过去。如此,则真不能执笔为文矣"。

本月 为《七种后汉书》包书衣并题记。

6月1日 作《〈善闇室纪年〉序》,载福建人民出版社1979年9月版《榕树》第1辑。

6月6日 清理旧存原稿,凡有排样者一律抛弃。

6月7日 为《曲海总目提要》《曲海总目提要补编》包书衣并题记,署存华堂。认为:"人恒喜他人吹捧,然如每日每时有人轮流吹捧之,吹捧之词调越来越高,就会使自己失去良知,会做出可笑甚至危险的事来。败时,原吹捧者一笑散去。如小孩吹气球然。"

6月11日 家事又起波澜。

6月13日 为《建炎以来系年要录》(四)包书衣并题记,署存华堂。为昨晚顽童以弹弓射杀虎皮鹦鹉而伤感,言:"鸟以声亡,虽不死我手,亦甚不怡也。"正式发表时,又补加两句:"只嫌笼中天地小,不知外界有弹弓。"为《续资治通鉴》(第二册)包书衣并题记,署存华堂。

6月16日 为《莎士比亚戏剧集》(一)包书衣并题记,署存华堂。

6月20日 为《论文偶记》《初月楼古文绪论》《春觉斋论文》包书衣并题记,署存华堂。

6月22日 为《石涛画语录》包书衣并题记,署存华草堂。

7月9日 为《泰戈尔作品集》包书衣并题记,署幻华室。

7月11日 为《印度两大史诗》(《腊玛延那》《玛哈帕腊达》)包书

衣并题记,署存华堂。

7月13日　为《十九世纪外国文学史》(上卷)包书衣并题记,署存华堂。

7月20日　为《纲鉴易知录》(一)包书衣并题记,署存华堂。

7月30日　大雨,院中积水如潭,住房漏雨,困居家中,为《太平天国史料丛编简辑》(二、四、五、六)包书衣并题记,署存华堂。

8月3日　所养金鱼产卵。为《瀛涯胜览校注》包书衣并题记,署存华堂。

8月6日　为《庄子集解》包书衣并题记,署存华堂,自警:"喜怒哀乐,不入于胸次。"

8月8日　中午大雨,屋内漏雨如注。

8月18日　为《戴东原集》包书衣并题记,署存华堂。为《四库未收书目提要》包书衣并题记,署存华堂。感慨"文革"时《四库全书总目提要》被查抄后又被人据为己有,未能发还。

8月24日　为《汉书·艺文志》包书衣并题记,署存华堂。

8月26日　面部出现浮肿。为《为书籍的一生》包书衣并题记。

8月27日　为《太平御览》(一)包书衣并题记。

8月29日　为《杜勃洛夫斯基》包书衣并题记。

8月30日　为《洛阳名园记》《桂海虞衡志》包书衣并题记,署溽川。

9月3日　为《龚自珍全集》(上)重包书衣并题记,署存华堂。

9月8日　为《三唱集》重包书衣并题记。

9月11日　为黄秋耘寄赠的《鲁迅致增田涉书简》包书衣并题记，署存华堂。忆及已经去世的老友侯金镜，黯然神伤。

9月13日　为《吴越春秋》包书衣并题记，署华。由此想到在"文革"中自杀的冀中同伴张羽时曾借阅此书，后郑重归还。

9月20日　为《郑堂读书记》(一)包书衣并题记，署存华堂。

9月21日　为《郑堂读书记》(二至六)包书衣并题记，署存华堂。

9月22日　为《郑堂读书记》(七、八)包书衣并题记，署存华堂。其中提到周沱于昨日去世。天津日报社行政科在佟楼新闻里为半间房殴打一个名叫三马的青年，致其当场服毒死亡。1982年1月2日，将此事写入"芸斋小说"《三马》。

9月27日　晚上，张金池来，送深井水五十斤。

9月28日　为《扈从东巡日录》《松亭行纪》包书衣并题记，署存华堂。

9月30日　为《棠阴比事》包书衣并题记。

10月1日　张大纲、孙晓玲夫妇来。为《封氏闻见记》包书衣并题记。晚上，中学同学李之琏来。

10月2日　上午，李克明来，孙晓达夫妇带儿女来，共进午餐。为《搜神后记》包书衣并题记。为《淳熙玉堂杂记》包书衣并题记，署存华堂。晚上，李之琏来。

10月6日　为《竹人录》包书衣并题记，署存华堂。

10月10日　为《吴越备史》《啸亭杂录》(一)包书衣并题记，署存华堂。

10月12日　为《宋文鉴》(八)包书衣并题记，署存华堂。

10月17日 下午,康濯夫人王勉思来访,留晚饭。为《宋文鉴》(十六)包书衣并题记,署存华精舍。

10月18日 为《都门竹枝词》包书衣并题记。

10月21日 为《戚序石头记》包书衣并题记。

10月24日 致陈乔信,告知工作及生活近况。为《续古文苑》包书衣并题记,署存华堂。为《骈体文钞》(一)包书衣并题记。

11月27日 为《斯坦因西域考古记》包书衣并题记。

11月3日 为《竹书纪年》《前汉纪》(上)包书衣并题记,署存华堂。

11月8日 为《广群芳谱》(第一册)包书衣并题记,署存华堂。

11月9日 为《广群芳谱》(第二册、第廿四册)包书衣并题记,署存华堂。

11月10日 为《古今小说附册》包书衣并题记,署存华堂。下午,去胜利路(今南京路)散步。

11月12日 为《士礼居藏书题跋记》(第一册)包书衣并题记,署存华堂。

11月13日 为《庸闲斋笔记》(第二册)《粤东笔记》(下)包书衣并题记,署存华堂。

11月14日 为《绥寇纪略》(一)包书衣并题记,署存华堂。

11月16日 为《丁戊稿》包书衣并题记。

11月18日 为《扬州画舫录》(一)包书衣并题记,署存华堂。报社分售大白菜一百斤。

11月21日 清晨,将张保真所买小鸟放飞。中午,孙晓玲来,食蛤蜊后身体不适,呕吐。同日,为《郎潜三笔》(一)、《炳烛里谈》包书衣并题记。为《小沧浪笔谈》(上)包书衣并题记,署存华堂。

11月22日 为《茶香室丛钞》(二)、《大慈恩寺三藏法师传》(上)包书衣并题记,署存华堂。

11月23日 为《艺舟双楫》包书衣并题记,署存华堂。

本月 为《王荆公唐百家诗选》(第一册)包书衣并题记,署存华堂。

12月2日 下午,李夫来。晚上,曾为《少年鲁迅读本》1946年版绘制插图的吴劳之女吴凡凡来。同日,为《曲洧旧闻》包书衣并题记,提及为邻居在自己窗下盖小房生气事。为《朝野金载》《昌黎杂说》《刘宾客嘉话录》《鸡肋编》《蓼花洲闲录》包书衣并题记,均署存华堂。

12月11日 为《朱文公文集》(一)包书衣并题记,署存华堂,其中感叹:"荆棘满路,犬吠狼嚎,日暮孤行,只可披斩而进也。"

12月12日 下午,冉淮舟来,代为理发。同日,为《楚文物展览图录》《太原圹坡北齐张肃墓文物图录》《清稗类钞》(一)包书衣并题记,署存华堂。

12月13日 再为《太原圹坡北齐张肃墓文物图录》题记,感叹:"大风寒甚,心躁如焚,不能外出。"

12月14日 外孙赵宏将去昆明,前来辞行。

12月15日 上午,到街上散步,因马路杂乱不堪,只好回家。同日,为《清稗类钞》(六、七)包书衣并题记。

12月19日 为《清稗类钞》(三十六)包书衣并题记,感慨:"于前夜哭骂出声,昨夜又梦辞职迁居等事。而慷慨助我者,则为(远)千里。""此盖因近日感寡助之痛,而使故人出现于梦境也。"

12月21日 为《清稗类钞》(四十八)包书衣并题记,认为:"此书杂乱无章,所引亦不注出处,取材无鉴衡,多浅薄流俗之言。然其体大,所容多,凡有关北京风物世态,究非他书可比拟,可用之材甚多。"

12月25日 为《汉娄寿碑》《唐拓十七帖》《翁藏宋拓九成宫》包书衣并记。为《周石鼓文集联拓本》《庙堂碑唐本》包书衣并题记,署存华堂。

12月26日 为《纪泰山铭》包书衣并题记。为《唐魏栖梧书善才寺碑》包书衣并题记,署存华堂。

12月27日 为《祝京兆法书》包书衣并题记。

12月30日 为《明清画苑尺牍》包书衣并题记。为《陈老莲水浒叶子》包书衣并题记,署存华堂。感叹此书为妻子陪伴购于和平路古旧书门市部,"我于她有惭德。""死别已五载,偶有梦中之会,无只字悼亡之言,情思两竭,亡者当谅我乎?"

是年 为《寒松阁谈艺录》《续古文苑》(四)《邵氏闻见后录》(上)《归田录》包书衣并题记。

是年 报社负责人请其担任报社文艺组顾问,当即回绝。

1976年 | 六十三岁

1月2日　为《续泉说》《中国藏书家考略》包书衣并题记,署存华堂。

1月3日　艾文会来。

1月4日　为《竹叶亭杂记》《云谷杂记》(上)《三通叙》包书衣并题记,署存华堂。

1月6日　为《王祯农书》包书衣并题记,署存华堂。

1月7日　为《全唐诗乐府》(一)包书衣并题记,署存华堂,其中有忆及杨朔之语。为《昭代名人尺牍小传》(下)包书衣并题记,署存华堂。

1月8日　周恩来逝世。同日,为《南园漫录》包书衣并题记。

1月9日　为《湘军记》(一、二、四)包书衣并题记,署时有限斋。有此书"亦证余爱憎无常,物之遭逢,亦无常也"之语。为《湘军记》(二、四)包书衣并题记,言:"今(昨)日总理逝世。斯人云亡,邦国殄瘁。""为我做饭者,为一农村少妇,闻周逝世,抽咽失声,曰:他是好人。人心之如明镜清泉,虽尘积风扰,不可掩也。"署时有限斋。为《秦淮广记》包书衣并题记,署存华堂。

1月10日　为《小学义疏》(上)包书衣并题记,署时限斋。注明:"此即鲁迅先生所记尹氏《小学大全》也。"

1月11日　为《范文正公书牍》《司马温公书牍》包书衣并题记,署时限。认为范仲淹、司马光与周恩来相比,"均砂砾耳"。"无失言,无失行,光明磊落,爱护干部,大公无私,献身革命。威信树于民心,道义及于国外,此周也。"含泪听广播中有关周恩来逝世消息,并在书衣上记录中外媒体的报道。

1月12日　为《钱牧斋尺牍》(下)包书衣并题记,署时限。

1月13日　为《画禅室随笔》包书衣并题记。到邻居家看电视直播向周恩来遗体告别实况。

1月14日　为《使西日记》包书衣并题记,署存华堂。

1月15日　晚上,收听周恩来追悼会广播九十分钟。

1月16日　为《世说新语》(二)包书衣并题记,署存华堂。

1月17日　上午,老记者王慎宜来,华北联大高中部学生潘文展来。下午,梁斌、张学新来。同日,为《刘子》包书衣并题记,署存华堂。

1月19日　生寿凯(达生)来,托其代购《儒林外史》,下午即送来。

1月20日　为《儒林外史》(一)包书衣并题记,署时限。为《困学纪闻》(一)、《荛圃藏书题识续录》(下)包书衣并题记,署存华堂。为《艺风藏书记》(二)包书衣并题记,署时有限斋。

1月21日　为《寒夜丛谈》《玉蕊辨证》《冷斋夜话》《小名录》包书衣并题记,署存华堂。

1月22日　为《稽古录》(四)包书衣并题记,署存华堂。为《阮盦笔记》(上)《言旧录》包书衣并题记,署时限。

1月24日　为《香祖笔记》(四)包书衣并题记,署存华堂。

1月25日　请人理发。为《词科掌录》(八)《词科余话》(一)包书衣并题记,署存华。

1月26日　下午,包书时大咳,口鼻出血。报社文艺组人员来家中慰问。

1月27日　身体不适。下午,李夫来闲谈,以有病谢客。同日,为《清河书画舫》(子、丑、寅)包书衣并题记,署存华堂,感叹:"又值年关,包书遣怀,可悲也。""室有厌物,每年都不得安然度过。"

1月28日　为《梅村家藏稿》包书衣并题记。

2月1日　报社文艺组文书张丽和另一年轻女性来访。同日,为《李文忠公外部函稿》(三至六)包书衣并题记,署存华堂。注明:"今日内纷稍靖,余得题书。"

2月6日　为《易林》(一)包书衣并题记,署存华堂。

2月7日　为《近思录》(二)《释迦如来应化事迹》包书衣并题记,署修书堂。感慨:"困居一室,不啻划地为牢。裁纸装书,亦无异梦中所为。"

2月9日　为崔道怡代购自北京的《文镜秘府论》包书衣并题记,署修书堂。

2月14日　为《使西日记》包书衣并题记,署存华堂。表示:"何处可求镇静之术,余不惜刀山火海求之。"

2月22日　为《鲁岩所学集》(一)包书衣并题记,署存华堂。

2月23日　为《秦辋日记》包书衣并题记,署存华堂。

2月24日　心情烦躁。中午,儿子孙晓达来接大女儿孙晓平去佟楼。为《牡丹亭》包书衣并题记,署老荒。

3月3日　为《十国春秋》包书衣并题记,自警:"要寡言少虑,祸事要及时堵塞。"

3月4日　为《春秋左传》(十)包书衣并题记,署老荒,自思:"时期夜里考虑明晰,白昼却犹豫不决,甚至反其正而行之。"

3月7日　为《世说新语》(一)包书衣并题记,署老荒书屋。

3月31日　为《元曲选》(四)包书衣并题记,署老荒书屋。

4月1日　上午,杨循、李夫两位老朋友来家中劝慰。同日,为《新世说》(四)包书衣并题记。

4月11日　为《苕溪渔隐丛话》包书衣并题记。

4月25日　外孙赵宏来家中擦窗户。同日,为《汪悔翁乙丙日记》包书衣并题记,署老荒书屋。

4月27日　为《撼言》包书衣并题记,署老荒,感叹:"书屋易名善处,只题书四册。一日间耳,即得恶信。善处不成,只好恶处。"

自5月3日起　因忙于其他事情,包书及题记工作告一段落。

5月18日　致韩映山信,对韩映山之子喜欢绘画、刻印表示支持。

6月6日　为《古诗源》包书衣并题记,署老荒。提及为与张保真结合事后悔,感慨:"余之遭逢,曾贻父母妻子忧,今老矣,以其轻易,又将贻儿女忧,深自愧恨。"此为重新包书开始。

6月24日　致韩映山信,谈自己的缺点,告知已与张保真离婚,"作为我个人的痛苦而严重的经验教训而结束"。

上半年　报社负责人再次请其担任报社顾问,仍回绝。

7月27日　下午，天津日报社原副总经理樊允行自老家来访，留饭。

7月28日　凌晨，唐山、丰南一带发生里氏7.8级地震，波及天津。按照演习预案，在写字台下躲避，未受伤，但住房受损。此后在外露宿近一月。

8月21日　致韩映山信，报告平安。同日，致陈乔信，报告平安并告知在数月前已和张保真离异。

9月11日　室内照明恢复，为《苕溪渔隐丛话·前集》《诗品注》包书衣并题记，署余生。

9月25日　余震发生，不为所动，仍留室内包书。

9月26日　为《三希堂法帖释文》（一）包书衣并题记，署余生。

10月6日　"四人帮"被粉碎。

十年"文革"期间　有人劝告写文章"亮相"，或按"形势要求""修改"《白洋淀纪事》，均拒绝。

11月15日　天津宁河一带发生较强地震，波及市区，房屋受损严重，开始住临时建筑。

12月1日　致冉淮舟信，告知检阅存书，《匹克威克外传》和《可怜的人》两种小说有喜欢者可选其一。

12月6日　致陈乔信，告知地震中全家平安，院中因搭建临建，几乎无法通行，为平生未见。

12月7日　作《远的怀念》，回忆十年"文革"中被迫害致死的远千里，此为粉碎"四人帮"以后所写第一篇散文，投《解放军文艺》

后被退回,载《人民文学》1978 年第 9 期。

12 月 21 日　作《海边》。

12 月 24 日　致韩映山信,谈及地震后院内布满临建,自己无力搭建,一直住在屋内。

是年　为《小学义疏》《缶庐近墨》(第一集)《近思录》《鲁迅全集》包书衣并题记。

1977年 | 六十四岁

1月3日　改讫散文《伙伴的回忆》。内有《忆侯金镜》《忆郭小川》两篇，投稿后被退回。载《上海文艺》1978年第2期。

本月　作《诗二首》。其一题为《寄抗日时期一战友》，系寄田间；其二题为《怀念一位故去的战友》，系怀念郭小川。载《天津文艺》1978年第4期。

2月12日　为《庾子山集》（四）包书衣并题记，署晚舒堂。感叹："去年此时，家庭不安，今幸得清静矣。"

2月14日　为《曹子建集》包书衣并题记，署晚舒，自省："回忆一年之内，个人国家、天事人事，均系非常。心情百感，虽易堂名为'晚舒'，然不知究可得舒与否。然仍应克励自重，戒轻易浮动，安静读书，不以往事自伤，不以现景自废。"

2月16日　致韩映山信，谈到对远千里的怀念，表示："并不想发表文章，自己很落后了，只是写来自己印证一下。"

3月12日　为小女儿孙晓玲带来之《鲁迅书简：致曹靖华》包书衣并题记，署存华堂。

3月20日　儿子孙晓达来，告知二女儿孙晓森难产住院。为《书林清话》包书衣并题记，署晚舒堂。

3月29日　作《题陈毅同志诗册》，署名林冬平。诗曰："与君不相识，直言感我心，尊君刚正士，更仰百战身。将军之一去，大树发悲吟，青史名山业，小人不足论。"

本月　作《保定旧事》,收入《晚华集》。

5月23日　为《郎园读书志》包书衣并题记,署存华堂。

本月　为《书林余话》包书衣并题记,署存华堂。

6月2日　致刘锡诚信:"31/5来函收悉。我近来发现浮肿,尚不知何种原因,身体不好。这篇文章,想来想去,也没有新意。杂事又多。恐怕一时写不出来,实在抱歉得很。您及阎纲、吴泰昌同志时有新作,读后不胜欢喜。随时赐教。"

6月16日　致韩映山信,谈及纪念郭小川的文章和诗分别被《人民文学》和《诗刊》退稿。

6月23日　晚上,马丽娜来,转交陈乔信及票。

6月24日　致陈乔信,告知一切如常,只是有些浮肿。

7月　《人民文学》编辑部来人访问,谈及文学理论和写作问题。

7月21日　应《人民文学》之约,作《关于短篇小说》,载《人民文学》第8期,此为"文化大革命"十年动乱之后第一次公开发表作品。

8月2日　住房顶棚塌下一块,夜间大雨,通宵未眠。

8月3日　致韩映山信,谈对近十年文艺作品的看法,认为:"只会装腔作势,是没有艺术良心的。"又谈到修房的烦恼。

8月12日　致郭志刚信,后以《用实事求是的方法写文艺评论》为题,载《文艺报》第4期,收入《晚华集》时,改题为《信稿(一)》。同日,《文艺报》编辑来访,谈及文学评论诸问题。

8月25日　作《我读过的中篇小说——芸斋断简》,载1983年6

月 28 日《羊城晚报》。

本月 作《关于中篇小说——读〈阿Q正传〉》,载《人民文学》第 12 期。

9 月 12 日 作《关于文学速写》,载《北京文艺》第 11 期。

9 月 13 日 致阎纲信,请其抄录自己以前的信件。

9 月 17 日 致韩映山信,谈到校对《白洋淀纪事》并写一长篇后记。

9 月 18 日 作《忆晋察冀的火热斗争生活——〈白洋淀纪事〉重印散记》,载《上海文艺》1978 年第 3 期,收入《晚华集》时,改题为《在阜平——〈白洋淀纪事〉重印散记》。

10 月 11 日 致在边疆担任医生的杨学文信并应其所请附赠旧照一张,鼓励其在工作之余,把当地的风土人情写出来。

10 月 17 日 为《南江札记》包书衣并题记,署复斋。

10 月 25 日 作《关于散文》,载《解放军文艺》第 12 期。

本月 作《关于长篇小说》,载《人民文学》1978 年第 4 期。

11 月 7 日 为《死魂灵》包书衣并题记,署秀露书屋。

11 月 8 日 为濮良沛(林非)持赠的《鲁迅手册》包书衣并题记,署秀露书屋。

11 月 26 日 改讫《服装的故事》,载中国少年儿童出版社 1978 年 3 月版《儿童文学》第 3 期。

本月 作《晋察冀生活片断——兼忆何其芳同志》,载《广东文艺》1978 年第 3 期,收入《晚华集》时,改题为《回忆何其芳同志》。

12 月 19 日　修改《创新的准备》,载《解放军文艺》1978 年第 3 期。

本月　整理抄录《编辑笔记》,载《天津文艺》1978 年第 2 期。

1978年 | 六十五岁

1月20日 致韩映山信,答应为其书作序。同日,作《〈白洋淀纪事〉重版后记》讫。

1月23日 作《韩映山短篇作品小引》,回顾和韩映山相识的经过、交往以及彼此的印象。认为:"艺术与道德并存。任何时候,正直与诚实都是从事文学工作必须具备的素质。"后以《〈紫苇集〉小引》为题,载《河北文艺》第6期,收入《晚华集》时,改题为《韩映山〈紫苇集〉小引》。

2月5日 致韩映山信,附《韩映山短篇作品小引》,提及此文曾投《光明日报》,被退稿。

3月22日 致韩映山信,谈对其发表在《人民文学》小说的印象,建议再"向深处开扩一些"。提到入冬之后因房间太冷,时常闹些小毛病。

3月26日 致韩映山信,委托其寻找评《作画》的文章。

3月28日 作《〈文学短论〉增订本后记》。

本月 对1962年旧作《回忆沙可夫同志——晋察冀生活断片》进行修改,载《辽宁文艺》第5期,收入《晚华集》时,删去副题。

春季 作《童年漫忆》两篇,分别为《听说书》和《第一个借给我〈红楼梦〉的人》,后收入《晚华集》中《童年漫忆》题下。《听说书——童年漫忆之一》载《少年文艺》1979年第3期。

春季 作《装书小记——关于〈子夜〉的回忆》,载1978年6月25

日《光明日报》,收入《晚华集》。

4月8日　致韩映山信,提到拟将纪念远千里文章投寄《河北文艺》,又忙于再版书的整理。

4月22日　作《悼画家马达》,载4月27日《天津日报》,收入《晚华集》。

4月30日　作《编辑笔记》(续一),载《天津文艺》第7期,《延河》第10期转载。收入《秀露集》时,改题为《关于编辑和投稿》。

本月　小说散文集《白洋淀纪事》由中国青年出版社再版,增加《女保管》一篇,并遵照编辑建议抽去《钟》《懒马的故事》《一别十年同口镇》三篇。书中除原有编者康濯的《编后说明》、作者的《再版附记》外,又增加作者的《重版后记》一篇。

5月19日　为《唐文粹补遗》(一)包书衣并题记,署澹定书屋。

5月23日　致韩映山信,告知在《天津文艺》发表的第二首诗,是指郭小川。

5月24日　夜间咳嗽。

5月25日　请吴大夫来诊,为气管炎,服药注射,血压稍低。有浮肿、尿频现象。为《山谷刀笔》(五终)包书衣并题记,署澹定书屋。

6月2日　韩映山、李克明来访,谈到最近写一些短篇,情绪上来,一天能写一篇,但无论多么短的文章,也是很认真地写,比如纪念沙可夫的文章前后改了不下二十遍。又谈到好的作品几乎都是作者自己的经历和遭遇,溶解着作者的思想和感情。文如其人,写作品不能投机。还谈到最近想写长篇小说,题目叫《初醒的平原》,写了五六节,感觉还行,因为有过生活经历。

6月26日 作《近作散文的后记》,载《延河》1979年第1期。

本月 老朋友康濯来津看望,两人已分别十余年。

7月1日 致韩映山信及照片一张,决定散文集还是从旧作中选,因新作实不及旧作。打算找个地方去编一种小刊物。

7月中旬 患严重头晕,并跌倒一次。

7月23日 作《关于〈聊斋志异〉》,载9月2日、9月21日《天津日报》。

7月25日 致季涤尘信,开列《白洋淀纪事》中的五篇作品,作为《散文特写选(1949—1979)》参考篇目。

8月5日 作《关于诗》,载《诗刊》第9期。

8月17日 致陈乔信,告知头晕症状消失,仍在家休息。

8月18日 为《重印世绿堂河东集》包书衣并题记,署善闇室。抄录王安石《读柳子厚传》。

8月19日 致韩映山信,告知近日投稿情况。

8月23日 应徐州师范学院《中国现代作家传略》编辑组之邀,作《我的自传》,载《长城》1979年第1期,收入北京语言学院编、四川人民出版社1979年版《中国文学家辞典》(现代第一分册)。

8月28日 致韩映山信,同意删去《紫苇集》序中的第一段。

本月 1964年旧作论文《进修二题》被重新发现,载《宁夏文艺》第5期。

9月7日 复阎纲信,谈读文艺理论书籍。以《一封关于学习的信稿》为题,载《鸭绿江》1979 年第 1 期。收入《晚华集》时,改题为《信稿(二)》。

9 月 13 日 致阎纲信,提出发表自己的信件特别是致郭志刚的信要慎重,要征求郭志刚的意见。

9 月 20 日 与石坚同去干部俱乐部参加邓小平、彭冲对天津市局级以上干部和各界知名人士的接见。

9 月 23 日 为《新编五代史平话》包书衣并题记,署善闇室。

9 月 28 日 致韩映山信并附为之题写的书名。信中提到远千里爱人于雁军及其子女对《远的怀念》不满意,希望不发表,因此心情不好。

9 月 29 日 作《关于〈山地回忆〉的回忆》,载《延河》第 11 期。

秋末冬初 应李季之邀,赴京参加文艺座谈会并发言。提出要把丢掉了的现实主义再捡起来,充分发挥它的作用。发言稿以《奋勇地前进、战斗——在一次座谈会上的发言》为题,载《人民文学》第 11 期。收入《晚华集》时,改题为《奋勇地前进、战斗(发言稿)》。

在京期间 与刘绍棠、从维熙重逢,在虎坊桥长谈中嘱咐三点:一、不要再骄傲;二、不要赶浪头;三、要保持自己的风格。

10 月 2 日 致阎纲信,提及近作《关于〈山地回忆〉的回忆》。

10 月 3 日 致韩映山信,谈《长城》编校不认真,所发稿件错字太多。

10 月 6 日 作《平原的觉醒》,载《河北文艺》1979 年第 1 期。

10 月 21 日 致韩映山信,谈到最近连续写了一些有关文艺理论的短文,认为作品"传世是很困难的,但如果认真做去,即追求真、美、善,包括感情之真,记事之确,文字的加工,思想的合于实际,并代表进步思潮,虽不能传世,也可以为后人参考。能做到这样,已十分不容易。'五四'以后,只有鲁迅一个人可以说是永久的"。

本月 论文集《文学短论》由人民文学出版社根据作家出版社1963年11月版本重印,增加《〈作画〉》《关于短篇小说》《关于中篇小说》《关于长篇小说》《关于文学速写》《关于散文》《创新的准备》《编辑笔记》八篇。除原有《新版后记》外,又增加《增订本后记》一篇。

11月5日 作《关于〈荷花淀〉的写作——应教学参考之用》,载《新港》1979年第1期。收入《晚华集》时,删去副题。

11月11日 作《谈赵树理》,载1979年1月4日《天津日报》,收入《晚华集》。

12月11日 作《文字生涯》,载《山花》1979年第2期,收入《晚华集》。

12月20日 作《吃粥有感》,载1979年1月21日《天津日报》。同日,作《谈柳宗元》,载《新港》1979年第2期。两文均收入《晚华集》。

12月22日 致阎纲、刘锡诚信:"我为《天津日报》即将复刊的文艺周刊,写了一篇文章,现寄上小样三份,请你们分神转呈光年、冯牧、李季三同志,给我审查一下,如有错误,请他们即在小样上斧正。也希望你们给我指正。"

12月30日 致韩映山信,谈写作和出书情况。关心韩映山的身体,建议给万力写信调回天津工作。

本月　中篇小说《铁木前传》由百花文艺出版社再版。

本月　为《莎士比亚戏曲故事集》包书衣并题记,署存华堂劫后书。

是年某月25日　致张荣春信,谈身体和写作情况。

1979年 | 六十六岁

1月4日 在"文革"期间更名为"尽朝晖"的"文艺周刊"决定恢复原名。

1月16日 致阿凤信,请其转告吕剑给"文艺周刊"寄诗歌稿,并转告其所写《孙犁印象记》已编入新版《村歌》。

1月26日 致韩映山信,告知近来失眠烦躁,已要求离开天津日报社,到天津文联工作。提到韩映山调回天津一事,建议从长计议,自己愿意韩映山回来,但又很不喜欢天津这个环境。

1月29日(除夕) 作《删去的文字》,载《星火》第4期。

1月底 为1956年旧作杂谈《左批评右创作论》作《作者附记》,连同原文载2月4日《天津日报》,署名耕堂。

2月4日 作《〈红楼梦〉杂说》,载2月18日《天津日报》,署名耕堂。

2月9日 作《〈方纪散文集〉序》,载《新港》第4期。

2月12日 致陈乔信,表示很喜欢寄赠的刊物。

2月22日 下午,大许来,谈为王亢之开追悼会事。同日,为《高僧传》(一)包书衣并题记,署耕堂。

2月23日 从报上得知崔嵬逝世消息。为《大乘起信论疏》(上)包书衣并题记,署耕堂。

2月27日 远千里平反昭雪追悼会在石家庄举行,以生前友好名义致意。

2月28日　致百花文艺出版社编辑李蒙英信，表示不要求很快出版《晚华集》，只希望能把校对工作做好。

3月6日　致阿凤信，请转告谷应取稿件。

3月7日　致韩映山信，谈对文艺理论的看法，主张："不要对任何理论太认真，那样会限制自己。"针对韩映山的创作，提出三点建议："一、多读点古书，二、再多读点世界名著，三、出去走走、旅行。以开阔胸襟，打开创作上窄小的局面。"随信附书作一纸，赠给韩映山长子韩大星。

3月18日　致韩映山信，对他们创办刊物《莲池》表示支持。致人民文学出版社小说组信，谈新版《村歌》篇目取舍意见。

3月19日　天津市召开文艺、新闻、出版单位文艺作品落实政策座谈会。《铁木前传》得到重新评价，与会者认为该书是新中国杰出的文学佳作。

3月20日　韩映山、李克明来家中看望。作《〈阿凤散文集〉序》，载3月29日《天津日报》，收入《晚华集》。

3月23日　为《晋书》（七）包书衣并题记，署耕堂。

3月29日　作《题照》二首。其一："又是春天到，柳絮逐东风。高扬飞天际，溷迹沟壑中。紫燕衔泥去，筑巢桂堂东。陌上桃花笑，一代新育成。"其二："曾随家乡水，九曲入津门。海河风浪险，几度惊梦魂。故乡夜月明，天津昼日昏。乌鹊避地走，不得故乡音。"跋语为："余素不喜照相，今年六十七岁，毕东同志为摄制一帧，装入镜框，天地甚广，思有所饰之。今日晨起，录无题二首，即作题像诗，拟请曾秀苍同志书之。"

3月30日　韩映山、李克明来访。再次强调写东西别投机、别媚世、别图解政策。最近《风云初记》再版,就没有改动。《谈赵树理》一文主要是写政治与艺术的关系。同日,致韩映山信,同意发表自己给韩映山的书信,提出尽量保持原文,不必进行删节。告知几天来接连开会恢复天津作家协会,自己并不高兴做这些事。

4月5日　致韩映山信,要求在发表自己的书信时,将涉及张保真的字句全部删去。说明"民族主义文学"的性质。

4月11日　为李克明小说集《荷灯记》作序,叙述和李克明的相识和交往,提出两点教训:"第一,对于现实、对于生活,应该看得真切一些、深入一些;第二,要对文学艺术的基础理论进行必要的补课。"文章以《克明短篇小说集序》为题,载4月19日《天津日报》,收入《秀露集》时,改题为《克明〈荷灯记〉序》。

4月13日　《十月》杂志编辑张守仁来访,取走《书的梦》一文。致韩映山信,提及将所作京剧剧本《莲花淀》及长序交《莲池》发表。

4月17日　作《编辑笔记》(续二),载《新港》第8期,收入《秀露集》时,改题为《通讯六要》。

4月19日　致韩映山信,询问对剧本《莲花淀》的看法。

4月27日　致从维熙信,对其新作《大墙下的红玉兰》表示赞赏。此信以《关于〈大墙下的红玉兰〉的通信——致从维熙》为题,载《文艺报》11、12期合刊,收入《秀露集》时,删去副题。

本月　作《书的梦》,载《十月》第2期。

5月2日　作《〈耕堂书衣文录〉序》。《耕堂书衣文录》系 1973 年 10 月 1 日至 1976 年 9 月 26 日间为藏书包书衣并题写其上的一百六十六则文字。连同写于"文革"前的三则,及一《序》一《跋》,分别刊载于《天津师院学报》1979 年第 1 期、《长城》1979 年第 2 期、《长春》1979 年第 10、11 期合刊、《河北大学学报》1980 年第 1 期、《芙蓉》1980 年第 1 期、《柳泉》1980 年第 1 期。

5月4日　出席天津市文联恢复活动大会。

5月5日　致韩映山信,提出不想发表剧本。又谈到已给报社打报告去文联工作,不便食言,但又感到文联工作实在难办,不想调动,因此进退两难。劝韩映山打消回天津的想法,安心在保定工作。

5月9日　致南开大学中文系当代文学教研室信,肯定该室所作研究论文。

5月12日　王林到天津日报社来访。

5月15日　致曾秀苍信,认为其长篇小说《太阳从东方升起》"吸取中国传统,并有创造",载《小说界》1981 年创刊号。

5月23日　致李克明信,欢迎来访,但不要携带录音机,因见此反谈话不自然。

5月25日　作《京剧脚本〈莲花淀〉自序》,就目前写不出以前那样的小说向读者致歉,表示不愿用虚假的感情欺骗读者。该文连同 1972 年所作京剧脚本《莲花淀》,载《莲池》1979 年第 2 期,收入《秀露集》时,改题为《戏的梦》。

5月28日 致韩映山信并附《京剧脚本〈莲花淀〉自序》。

5月29日 作《万国儒〈欢乐的离别〉小引》,就文学的现代化发表意见,认为要向外国文学借鉴,但不是学习外国的现代主义。载6月15日《天津日报》,收入《秀露集》。

5月30日 致韩映山信,告知又把《京剧脚本〈莲花淀〉自序》交给李克明等人征求意见。

本月 作《画的梦》,载《人民文学》第8期,收入《秀露集》。

6月2日 致南开大学中文系当代文学教研室教师张学正信,谈对其论文意见。

6月14日 致吕剑信,谈对其诗歌的印象,认为:"修养甚深,开一种清新之风。"告知已将《孙犁会见记》作为附录收入《村歌》。

6月17日 致阿凤信,转去曼晴的一首诗,看能否在《新港》发表。

6月24日 致韩映山信,谈到近来身体不很好,有浮肿现象。开始抄录书衣上的文字,将交《长城》和《长春》发表。又告知《善闇室纪年》序和片断的发表情况。

本月 散文《〈善闇室纪年〉摘抄·去延安》,载《江城》第5、6期合刊。收入《秀露集》时,被编辑删去最后三段。

本月 小说集《村歌》由人民文学出版社重印,并附吕剑《孙犁会见记》一文。

7月15日 致吕剑信,寄去无题旧体诗二首。

8月2日 致韩映山信,告知浮肿已减轻,同意发表彦军所抄信件。

8月10日　致陈乔信,谈到读了一遍吕正操回忆录。

8月26日　作《书衣文录·跋尾》。

8月31日　致冉淮舟信,想收集自己写给青年的信件,将其中有关文学创作的部分辑印成一本书信集。告知继续抄录《书衣文录》,自认这些文字不是无聊虚妄的。

本月　《晚华集》由百花文艺出版社出版。收入散文、序跋、文论三十篇。

9月7日　致冉淮舟信,提到将冉淮舟抄录的信看了三次,准备以《给冉淮舟的信》为题,供《新文学史料》发表。

9月10日　作《〈幸存的信件〉序》,随后寄给冉淮舟。此文与1962年旧作《自嘲》诗,以及杂文《〈旧篇新缀〉序》《〈琴和箫〉后记》《〈平原杂志〉第三期编后的后记》《〈翻身十二唱〉后记》《〈二月通信〉后记》《〈三烈士事略〉的后记》以及1963年所作《〈风云初记〉外文版序言》《〈文学短论〉新版后记》《关于〈荷花淀〉被删节复读者信》,以《文字之路》为总题,载10月11日《天津日报·文艺周刊》。

　　《幸存的信件》系致冉淮舟信的结集。其中八封以《烬余书札》为题,载《天津日报》编辑出版的《文艺增刊》1980年第1期。

9月17日　致冉淮舟信,同意《幸存的信件》订正意见。

9月22日　上午,《新文学史料》负责人方殷来家中,送还《幸存的信件》第一册,提出可采用其中的三篇后记,留方殷午饭。致冉淮舟信,告知《新文学史料》编辑部对《幸存的信件》的处理意见。

10月1日　致阎纲信,谈《铁木前传》的创作过程和感受。后以

《关于〈铁木前传〉的通信》为题,载《鸭绿江》第 12 期,收入《秀露集》。

10 月 9 日　致铁凝信,谈对其作品印象,认为创作的命脉在于真实,这种真实是指现实的真实和作家思想意态的真实,言:"作品是反映时代的,但不能投时代之机。凡是投机的作品,都不能存在长久。"后以《耕堂函稿》为题,载《山东文学》1980 年第 1 期。

10 月 19 日　王林来家中,赠其《晚华集》一册,谈及今夏发现有浮肿现象,但性质未定。

10 月 21 日　方纪题赠《方纪散文集》一册,该书由孙犁作序。同日,致冉淮舟信,告知已看完《论孙犁的文学道路》一书的小引和第一章,请其来取。

10 月 24 日　致柳溪信,谈其太高祖纪昀(晓岚)的生平及业绩,后以《关于纪昀的通信》为题,载 12 月 1 日《天津日报》,收入《秀露集》。

10 月 30 日　中国文学艺术界联合会第四次全国代表大会和中国作家协会第三次全国代表大会召开,因身体不好未参会。会上当选中国作协第三届理事会理事。

本月　1962 年 4 月所作《石子》载《北京文艺》第 10 期。

11 月 8 日　致韩映山信,谈对其作品看法,提及最近写了一组《乡里旧闻》的散文,有的也可以叫短篇小说。

11 月 9 日　致赵日升信,谈对其诗和张守仁散文的印象,认为:"刊物印刷和编辑也很好,其中一些杂文,读起来是使人感到兴味的。"

11月14日　作《谈校对工作》,载《莲池》1980年第1期,收入《秀露集》。

11月29日　致吕剑信,谈为其向百花文艺出版社推荐书稿事。

12月1日　致刘锡诚信,婉拒其《文学三十年》约稿,自况三十年中,"十年荒于疾病,十年废于遭逢",因此写不下去。

12月8日　冉淮舟来,谈到《中国当代文学研究资料·孙犁专辑》错误之处不少。

12月16日　致冉淮舟信,请其代抄《烈士陵园》一文,嘱咐不要给《中国当代文学研究资料·孙犁专辑》写信。

12月18日　作《和青年朋友谈谈文学和创作问题》,载《天津团讯》1980年第1期,1980年3月1日《天津日报》转载,收入《秀露集》时,改题为《新年,为〈天津团讯〉作》。

12月19日　为刘绍棠短篇小说集作序,以《刘绍棠自选集序》为题,载1980年1月10日《天津日报·文艺周刊》,收入《秀露集》时,改题为《〈刘绍棠小说选〉序》。

12月21日　致韩映山信,谈近期身体状况和写作情况。对文坛抄袭一事大动肝火,当场斥责,提出辞去天津作协职务,表示:"决不与此辈为伍,以辱晚年。"同日,致冉淮舟信,谈近日写作情况。

12月23日　复铁凝信,谈对其所写童话印象,认为童话的最高境界就是"真诚善意,明识远见,良知良能,天籁之音"。又说:"童话如此,一切艺术无不如此。这是艺术惟一无二的灵魂,也是跻身艺术宫殿的不二法门。"后以《孙犁同志给青年作者的一封复信》为题,载天津工人文学社编《海河潮》1980年创刊号,收入《秀露集》。

12月25日 王林来访,谈话中认为王林的《腹地》应当重新出版。

12月26日 致季涤尘信,请其在《平原的觉醒》和《在阜平》两文中选择其一,编入《1980—1984年散文选》。

本月 作《度春荒》《村长》《凤池叔》《干巴》四篇,后以《乡里旧闻(一)》为总题,载《散文》1980年第1期(创刊号),其中《度春荒》《凤池叔》《干巴》收入《秀露集》。

是年 题赠宋曙光《文学短论》一册。

1980年 | 六十七岁

1月初　《延河》杂志编辑王愚来访。

1月14日　致韩映山信,认为其理论文章写得好,但今后可再注意含蓄一些。

1月22日　致阿凤信,谈将于近期发表数篇稿件。百花文艺出版社编辑来,向其面交吕剑稿件。

1月23日　致吕剑信,告知其稿件转交情况。

1月27日　收到从维熙来信,应邀为其小说选作序,下午二时完成,载2月7日《天津日报·文艺周刊》,题为《从维熙自选集序》。收入《秀露集》时,改题为《〈从维熙小说选〉序》。

1月30日　作《夜思》,载《北京文艺》第2期,收入《秀露集》。

本月　《散文》月刊创刊号刊发《度春荒》《村长》《凤池叔》《干巴》一组短文,为"乡里旧闻"系列散文第一批。出刊后,百花文艺出版社编辑谢大光专程来家中征询意见。回答说:"你们的第一期,除了丁宁那篇,大部分都看了,还可以。茅盾的不错。刊物的补白,给人一个印象,为补白而补白的尽量少。鲁迅的短文也有补白。但在刊物上,现在有明显补白的意味,作者也不好。版面要力求大方,不能太挤,要给人以比较舒展的感觉。给我的刊物,已经送人三本,谁来了我都替你们宣传。"就《散文》创刊号"笔谈散文"一栏发表了施蛰存专门写的《回顾与前瞻》,向谢大光建议:"请他写些编《现代》的回忆录,或体会。那是第一流的刊物,现代书局出的月刊。"

本月　作《耕堂读书记（一）》，载《散文》第 2 期。其中包括《庄子》《韩非子》《典论·论文》《文赋》《颜氏家训》《三国志·关羽传》《三国志·诸葛亮传》七篇，收入《秀露集》。

2月3日　致韩映山信，告知近日写作情况，提到"关于文艺理论问题，最好认真读些书"，如马克思《〈政治经济学批判〉序言》、《鲁迅译文集》第六卷（包括卢那卡尔斯基《艺术论》和《文艺与批评》《文艺政策》以及蒲力汗诺夫的《艺术论》）。

2月7日　致韩映山信，认为阎纲的信写得很热情很好，请韩大星刻"耕堂杂文"或"耕堂文字"印。

2月10日　上午，天津社会科学院文学研究所滕云和百花文艺出版社谢大光来访，对二人谈道："文艺评论是学术范围，不能按照政治需要搞。我赞成扎扎实实地做学问，像王国维那样，几句话都是站得住的，我很佩服。胡适之的小说考证也是扎实的学问。罗振玉是汉奸，可是搞了不少碑帖，都是从古墓里挖出来的，那是硬挖出来的呀！今年过春节来人多，但并不觉得太累。接待人多了，有经验了，学滑了。来人我想法让他们自己说，或拿出作品来请他们看。这样我就省力了。"又谈道："文联、作协恢复工作了，作家协会应该扶植创作，不要妨碍创作。"对于滕云提到的希望开孙犁作品研讨会的呼声很高之事，回答说："这事我从不表态。花那么多钱，没有那么多新东西，就不好了。我那点东西，本来就浅，在浅的里边再评得更肤浅，实在没什么意思。主要问题是：他们不熟悉我那个时代的生活。"

2月16日　致铁凝信,建议其多读外国小说,读到自己喜爱的地方,就抄下来。

2月18日　致苑纪久信并稿件。

2月19日　致冉淮舟信,谈稿件修改和处理情况。

2月25日　致冉淮舟信,谈校订《她从天津来》和写作计划。

2月27日　致《人民文学》杂志社,因身体不好,不能为小说评奖,但就评奖发表意见:"应以正面反映现实生活,思想感情积极向上,并有一定艺术水平者为主要评选对象。"

本月　作《耕堂读书记(二)》,载《散文》第 3 期,其中包括《曾文正公手书日记》《翁文恭公日记》《缘督庐日记钞》三篇,收入《秀露集》。

本月　《风云初记》一、二、三集合订本,由人民文学出版社根据作家出版社 1963 年 3 月版重印。

本月　1942 年所作短篇小说《琴和箫》,载《新港》第 2 期。

3月3日　致陈乔信,谈到抗战学院校歌已完全忘记,剧团也只记得几个人名,所编剧本也忘记了内容。

3月5日　致吕剑信,告知其书稿已得到百花文艺出版社认可。

3月6日　在致吕剑信上补充,告知可先与李蒙英联系。

3月10日　致冉淮舟信,谈稿件发表和编书情况。又谈及近日精神不很好,没有写什么,今后想续写《乡里旧闻》。

3月14日　作《悼念李季同志》,载 1980 年 3 月 20 日《天津日报·文艺周刊》，收入《秀露集》。

3月16日　致陈乔信，对其夫人张子舫能够背诵出当年所作《冀中抗战学院校歌》，甚为佩服。

3月18日　为《练笔》杂志题字。

3月27日　下午，接受《文艺报》记者吴泰昌采访，谈人生经历、文学艺术、真善美以及对文艺与政治、现实主义、人道主义等问题的看法。此采访共进行三个半天，后以《文学和生活的路——同〈文艺报〉记者谈话》为题，连载于《文艺报》第6期、第7期。

3月29日　致韩映山信，对韩大星所刻印章表示满意，谈自己对篆刻的看法。

本月　为《五种遗规》包书衣并题记。

4月9日　致潘之汀信，告知收到郑逸梅之孙女郑有慧赠书，并请代致谢意。

4月30日　致陈乔夫人张子舫信。

本月　为金梅代购之《坛经校释》包书衣并题记。

本月　作《我的童年》，为总题"稚龄琐记"之一，收录于新蕾出版社1981年编《作家的童年》丛书第四辑。

5月3日　作《被删小记》，载6月5日《天津日报·文艺周刊》，收入《秀露集》。

5月7日　为金梅代购之《魏书》和《辽史》包书衣并题记，署耕堂。

5月27日　致韩映山信，表示拟赠韩大星《陈师曾印谱》作为答谢。

5月28日 致安徽大学中文系学生傅瑛信,为她准备撰写有关自己的毕业论文感到高兴,提出应注意的三点事项。后以《给傅瑛的信》为题,载1981年11月5日《文学报》。

本月 作《欧阳修的散文》,载《解放军文艺》第8期,收入《秀露集》。

本月 作《耕堂读书记(四)》,载《散文》第7期,内文题为《清代文献(一)》。

本月 1945年所作《三烈士事略》发表于《莲池》第3期。

6月1日 致李克明信,谢绝作文要求。

6月10日 上午,王林、张逢时来家中看望。

6月11日 作《耕堂读书记(五)》,载《散文》第8期,内文题为《清代文献(二)》。

6月15日 致纪鹏信及《欧阳修的散文》一稿。

6月19日 致韩映山信,认为韩映山发表在《人民日报》上的小说有活气,告知浮肿明显,视力减退,遇到阴天须站立在窗前读书。

本月 为《天津日报》编辑出版的《文艺增刊》撰写《致读者、作者》,载《文艺增刊》第3期,署名本刊编辑部,说明《文艺增刊》将锐意革新,成为以培养文学青年、辅导业余作者为中心内容的文学期刊。载7月31日《天津日报》时,题为《本报〈文艺增刊〉启事》,未署名。收入《澹定集》时,改为《〈文艺增刊〉致读者、作者》。

7月15日 清晨,发生严重晕眩并跌倒。晚上,跌倒在床。

7月26日 致李克明信,对其因病住院甚为惦念,对于自己住房漏雨颇为烦恼。

7月27日 致韩映山信,告知近日晕倒及近况。

7月29日 上午,谢大光前来探望。正在露台上侍弄花草,对谢大光说,平时睡觉少,每天四点多就起床,给这些花翻盆、浇水、修枝、施肥,忙活到吃早饭。谢大光请教养花之道,回答说:"我可不是真正的养花人,侍弄花草不过是为了活动身体。身体越是不舒服,越是坚持活动,对写作大有补益。"又说他住的大院里,"文革"前家家养花,光白海棠就有十多盆,真是个大花园,现在差多了,这几盆花还是近两年人家陆续送的。进屋后,谢大光问这几天是否写东西,回答说:"在看刘绍棠的中篇《蒲柳人家》。身体不好,屋里光线暗,借着窗前的微光,坚持读完了。小说本来时代气息不浓,当标签硬贴上去,写三角恋爱,和社会、人物命运没有多少关系的爱情纠葛,一写就是三角。现实主义走样了。现实主义有个师承关系,哪一流派,有哪些发展。别看热热闹闹的,没有多少能留下来。一些不搞创作的纯理论家,对青年一味捧。刘绍棠也说,老作家都不对青年人的作品说心里话。""我很胆小,怕得罪人。像萧也牧,就是个悲剧人物,爱直言,得罪了人。他家属几次让我写写,我不好写,一写就涉及到一些人。""7月里突发头晕,摔倒两次,写东西心发虚。吴泰昌来津长谈一次,走后几天几夜没睡好,牙肿了,又补写三页稿纸,加进去。我一想到病就怕,不是怕死,是怕给人添麻烦。"

8月5日 致冉淮舟信,告知发生晕眩并跌倒情况。表示因无新材料,不愿接受聂荣臻传记组成员刘绳的访谈。谈及《书衣文录》虽已发表,但尚未找到出版处。

8月7日(立秋) 作《读作品记(一)》,载《新港》第10期,该文系读刘绍棠中篇小说《蒲柳人家》后所作。

8月12日 寄河北人民出版社编辑李屏锦信并附《耕堂杂录》部分稿件。

8月18日 致阎豫昌信,谈阅读其所作《我心中的白洋淀——访作家孙犁同志》的印象。

8月29日 致铁凝信,谈对其新作散文《盼》和小说《灶火的故事》印象,认为"文字还是以流利自然为主"。

8月30日 百花文艺出版社谢大光、李蒙英来访。谈到市里召开文艺座谈会,因头晕,又怕引人注目,这种人多的场合,最怕引人注意,坚持到市委领导同志讲完话,已经精疲力竭了。会后,袁静、王昌定等多人来劝说担任天津作家协会主席,已书面提出坚决不当作协主席。说:"他们还需要我做个幌子,实在无聊,把作协变成了权力角逐的官场。这是自古没有的。"因此感到很气愤,坚决不当。谈及为刘绍棠《蒲柳人家》写的读后记(发表时标题为《读作品记(一)》),刘绍棠看后说:"北京的一些老作家都不像您这样直言。"对谢大光、李蒙英说:"这些人你们不要得罪。我老了,我不怕。对有成就的作者只是捧,会断送我们的事业。但现在多数人都不这样说。我个人力量有限,但我绝不说违心的话,有看法就是有看法。当时拿去给《新港》发，表示还要写一篇读从维熙《泥泞》的。他没有妓院生活，而写妓院，漏洞百出。下等妓院哪还有什么大衣柜！有什么特殊房间！那样身份的人，也不会到下等妓院去。是哗众取宠，投一部分读者所好。这一部分和全书，没有什么有机联系。"

9月1日 致花山文艺出版社编辑李屏锦、康迈千信并稿件，对出版其作品表示感谢，希望开本小些，字号稍大些，适合老年人阅读。

9月7日 致李屏锦信并稿件，谈编书之事。

9月8日 致韩映山信，告知身体状况并已辞去天津作协职务事。

9月9日 致李屏锦、康迈千信并补充存稿。

9月12日 作《成活的树苗》，载9月18日《天津日报·文艺周刊》，收入《澹定集》。

9月16日 作《人道主义·创作·流派——作家孙犁答问》，载《文汇月刊》1981年第2期。认为文学作品不只反映现实，还要改善人类的道德观念，发扬一种理想。凡是伟大的作家，都是伟大的人道主义者。对于文学流派也提出了独到的看法。收入《澹定集》时，改题为《答吴泰昌问》。

9月18日至19日 《河北文学》编辑部邀请本省及京、津等地部分作家和文学理论批评工作者，召开有关"荷花淀派"问题的小型学术讨论会，冯健男、阎纲、王畅等发言。1980年11月1日《人民日报》以《河北开展关于"荷花淀派"的讨论》为题进行报道。《河北文学》第 12 期以《关于"荷花淀派"的讨论》为题进行专门报道。

9 月 21 日 作《乡里旧闻(二)》,包括《木匠的女儿》《老刁》两篇,载《散文》第 11 期,收入《澹定集》。

9 月 24 日 为吴泰昌《艺文轶话》作序,载《读书》1981 年第 2 期,收入《澹定集》时,改题为《吴泰昌〈艺文轶话〉序》。

9 月 29 日 王林来家中看望,赠王林崂山矿泉水两瓶。告知前来求序者拒不胜拒,已调邹明从天津师范学院回天津日报编文艺增刊,表示有兴趣把这个刊物编好。同日,作散文《菜虎》,载《散文》第 12 期,为《乡里旧闻(三)》之一篇。

本月 为《中国章回小说考证》包书衣并题记,署耕。

本月 为金梅赠送之《阅微草堂笔记》包书衣并题记,署耕堂藏书。

10 月 5 日 作《光棍》,载《散文》第 12 期,为《乡里旧闻(三)》之一篇。

10 月 11 日 作《〈善闇室纪年〉摘抄》,载《莲池》1981 年第 1 期,包括《在安国县》《在北平》两篇,收入《澹定集》。

10 月 17 日 致韩映山信,向韩映山解释没有对鲍昌"说过那样的话":"我怎么能说那么绝对的话呢?"劝其不要听信传言,不要介意。谈自己身体、写作及读书情况。

本月中旬 为《文艺增刊》辟"创作经验"栏作"说明",题为《本刊开辟"创作经验"专栏的几点说明》,载《文艺增刊》1980 年第 4 期,未署名。10 月 16 日在《天津日报·文艺周刊》发表时,改题为《本刊

〈文艺增刊〉将辟"创作经验"专栏,兹摘录其辟栏说明如下》,未署名。声明:"一切泛泛之谈、故弄玄虚、自我吹嘘之作,虽名家不收;一切言之有物、甘苦亲历之谈,虽无名必录。一切从书本上寻章摘句、演绎推理而成的'创作方法'不收。"并认为目前流行的由此而成的"情节法""构思法"不仅无补实际,而且容易引人误入歧途,"均将摈而不录。"收入《澹定集》时,改题为《〈文艺增刊〉辟栏说明》。

10月22日　作《海鸥》,分为四节,载10月30日《天津日报·文艺周刊》。

10月25日　为《天津日报》文艺评论版作《〈文艺评论〉改进要点》,载11月14日《天津日报》。

10月27日　致刘心武信,谈对其作品印象,载《文艺报》1981年第3期。

10月29日　致冉淮舟信,谈旧稿的处理方式。同日,致姜德明信,谈对其作品及所编刊物印象。

本月下旬　冉淮舟陪同北京军区作家刘绳、刘波拜访,后写成访问记《战火中的孙犁》,载《河北文学》1981年第7期。

本月　为《括地志辑校》包书衣并题记,署幻华室。

11月1日　作《读作品记(二)》,系读刘心武中篇小说《如意》、短篇小说《写在不谢的花瓣上》后所作,载《新港》1981年第1期,收入《澹定集》。

11月2日　上午,致丁玲信,对其来信表示感谢,谈早年对丁玲的崇拜和自己近年来的遭际,认为:"成绩虽然小,但在说实话、做实事方面,我觉得是可以问心无愧,也不辜负您对我们的教导的。对于创作,我是坚信生活是主宰,作家的品质决定作品的风格的。"载《文艺增刊》第 4 期,12 月 11 日《天津日报·文艺周刊》转载。

11 月 5 日 作《柳溪短篇小说选集序》,载 11 月 13 日《天津日报·文艺周刊》。

11 月 12 日 致冉淮舟信,谈旧作的收集、近期写作。谈到对冉淮舟散文的印象,认为:"写得仓促了一些,有点'贪多务得'的过急,反映生活不够深刻,并有枝蔓之处,未加修剪。"

11 月 17 日 致冉淮舟信,表示已看过《论孙犁的文学道路》后记,认为写得很好。

11 月 19 日 致韩映山信,表示拒绝担任《莲池》顾问,但可以提供帮助,再次提及引起韩映山误会的传言。

11 月 21 日 作《万里和万卷》,载《旅行家》1981 年第 2 期,收入《澹定集》。

11 月 24 日 致康濯信,对其寄赠《英雄树》表示感谢,索求《郭嵩焘日记》。同日,致冉淮舟信,谈旧稿的处理方式。同日,致李屏锦信并旧稿四篇,准备编入《烽烟余稿》,婉拒为上海作家俞天白题写书名事。

11 月 29 日 致曾秀苍信,谈长篇小说《山鸣谷应》的优缺点,载《小说界》1981 年创刊号。

11月30日　致铁凝信并附《孽海花》，谈自己与这部书的缘分。

12月1日　致冉淮舟信，请其审阅傅瑛、黄景煜所编《孙犁年表》。

12月3日　致冉淮舟信，表示看过刘绳、刘波所写《战火中的孙犁》，认为写得很好。

12月7日　作《读作品记(三)》，载12月25日《天津日报·文艺周刊》，系读林斤澜短篇小说《纪录》《拳头》《阳台》《一字师》《开锅饼》后所作，收入《澹定集》。

12月8日　作《〈耕堂杂录〉后记》。同日，致康濯夫人王勉思信，感谢寄赠书籍。

12月10日　作《燕雀篇》，载《滹沱河畔》1981年第1期。

12月12日　为冉淮舟散文集作序，载《莲池》1981年第3期，题为《读冉淮舟近作散文》，收入《澹定集》。

12月18日　致韩映山信，告知最近写作情况，谈对韩映山散文印象及对文坛看法，认为："贩卖旧货，以为新奇，实今日文坛之特点。"

12月19日　致冉淮舟信并为其散文集所作序。

12月24日　致李克明信，对其写自己的稿子提出批评，认为想当然的地方太多，描写多不确切，所记时间、地点直至引文多有错误，要"力求有根据，确切第一，方于读者有益"。同日，为《古泉拓存》包书衣并题记，署耕堂，提及《章氏丛书续编》文字"不及半世纪，已无人问津矣"。

12月25日　作《〈津门书简〉题记》。《津门书简》为冉淮舟致孙犁书信集,华龄出版社 2003 年 8 月版。

12 月 29 日　作《猴戏——童年纪事》,连同跋语载《新港》1981
年第 3 期。

12 月 30 日　致陈乔信,对寄赠图章表示感谢。同日,致俞天白信
并应邀题写《吾也狂医生》书签。

冬季某夜　忽患头晕,由李夫长子请来报社医生救护。

是年　作《买〈太平广记〉记》,载 1981 年 1 月 1 日《解放日报》。作
《我的二十四史》,载 1981 年 2 月 1 日《解放日报》。作《书目》,载
1981 年 4 月 29 日《解放日报》。为《北京花卉》包书衣并题记。

1981年 | 六十八岁

1月7日 致韩映山信,告知作品发表情况及身体状况,对韩映山讲话稿中的个别字句提出修改意见。同日,作《〈幻华室藏书记〉序》,载1981年2月23日《人民日报》,收入《澹定集》。

年初某日 上午,宗璞在谢大光陪同下来访。对宗璞说在《儿童文学》上重新读了安徒生的《丑小鸭》,心里好几天不能平静。认为这才是真正的文学。《丑小鸭》好就好在声东击西,有弦外之音。这样的作品不多。又谈到俄国作家库普林的两个短篇,发在《百花洲》上,每一个细节,人物的每一个行动,都给人留下很深印象。这是很厉害的,还有普希金的《驿站长》《茨冈》。宗璞走后,对谢大光感叹:"不愧是名门之后,谈吐就不一样。"

1月16日 致韩映山信,谈对其发表在《人民文学》作品的印象,告知因衰老,精神振作不起来。

1月18日 致李屏锦信,告知《耕堂杂录》封面由出版社决定。

1月19日 作《〈曼晴诗选〉序》,载2月9日《天津日报·文艺周刊》。同日,为《仪顾堂题跋》包书衣并题记。

1月24日 致韩映山信,对其一年来写了不少文章表示赞赏,谈及有时头晕,写东西不多。

1月26日 王林、张逢时来家中看望,向王林约稿。为《典故纪闻》包书衣并题记,署幻华室。

1月28日 作《蝗虫篇——童年纪事》,连同跋语载《滹沱河畔》

第 3 期。

1 月 30 日 致俞天白信,因目前情况,不能提供稿件。同日,致姜德明信,谈近日写作情况。

本月 为姜德明寄赠的《鲁迅书信新集》包书衣并题记。

2 月 1 日 作《〈秀露集〉后记》,载《散文》第 4 期。同日,为《杜诗镜铨》(一)包书衣并题记,署幻华室。提及:"余见有妄徒删窜自己作品,颇为愤愤不平久之,以为天下不应有此行为也。今得见此书,气乃顿消。"

2 月 2 日 致冉淮舟信,谈近日写作情况。

2 月 4 日(除夕) 为《杜诗镜铨》(九)包书衣并题记,署幻华室。自述:"每至年关则多烦恼,不知何故。当安身立命矣,明日戒之。"

春节期间 天津市出版局局长孙五川、百花文艺出版社社长林呐来访,提议由百花文艺出版社编印《孙犁文集》。

2 月 11 日 作《读作品记(四)》,载《新港》第 4 期,系读宗璞短篇小说《鲁鲁》后所作,收入《澹定集》。

2 月 15 日 致姜德明信并《〈幻华室藏书记〉序》。

2 月 18 日 作《关于"乡土文学"》,载《北京文学》第 5 期,收入《澹定集》。

2 月 22 日 致姜德明信并为其所藏精装本《白洋淀纪事》题记:"君为细心人,此集虽系创作,从中可以看到:一九四〇到一九四八年间,我的经历、我的工作、我的身影、我的心情。实是一本自传的书。"为其所藏《少年鲁迅读本》题记:"此书虽幼稚、浅陋,然可见我青年时期,对鲁迅先生景仰爱慕之深情。"

2月28日　为《东山谈苑》包书衣并题记。

本月　为金梅代购之《浮生六记》《陈垣史源学杂文》包书衣并题记。为《重校何氏语林》包书衣并题记。

3月1日　为姜德明所藏《津门小集》题记,借发牢骚,署澹定斋。赠姜德明《晚华集》并题记:"此集所收,虽有几篇旧作,然多系近年作品,观其笔意,较之青年时,有失有得。失者为青春热情,得者为老年阅历。"

3月4日　致冉淮舟信,谈投稿和约稿事。

3月11日　致陈乔、张子舫信并照片一张,谈到对当前的文艺现象不愿意发表见解。同日,为金梅代购之《通志堂集》包书衣并题记。

3月12日　致姜德明信,表示赞成巴金成立中国现代文学馆的建议。

3月16日　致鲍昌信,谈对其所著长篇小说《庚子风云》第一部的印象,载4月2日《天津日报·文艺周刊》。

3月21日　为曾秀苍推荐之《徐霞客游记》(上、下)包书衣并题记,认为此书相比旧本"并无特长,不过标榜奇异,以欺世耳","贸易之道,施于文化者也","上册所题,恐有过偏之论,然近日所印古籍,既少且劣,却是事实。特别是那些出版说明之类,有很多简直是梦呓"。

3月25日　作《与友人论传记》,载《人民日报》文艺增刊《大地》

第 3 期,收入《澹定集》。

3 月 28 日　作《与友人论学习古文》,载《散文》第 6 期,收入《澹定集》。

本月　《秀露集》由百花文艺出版社出版。收入散文、小说、诗书记、序跋、通读等三十九篇及《后记》。

4 月 1 日　作《大星陨落——悼念茅盾同志》,载《新港》第 5 期,收入《澹定集》。

4 月 2 日　致张金池信,托其复制文稿。同日,致冉淮舟信,谈近期写作及文集编辑设想,初拟五卷,即短篇小说、中篇小说、长篇小说、散文、理论,如有可能,再编一本杂著(包括诗),征求冉淮舟的意见。

4 月 9 日　作《我写过的电影脚本——芸斋断简》,载 1983 年 6 月 28 日《羊城晚报》。

4 月 15 日　致韩映山、苑纪久信,表示因晕眩不能去保定看望大家。同日,致河北人民出版社编辑李大振信,感谢约稿。

4 月 23 日　为《吴趼人研究资料》包书衣并题记。同日,为吴泰昌寄赠之《契诃夫文集》(第一卷)包书衣并题记。

4 月 26 日　致韩映山信,谈近日写作情况。同日,作《读作品记(五)》,系读舒群短篇小说《少年 CHEN 女》后所作,载《新港》第 6 期,收入《澹定集》。

4 月 30 日　看到《天津日报》发表的贾平凹散文《一棵小桃树》之后,随即作《读〈一棵小桃树〉》,载 7 月 4 日《人民日报》,改题为

《读一篇散文》，收入《澹定集》。

本月　作《题孔德学校国文讲义》，载 6 月 7 日《文汇报》。

5 月 4 日　韩映山来家中看望，张维兄妹提议在老家建房子，听之大笑。同日，杨循陪周申明来拜访。

5 月 5 日　上午，韩映山和远千里女儿远山眉来访，中午，留韩映山吃饺子，谈创作和个人风格。晚上，致冉淮舟信，谈文集编辑及近期写作。

5 月 6 日　晚上，致冉淮舟信，谈百花文艺出版社已组成《孙犁文集》编辑班子，由李克明负责，成员有曾秀苍、顾传菁和另一位女青年。林呐责成三月编出，自己担心此事弄不太好，委托冉淮舟开列短篇小说、散文和理论篇目。表示文集以严格为主，不贪大求多。

5 月 9 日（农历四月初六，生日）　作《生辰自述》并跋，载《莲池》第 4 期。

5 月 10 日　下午，致冉淮舟信，谈文集编辑及近期写作。

5 月 11 日　清晨，致冉淮舟信并《生辰自述》稿，请其编文集目录，拟交一所大学学报发表。同日，作《读作品记（六）》，系读李准短篇小说《王结实》后所作，载《新港》第 7 期，收入《澹定集》。

5 月 13 日　因饮食不洁，半夜腹泻。

5 月 14 日　为《新文学史料》（第十一辑）包书衣并题记，提到上午因北京商业局编教材者删改《山地回忆》一事激动生气，手颤几乎不能写复信信封。

5月15日　上午,致冉淮舟信,谈文集编辑过程中的辨证(或考证、考索)事项处理方式。同日,致贾平凹信,对其创作风格表示赞赏,希望"在创作方面,要稳扎稳打,脚步放稳",后以《关于散文的一封信》为题,载《长安》第10期。

5月17日　为《谈龙录》《石洲诗话》包书衣并题记,署悲观堂。晚上,致姜德明信,询问《读〈一棵小桃树〉》结果。

5月21日　冉淮舟来,商讨《孙犁文集》编目。

5月22日　韩映山、周渺将回保定,前来辞行,向二人询问《莲池》近况。同日,为《东斋记事》《春明退耕录》包书衣并题记,署澹定室。

5月27日　作《书淮舟所拟文集目录后》,载《莲池》第5期。

5月28日　作《祝衡水〈农民文学〉创刊》,载同年《农民文学》创刊号,收入《澹定集》。

5月间　阅读傅正谷所作《孙犁对中国古典文学的见解和借鉴》初稿后,致信作者:"稿子我已看过。我以为写得很好。只是头绪还可以简要清楚一些,即条目搞得少一些。"

6月4日　致姜德明信,对所寄赠书目版式表示赞赏。

6月7日　晚上,致冉淮舟信,谈文集编辑和投稿事。

6月9日　致姜德明信并《贾平凹散文集序》稿。

6月10日　作《金梅〈文海求珠集〉序》,载1981年7月23日《天津日报》,收入《澹定集》。同日,为傅正谷赠送的《杜诗镜铨》包书衣并题记。

6月14日　致冉淮舟信，谈旧作的发现及写作年代。同日，致姜德明信，谈《题孔德学校国文讲义》的发表。

6月17日　作散文《同口旧事——〈琴和箫〉代序》，载《莲池》第6期。《琴和箫》系孙犁所写有关白洋淀作品的结集，由冉淮舟编辑，花山文艺出版社1982年12月出版。

6月20日　致傅瑛信，肯定其论文，认为"写得很细，也有新的见解"。

6月22日　致张金池信，嘱其就《孙犁文集》所收篇目中的文字、措辞再和其他同志商量，确定体例。

6月26日　致冉淮舟信并附《同口旧事——〈琴和箫〉代序》。

本月　杂文集《耕堂杂录》由河北人民出版社出版。全书分"我的自传""书衣文录"和"烽烟余稿"三部分，共十六篇及后记一篇。

7月5日　致姜德明信并附《耕堂杂录》一册，对其《书叶集》从性格与气质上细心地研究鲁迅作品颇为赞赏。

7月6日　致冉淮舟信，告知1978年再版本《白洋淀纪事》文字有许多删节之处，因此不可为据。作《〈读《被删小记》之余〉读后附记》，文章最后提出："看来我们的编辑道德是下降了，应该进行一次'编德'教育。"同日，致李大振信，请查询一个作者寄到河北人民出版社的诗集《红柳》，如不能出版，请退稿。

7月8日　致姜德明信，说明删去稿件附记中的最后两句。根据记忆，对1958年作于青岛、原稿遗失的旧体诗《海葵赋》进行补充后成篇。

7月9日 补足1959年作于无锡、忘其首句的七绝《无题》。全诗为："箕山扶杖待日出，老妪扶棹泛五湖。只身病废轻一苇，不知何日见故庐。"

7月10日 致冉淮舟信，表示仍就新版《白洋淀纪事》被删改一事感到气闷，认为中国青年出版社所为是"'四人帮'初垮，余毒未消之故"。

7月12日 致姜德明信，表示因考虑到一些问题，暂不发表以前写的那篇"附记"。

7月16日 致姜德明信，告知"附记"删去最后两句可以发表。作《〈张志民小说选〉序》，载《小说林》1981年创刊号，收入《澹定集》。

7月25日 作《我的致意》，载8月1日《保定日报》。

本月 为《文艺增刊》作《本刊缩短刊期、更易刊名启事》，载《文艺增刊》第3期，署名《文艺增刊》编辑部；9月3日《天津日报》转载，题为《本报〈文艺增刊〉缩短刊期、更易刊名启事》，未署名；收入《澹定集》时，改为《〈文艺增刊〉缩短刊期、更易刊名启事》。

本月 胡少安来访。之后，胡少安作《在寂寞中追求——作家孙犁谈文学创作》，载《人才》1981年第10期。

8月5日 作《文集自序》，载9月2日《人民日报》。

8月6日 作《〈澹定集〉后记》，载《新港》第10期。

8月13日 致冉淮舟信，谈文集排及照片翻制。同日，致韩映山信，认为《保定日报》改版没有安排好。谈忙于文集事，"另编好一本散文集，名《澹定集》。也交'百花'"。委托其找一本1962年版

《白洋淀纪事》，"因新版本，不太可靠"。

8月21日　作《关于写游记的一封信》，为"芸斋短简"之一，收入《远道集》。同日，致姜德明信，借萧红文选。

8月24日　致冉淮舟信，谈手迹、作品年表、文集自序安排及书信收集情况。同日，致康濯夫人王勉思信，告知收到赠书及编辑《孙犁文集》事，特意提及："其中有不少作品，系由老康保存下的，所以在编辑过程中，时常念及他的好处，望代我问候他。"

8月30日　修改完成《读萧红作品记》，随后寄给姜德明，附函托其"找个地方发表"，收入《尺泽集》。

本月　作《和青年谈游记写作》，收入《尺泽集》。

本月　为金梅自北京代购之《北齐书》包书衣并题记。

9月2日　清晨，作《汉简缀述》题记，提及作者陈梦家在"文革"中惨死。"考古一途，何与人事？受迫如此。哀其所遇，购求此本。"收入《老荒集》"书衣文录"题下。同日有郊外之游。

9月4日　下午，致姜德明信，对在《人民日报》刊出《孙犁文集》序言表示感谢。

9月5日　下午，万力、王林来家中看望。谈到今年伏天酷热，自己养的小鸟被热死。

9月8日　致韩映山信，告知身体一直感觉不好，文集事已告一段落，同时说明《耕堂杂录》已无存书赠送："并不是忘了你，凡是作家，我都没送。"

9月15日　为《章太炎年谱长编》包书衣并题记，认为："此谱颇收编外文字,其战斗锋利之作,或可略见。""文人与时代不能分割,特别是像章太炎这种人的文字,必须印证史实,方得其解。"收入《老荒集》"书衣文录"题下。

9月19日 为《日知录》包书衣并题记,言:"近日以文集校对事,心颇劳烦,夜间不能安睡。""包裹此书,以息脑力。"认为顾炎武"立论切实精当,多有与今日情景相合者,大儒之论,名不虚传矣"。在另一册题写:"琐事勿轻易张口求人,勿轻易求人致口信。"同日,致陈乔信,称赞其诗词及书法,对因编辑文集事务繁重,天气炎热,未能及时复信表示歉意。

9月20日 上午,晋察冀通讯社同事柳荫来访,谈两小时。下午,为《道藏目录详注》包书衣并题记。同日,作《章太炎年谱长编》书衣补记,收入《老荒集》"书衣文录"题下。

9月21日 致张雪杉并转冉淮舟信,谈《书衣文录》中有关《鲁迅全集》和《五代史平话》文末日期添注"一九七六"字样,并调整顺序。

9月22日 在《发墨守 箴膏肓 起废疾》包书衣并题记。

9月26日 作《读柳荫诗作记》,载《天津日报·文艺增刊》第4期,收入《尺泽集》。

本月 分别为《太平寰宇记》《东家杂记》包书衣并题记。

国庆期间某夜 在多伦道大院老屋为失而复得的1946年摄于蠡县县委门前的旧照片题字:"……所穿棉袄为到家后,妻拆毁余在北平时所服褐色夹袍缝制而成……今日犹冬季之视红花绿叶等,非草木可贵，乃时不再来，旧影遂珍，并隐约可见亡人之针线在小油灯下赶制冬装情景如在眼前。"

10月5日　致南开大学中文系罗宗强信，对其通过温超藩转赠《李杜略论》一书表示感谢，谈读后感想。后以《〈李杜论略〉读后——给罗宗强的信》为题，载10月17日《天津日报》，收入《尺泽集》。

10月8日　作《小说与伦理——小说杂谈》，载10月20日《人民日报》，收入《尺泽集》。同日，作《叫人记得住的小说——小说杂谈》，载10月30日《人民日报》，收入《尺泽集》。

10月10日　作《题李燕生所作篆刻》，认为："就艺术一般规律言之：欲有创新，必先师古，必拜名师。然师古而不化，或有名师而不知博采众长，亦必有拘泥之患。"收入《老荒集》"书衣文录"题下。

10月14日　致冉淮舟信并书法作品一幅，谈对冉淮舟所作校勘记印象，认为"在体例上，还是很好的"。转述百花文艺出版社社长林呐关于《孙犁文集》调整照片意见和自己意见。抄录近期所作短文题目。

10月15日　致张金池信，告知修改一封信中的个别词句。

10月17日　上午，致冉淮舟信，言："长影事，请叫他们先寄本子来看看。""阜平，我主要在城南庄、平阳、三将台住过，其他地方已记不清。""《花城》明年初介绍我，需要一篇著作简目，请你开列一张，便中寄我。"同日，作《小说成功不易——小说杂谈》，载11月6

日《人民日报》，收入《尺泽集》。同日，作《小说是美育的一种——小说杂谈》，载 11 月 13 日《人民日报》，收入《尺泽集》。

10 月 18 日　致冉淮舟信，言："校勘记我又看了一遍，没有什么改动，我觉得很好。"同时附寄傅瑛自安徽省图书馆找到孙犁早年一篇文章复制件。同日，致傅瑛信，对其男友黄景煜帮助复制自己早年文章表示感谢，同时表示："很欢迎你写我的评传，并相信你能写得好的。""至于年表的年月问题，我现在也糊涂了，就按你得到的材料处理吧。"同日，作《小说的体和用——为〈青年文学〉创刊作》，载 12 月 20 日《光明日报》及《青年文学》1982 年创刊号，收入《尺泽集》时将副题删去。同日，作《小说的欧风东渐——小说杂谈》，载 11 月 20 日《人民日报》，收入《尺泽集》。

10 月 21 日　致陈乔信，告知收到来信、书刊、诗文，并称赞其书法"精益求精，影响很大……老年人以此修身养性，最为善道"，感叹自己幼年时于书法无基本功，因此老来不成样子，不愿为人写字。同日，作新诗《吊彭加木》，载 10 月 29 日《天津日报》。

10 月 24 日　致冉淮舟信，委托其根据记忆，重点校阅即将由四川人民出版社出版的《孙犁小说选》。

10 月 25 日　致韩映山信，托其子韩大星刻"幻华室"，谈及自己身体尚可，"只是杂事太多，每天疲累不堪，文章也写不了，实在没办法"。

10 月 30 日　致姜德明信，询问所寄《小说杂谈》三则稿件。

10 月 31 日　致冉淮舟信，再次提及委托其对照校勘记重点校阅

《孙犁小说选》清样，同时提及《孙犁文集》封面设计"似还好"。

本月 《澹定集》由百花文艺出版社出版，收入读书记、序跋、书信、散文、文论等四十六篇，后记一篇。

11月2日 下午，谢大光来访，发现有客人在座，六十岁上下，红黑的脸，皱纹横竖。对谢大光介绍说，老张是老战友，现在南郊区卫生局工作。1947年，编《冀中导报》，老张办造纸厂，说是造纸厂实际上就是两台骡子拉的石碾。做的是双抄纸，贴满村墙上晾干。贴是个技术活，贴不好就满村飞的都是了。对《冀中导报》很自豪，问老张当时发行多少，现在都很难找到了，图书馆里即使找到，也都破损，土造纸还是不行。

11月4日 作《"古城会"》，收入《尺泽集》。

11月5日 致姜德明信并杂谈两则，信中谈对贾平凹两篇散文和邓友梅小说《寻访画儿韩》的印象。

11月6日 作《第一次当记者》，载《散文》1982年第1期，收入《尺泽集》。

11月7日 作《真实的小说和唬人的小说——小说杂谈》，载11月27日《人民日报》；同日，作《小说的取材——小说杂谈》，载12月2日《人民日报》，两篇均收入《尺泽集》。

11月11日 作《小说的抒情手法——小说杂谈》，载12月11日《人民日报》，收入《尺泽集》。

11月18日 为吴泰昌寄赠的《郑逸梅文稿》包书衣并题记："不适已有十余日，劳累及心情不舒所致。今晚食饭较多，装书三册。"

11月19日 致李屏锦信,推荐一部经冉淮舟改正、自己校阅,做到客观、准确的书稿。托购两册《耕堂杂录》。

11月20日 冉淮舟、邹明来访。

11月21日 作《小说忌卖弄——小说杂谈》,载12月17日《人民日报》,收入《尺泽集》。

11月22日 晚七时,在石坚等人陪同下,前往天津迎宾馆会见吕正操,此为1944年在绥德见面后重逢。叙旧之外主要谈文艺问题。吕建议其去文艺单位担任领导工作,回答说:"不行不行,我干不了这个。"告别时,赠吕人民文学出版社1980年重印《风云初记》一册。

11月24日 作《鸡缸——芸斋小说》,载《收获》1982年第2期,署名孙芸夫,收入《尺泽集》。

11月26日 作《女相士——芸斋小说》,载《收获》1982年第2期,署名孙芸夫,收入《尺泽集》。

11月28日 作《高跷能手——芸斋小说》,载《收获》1982年第2期,署名孙芸夫,收入《尺泽集》。

11月29日 百花文艺出版社编辑张雪杉来家中,拿出《鸡缸》《女相士》《高跷能手》请其过目。

12月1日 致傅瑛信,抄录1970年10月26日所作《悼内子》一诗,嘱其录入《孙犁年表》。

12月3日 致韩映山信并附照片一张,谈及:"入冬以来,我身体曾很不好,有几天舌头转动不灵,颇以为虞。后服药,得恢复。"信中还提到近期写作情况,所写三篇短小说总题为《芸斋小说》,劝韩映山:"东西能发表多少,就是多少,不要有负担,也不要认为是有阻力。"

12月4日 青年作者杜建自保定捎来韩大星篆刻印章两枚。晚上,致韩映山信道谢,言:"篆刻事,与文艺同,要有名师,也要兼采众长,要有变化,不能拘泥。要师古人,也要通古今之变,不能墨守成规。但初学一定要严格地研究古体,不能任意为之。"谈到朋友之道,认为:"只能以忠厚之心待人,至于别人如何待己,就只能看得开一些。"谈自己无意中得罪人的经历,后经稍作铺陈,写入《言戒——芸斋小说》。还提到写了三篇小说,都与自己在"文革"中遭遇有关,说:"本来是不想写这些东西了,但有时想,我如不写,别人是不会知道这些细节的。为后世计,我还是写一点吧!"

12月6日 致李屏锦信,托买《耕堂杂录》两册。

12月10日 作《小说的结尾——小说杂谈》,载12月21日《人民日报》,收入《尺泽集》。

12月12日 致李屏锦信,告知收到来信及书籍,谈及自己身体状况。同日,致姜德明信,告知因忙于他事,"小说杂谈"写不下去了,希望得到读者对"小说杂谈"的反应,以便吸取经验教训。

12月14日 致俞天白信,告知收到《吾也狂医生》两册(该书由孙犁题签),拒绝对茅盾文学奖发表评论,表示自己人微言轻,"说那种话,是要有官职地位的人,才能发生效力。目前的文艺界,已经是一片官气了"。随信寄去照片一张、书法作品一件。

12月18日 致姜德明信,谈对文坛的印象,提到最近所写的三篇《芸斋杂记》(后更名为"芸斋小说"),仿蒲松龄"异史氏曰"以文言跋尾。

12月19日 致冉淮舟信,提及冉淮舟所作《孙犁著作年表》:"可先交《新文学史料》编辑部牛汉同志看看,并附一信,说明此稿的一些情况。如他们不用,再找别处。"又提到:"这里又要开会了,春节前,什么也干不成了。"

12月21日 致韩映山信,说明天津市要开文代会,"事繁而心烦",未能及时复信。请韩大星刻"芸斋"图章。

12月22日 作《新年杂忆》,载1982年1月1日《解放日报》,收入《尺泽集》。

12月28日 作《谈妒——芸斋琐谈》,载1982年2月17日《解放日报》,收入《尺泽集》。

12月29日 作《言戒——芸斋小说》,载《收获》1982年第2期,署名孙芸夫,收入《尺泽集》。

本月 作《新年悬旧照》,载1982年1月1日《文汇报》,收入《尺泽集》。

本月 《孙犁文集》(一)由百花文艺出版社出版。第一卷为短篇小说,收入《一天的工作》《荷花淀》《婚姻》等三十八篇;第二卷为中篇小说,收入《村歌》和《铁木前传》。本册前有百花文艺出版社《出版说明》和作者《自序》,分平装、精装两种版本,由陈新设计封面。

是年冬　从维熙与康濯一起来天津看望。室内虽有火炉,但温度并不高,依然兴致勃勃地拿出几册线装古书让客人浏览。

是年　书赠铁凝《秦少游论文》一帧。

1982年 | 六十九岁

1月2日 金梅带来人民文学出版社赠送之《大卫·科波菲尔》，为其包书衣并题记。同日，作小说《三马——芸斋小说》，载《收获》第2期，署名孙芸夫，收入《尺泽集》。

1月5日 中国作家协会天津分会第二次代表大会召开，因身体不好，未能出席会议，由鲍昌代为宣读《中国作家协会天津分会第二次会员大会工作报告》。当选中国作家协会天津分会主席。

1月6日 下午，中国作家协会党组书记张光年来访。

1月8日 收到冉淮舟信并复信："文代开会，我已请假。在家无事，见信，如你方便，即可来津。"

1月9日 傅正谷来访，就其在《天津日报》发表的《勤于耕耘者之歌——读孙犁〈耕堂杂录〉》征求意见，认为："文学是语言的艺术，艺术美主要是通过语言美表现出来的。""作家应有美好的艺术情操，应爱美憎丑。鲁迅当初是极力排斥那些迎合低级趣味的黄色的东西，由于鲁迅的影响和遵照文艺为人民服务的宗旨，我们这一代作家的作品大都是健康的。""作家不仅应揭露丑恶的东西，还应该着力写人的美好，写生活的美好，写人对社会的贡献。"

1月12日 作《再论流派——给冯健男的信》，载2月3日《文汇报》，收入《尺泽集》。

1月13日 以书面形式在天津市文学艺术工作者第二次代表大会上致闭幕词，载1月14日《天津日报》。下午，作《文学期刊的封面》，收入《尺泽集》。

1月17日　上午，致冉淮舟信，委托其代为订正山东师范大学中文系现代文学教研室编《孙犁作品系年》并寄还作者。

1月20日　致冉淮舟信，请其代查人民文学出版社版《村歌》中有关篇目并回复四川人民出版社，并告知购买该社即将出版的《孙犁小说选》二十册。

1月25日（春节）　书曹植《三良诗》赠傅正谷，跋语为："何焯谓此诗即秦公子上书请葬骊山足之为也，魏文忌刻，骨肉寒心，乖落若是，魏祚其得延乎？"

1月26日　致刘宗武、张学正信，建议二人将所写《美的创造者——孙犁侧记》一文进行精简并删去浮词。

本月某日　张雪杉来访，告知巴金嘱咐《收获》杂志约稿并决定发表"芸斋小说"。

本月　小说集《孙犁小说选》由四川人民出版社以"当代作家自选丛书"之一出版，收小说二十篇。摘录《答吴泰昌问》作为代序。

本月　《孙犁文集》（二）由百花文艺出版社出版，为第三卷，收入长篇小说《风云初记》。

2月3日　致王勉思信，认为其所寄赠的《郭嵩焘日记》第三册"确是一部很有价值的著作"。又提到给《芙蓉》提供稿件事并问候康濯病情。同日，收到吴泰昌寄赠的《海明威短篇小说选》，并包书衣。

2月6日　作新诗《柳絮篇》，载2月18日《天津日报·文艺周刊》。

2月9日　作《报纸的故事》，载2月18日《光明日报》，收入《尺泽集》。

2月10日　致张根生信，就搜集整理抗日战争材料一事发表看法，说明因身体原因不能回安平参加老干部座谈会，载4月2日《人民日报》，收入《无为集》"芸斋书简"题下。

2月12日　作《亡人逸事》，载《人民文学》第4期，收入《尺泽集》。

2月16日　西北大学研究生李永生来访，回答其作品何以如此之美的提问，后以问答为基础，作《谈美》，载3月11日《中国青年报》，收入《尺泽集》。

2月19日　致韩映山信，说明自己年老多病，没有过多精力回复来信。

2月20日　致傅瑛信，祝贺其新婚和新的工作，告知已将其与黄景煜所写《孙犁年表》转给《新文学史料》编辑部。

2月21日　晚上，致铁凝信。后以《关于我的琐谈——给铁凝的信》为题，载6月9日《文汇报》，收入《尺泽集》。

2月24日　在《文汇报》发表《谈才——芸斋琐谈》，收入《尺泽集》。

2月25日　作新诗《一朵小花》。

2月27日　致吴泰昌信，告知收到2月24日来信及赠书，自认为将在《收获》和《人民文学》发表的小说"严格地说应该叫作小品"。认为《澹定集》印刷草率，编辑收录亦欠斟酌，是个经验教训。

本月　为《张长史郎官石记序》《化度寺碑》包书衣,署老荒书屋。

本月　《孙犁文集》(三)由百花文艺出版社出版,包括:第四卷散文,收入《识字班》《投宿》《大星陨落——悼念茅盾同志》等七十九篇;第五卷诗歌,收入《冀中抗战学院校歌》《蝗虫篇——童年纪事》等十二篇。

3月1日　抗战时期老战友、国务院财贸办公室副主任史立德由王林陪同来家中看望。

3月4日　在《文学报》发表书法作品,内容为《苏轼答谢民师》中的一句:"欧阳文忠公言:文章如精金美玉,市有定价,非人能以口舌定贵贱也。"此为首次公开发表书法作品。

3月6日　作《王昌定〈绿叶集〉序》,载3月15日《天津日报》,收入《尺泽集》。

3月12日　致姜德明信,告知"芸斋小说"即将发表事。认为香港《大公报》《文汇报》的"书评写得质量不低,但标题有时吓人,有点商业性"。

3月15日　为茅盾回忆录《我走过的道路》(上)包书衣并题记:"见作者晚年遗照,不禁泫然欲涕也。"

3月19日　致韩映山信并附书法一幅,谈学习古文经验和近期写作、投稿事,对近来多人求字表示诧异,载9月17日《光明日报》,收入《老荒集》"耕堂函稿"题下。

3月20日　致宫玺信,对其赠书表示感谢并谈自己散文的写作和出版。

3月21日　致姜德明信,同意为田流作品集作序。

3月24日　为《唐小本释氏碑廿种》包书衣并题记:"自本月中旬以来,以感冒及心情,不思写作,专取字帖观赏整理,对习字亦觉有所启发襄助也。"收入《无为集》"书衣文录"题下。

3月29日　作《〈田流散文特写集〉序》,载5月17日《人民日报》,收入《尺泽集》。

本月　《孙犁文集》(四)(五)由百花文艺出版社出版。第四册为第六卷"文艺理论"卷,收入《文艺学习——给〈冀中一日〉的作者们》和论文一〇四篇。第五册为第七卷"杂著"卷,收入自传、书衣文录、耕堂读书记、序跋、编辑笔记、书信、剧本及《少年鲁迅读本》等共六十篇。并附有冉淮舟所编《孙犁著作年表》和《孙犁作品单行、结集、版本沿革年表》。

　　《孙犁文集》收入上起抗日战争初期,下迄1981年9月的作品,共五册七卷,计一百七十余万字。

4月1日　为《初拓原石七姬志》包书衣并作题记,言:"医院传话,尿有潜血,仍须检查,余甚不愿也。"

4月4日　为《宋拓夏承碑》包书衣并作题记,述得来之经历,言:"今日礼拜,院中嘈杂,乃为之包以薄纸,借以寻静耳。"

4月7日　作《再谈贾平凹的散文》,载4月22日《天津日报·文艺周刊》,收入《尺泽集》。

4月9日　复冉淮舟信,谈自己身体状况、冉之工作安排、四川人民出版社即将出版的《孙犁小说选》硬派给购买五十册等事。

4月14日　下午,应晋察冀时期青年诗人玛金之请,为其诗选作序。由于玛金对序中评价不满意,拒绝收录,详见《序的教训》。该序收入百花文艺出版社 2013 年 4 月版《孙犁文集》第 6 卷。

4月15日　致彭荆风信,感谢其赠书。

4月19日　致姜德明信,谈到已将《〈田流散文特写集〉序》交给《昆仑》,商议可将《玛金诗选序》换回。

4月25日　作《谈名——芸斋琐谈》,载 5 月 12 日《解放日报》,收入《尺泽集》。

4月26日　致保定地区文联信,对即将召开的韩映山作品研讨会表示祝贺,谈对韩映山作品的印象,说明因身体原因不能参会。

4月27日　致韩映山信,告知已给保定文联回信,不能参加其研讨会。

5月1日　作《小说的作用——小说杂谈》,载 5 月 24 日《羊城晚报》;同日,作《小说与时代——小说杂谈》,载 6 月 5 日《羊城晚报》,两篇均收入《尺泽集》。

5月3日　作《谈比——小说杂谈》,载 5 月 27 日《羊城晚报》,收入《尺泽集》。

5月5日　作《佳作产于盛年——小说杂谈》,载 6 月 18 日《羊城晚报》,收入《尺泽集》。

5月7日　致周骥良信,就接待丁玲以及王愿坚来津提出要求。

5月10日　为郭志刚寄赠之《红楼梦》包书衣并作题记,对新校注本质量不抱奢望,认为:"任何古籍,当前如非影印,则甚难望其有任何佳处也。"收《无为集》"书衣文录"题下。

5月13日 作《两个问题》，载5月20日《天津日报·文艺周刊》，收入《尺泽集》。

5月15日 作《谈谅——芸斋琐谈》，载7月11日《解放日报》，收入《尺泽集》。

5月19日 丁玲应邀来津，住友谊宾馆。下午，到宾馆拜访丁玲。

5月21日 下午，丁玲由王家斌陪同回访。

5月26日 在《文汇报》发表《谈谀——芸斋琐谈》，收入《尺泽集》。

5月28日 作《谈慎——芸斋琐谈》，载6月10日《人民日报》，收入《尺泽集》。

5月30日 作《外祖母家——乡里旧闻》，载7月6日《羊城晚报》，收入《尺泽集》。

5月31日 上午，作《瞎周——乡里旧闻》，收入《尺泽集》。下午，作《楞起叔——乡里旧闻》，载7月11日《羊城晚报》，收入《尺泽集》。

本月 作《谈名实——小说杂谈》，载5月13日《羊城晚报》，收入《尺泽集》。

本月 作《谈谀——芸斋琐谈》，载5月26日《文汇报》，收入《尺泽集》。

6月2日 作《根雨叔——乡里旧闻》，收入《尺泽集》。

6月4日 为《隋第三分阿摩昼经第一》《六朝观药王药上二菩萨

经》包书衣并作题记,后者题:"写经共六册,购于青岛养病时,近日忽念及,不知是从学字还是从念经想起也。"

6月5日　作《〈贾平凹散文集〉序》,载7月5日《人民日报》,收入《尺泽集》。

6月7日　致俞天白信,认为其小说"语言流畅,有欧美小说之风",不足之处在于"事件简单,而情节拉得过长了一些"。

6月9日　致姜德明信并《〈贾平凹散文集〉序》。

6月14日　复韩映山明信片,言:"近来写东西少了,原因是稿子总是登得很慢,写作兴致也就减低了。"

6月16日　作《序的教训》,声明不再为别人作序,载1983年1月26日《天津日报》,收入《远道集》。

6月19日　致姜德明信,告知贾平凹同意发表《〈贾平凹散文集〉序》,并请姜德明代为删去其中的一段。同日,作《电报约稿》《小说名目——文林谈屑》,收入《远道集》。

6月20日　作《自然生态——文林谈屑》,收入《远道集》。

6月22日　作《旧抄新识小引》,载《文谈》第4期,收入《远道集》。

6月27日　作《小说的精髓——小说杂谈》,载7月22日《羊城晚报》,收入《尺泽集》。同日,作《小说与青年——小说杂谈》,载8月5日《羊城晚报》,收入《远道集》。

6月28日　致韩大星信并照片,对其在文、字、篆刻方面进步很快感到高兴。

6月29日　作《小说与历史——小说杂谈》,载8月24日《羊城晚报》,收入《远道集》。

本月　王道生来访,赠其《孙犁小说选》并题字。

7月2日　复冉淮舟信,谈及《吊彭加木》诗歌存稿及诗集出版事。

7月4日　作《〈尺泽集〉后记》。

7月14日　作《谈忘——芸斋琐谈》,载《新观察》第17期,收入《远道集》。

7月15日　作《谈迂——芸斋琐谈》,载《新观察》第17期,收入《远道集》。

7月25日　作《谈书——芸斋琐谈》,载9月7日《解放日报》,收入《远道集》。

7月26日　致张雪杉信,谈对其诗歌印象,除肯定其成绩外,认为存在理智多而情趣少的缺点,婉拒其求序要求,托邹明归还其诗集书稿。

7月28日　致花山文艺出版社编辑马秀华信,谈对其两篇创作的意见,收入《远道集》"芸斋短简"题下。

7月31日　下午,王林来家中看望。

7月某日　谢大光来访。从抽屉里拿出刚刚完成的《〈尺泽集〉后记》给谢大光,说:"你看看,提点意见。"谢大光看完后说:"写一篇序跋,您都这么动感情!"对谢大光说:"嗨,我最动感情的文字,你还没看到呢。""我最动感情的是给张保真的信,有二百多封。后来分手她还给我,我一时气不过,投进炉子里,一把火烧了。"谢大光连连说:"太可惜了,太可惜了!"回答说:"是呢,事后也有些后悔。那几年通信密,常常是她的回信还没到,我的信又寄出了。两个人的信在空中交会。"(边说边做手势)谢大光又问是否知道张保真现在的情况。回答说:"听说到国外去了,和前夫又在一起。"

本月 作《吊挂及其他——乡里旧闻》,载1983年1月27日《中国青年报》,收入《远道集》时,增《小戏》一节。

8月10日 致冉淮舟信,谈《翻身十二唱》处理意见、《嵩儿梁》文字误排、《平原小集》编排,以及近期写作及身体情况。

8月12日下午至13日下午 作《关于编辑工作的通信》,载《人民文学》第10期,收入《远道集》。

8月14日 复韩映山信,谈到《孙犁文集》已出版,便中当请人捎上一部。

8月21日 题赠李屏锦《孙犁小说选》一册。

8月26日 复冉淮舟信,谈到曼晴为《孙犁诗选》"所写序文很好,请代致衷心的谢意"。同时就序文发表一事提出自己意见。信后附言:"此信看过后,请转傅瑛同志。"此阶段,冉淮舟正在校阅傅瑛和黄景煜编写的《孙犁年表》。

8月30日 接到山西省繁峙县县志编委会信,询问《嵩儿梁》写作经过,供编写县志参考。

9月6日 为金梅代买之《巢林笔谈》包书衣并题字。

9月14日 作《与〈南开文艺〉编辑的谈话》(刘志武整理),载9

月 29 日《天津日报》，收入《远道集》。

9 月 17 日　下午，为金梅代购之《艺风堂友朋书札》包书衣并题字，又提及：“谷应送来托裱拓本一件，系数月前所求者。”收入《老荒集》“书衣文录”题下。

9 月 20 日　作《关于小说〈蒿儿梁〉的通信》，载 9 月 30 日《天津日报》，收入《远道集》。

9 月 24 日　作新诗《印象》，最初载《羊城晚报》，随后收到一封读者来信，对此诗大为贬斥，致使心情极其难过。此诗后收入百花文艺出版社 1991 年版《孙犁新诗选》。同日，致张梦阳信，谈《鲁迅论》《鲁迅、鲁迅的故事》，载 2013 年 6 月 12 日《中华读书报》。

9 月 30 日　作《谈作家的立命修身之道——给蒙古作家佳峻的信》，载 11 月 8 日《羊城晚报》，收入《远道集》。同日，作《删掉的忠告》，载 1983 年 7 月 3 日《羊城晚报》，收入《远道集》时列于“芸斋断简”题下。

10 月 11 日　致姜德明信，告知《关于编辑工作的通讯》将在《人民文学》第 10 期发表。

10 月 13 日　国庆期间患感冒，王林、鲍昌来家中看望。

10 月 14 日　作《裁下的半截信》，载 1983 年 7 月 3 日《羊城晚报》，收入《远道集》时列于“芸斋断简”题下。同日，致冉淮舟信，谈通读《平原小集》并校正一些文字：“其中有四篇未署名者，拟不编入，因遗漏一两篇文字事小，而滥入他人文字事大。”感到“分量不够一本书”。信中还委托其到故宫博物院取美工室李燕生所写并装裱的对联。

10月19日　作《商展思的诗》，收入《远道集》。

本月　写"白云清风"四个大字，跋语为："久处闹市，恶声为烦，何时能得此妙。"

本月　《耕堂散文》由花城出版社列入"花城文库"出版，以《关于散文》为代序，收作品四十七篇。

11月3日　作新诗《窗口》，载《诗刊》1983年第3期。

11月13日　致姜德明信，感谢其寄赠《清泉集》。

11月24日　致山东鱼台李贯通信，谈对其小说的印象，认为："小说主要是写出人物来，就是写出'人情'来。故事情节都要服从这一点，不能倒置。"同日，致山西临汾侯桂柱信，谈对其小说印象，认为从生活出发，作者亲眼所见的生活速写，"自有它的生命力"。两信以《芸斋书简》为题，载12月2日《天津日报》，收入《远道集》时列于为"芸斋短简"题下。

11月26日　作《幻觉》，载《人民文学》1983年第1期，署名孙芸夫，收入《远道集》。同日，致李屏锦信，就有人请托题签一事答复："我的字又不好，不便开题名用章之先例。"请李屏锦转告其同事马秀华抄寄前些日子写给她的一封短信。

本月　为百花文艺出版社赠送之《茨威格小说集》包书衣并题记。

12月1日　致冉淮舟信，告知北京师范大学一分校中文系傅桂禄从图书馆抄来早期作品三篇，分别为《冬天，战斗的外围》《活跃在火线上的民兵》(均与曼晴共同署名)及《七七画十景》。

12月4日 致贾平凹信,谈自己的心境、对文坛的看法以及自己的经验:"既然登上这个文坛,就要能听得各式各样的语言,看得各式各样的人物,准备遇到各式各样的事变。但不能放弃写作,放弃读书,放弃生活。如果是那样,你就不打自倒,不能怨天尤人了。"载12月26日《解放日报》,收入《远道集》。同日,作《〈青春遗响〉序》,载12月23日《天津日报·文艺周刊》,收入《老荒集》。

12月6日 作《青春余梦》,载1983年1月19日《文汇报》,收入《远道集》。同日,致韩映山信,谈到为其近年发表不少作品感到高兴,而自己却因入冬杂事多而没有动笔:"这几天想写一点什么,又不得题目。"

12月8日 作《谈稿费——芸斋琐谈》,载《萌芽》1983年第2期,收入《远道集》。

12月10日 致韩映山信,提及:"国庆节后,我一直闹病,肠、胃,两次感冒,身体弱了。"委托韩大星刻一小名章,"办事用的,字体要好认"。

12月14日 作《读铁凝的〈哦,香雪〉》,收入《远道集》。

12月16日 作《地震——芸斋小说》,载《人民文学》1983年第4期,署名孙芸夫,收入《远道集》。

12月17日 上午,谢大光来,因《谈美》文前小序简要说明该文出自与一位西北大学研究生谈话的提纲。谢大光问起详情,回答说:"是西北大学的研究生,姓李,三十多岁,准备写毕业论文,导师姓唐,是朱自清的学生。这位李同学先是来信联系,我回复说身体不好，路又远，有事写信吧。信可能还没到，人从西安就来了。我问他论文的内容，他说是作家对美的看法。他的论文有些新东西，论述比较生硬，我和他就谈了起来。边谈边记下要点，后来整理成文。谈的时间不短了，我说：'还谈吗？对你很例外了。'关于美的话题，这回谈得比较系统。"又说："我身体不好，总怕怠慢了人，得罪人。要看精神好坏，很有关系，要赶对了。有天中国青年出版社来人，正好我有病，客人也多。讲到四本书，她记不下名字来。我写在纸上，递给她：'你记到本子上吧！'结果她又问：'你一天都怎么过？'我是个病号，还能怎么过？我就有些反感。"

12月19日　作《芸斋梦余》，载《散文》1983年第3期，收入《远道集》。

12月20日　四川作家周克芹来访，与其谈文学创作体会。

12月23日　作《谈师——芸斋琐谈》，载1983年1月1日《羊城晚报》，收入《远道集》。

12月25日　作《〈孙犁散文选〉序》，载1983年1月28日《人民日报》和《中国青年报》，收入《远道集》。同日，致《新港》编辑部信，推荐陈乔夫人张子舫稿件。

12月26日　作《火炉》，载1983年1月22日《光明日报》，收入《远道集》。

12月28日　致谢大光信，就其编选散文集收选篇目提出要求，即截止于《尺泽集》，对于散见而尚未结集的文章不要收入。

12月30日　作《文字疏忽——文林谈屑》，收入《远道集》。

本月初　作《天津书讯》寄语："《天津书讯》一出版，我就看到了。作为一个作者，希望能及时了解各类图书的出版消息，'书讯'无疑是极好的一个帮手。如果说'书讯'要有自己的特点，一定要以书为主，围绕书多作文章。评介文章要写得短小，生动活泼。全国的'书讯'报很多，我较爱读《联合书讯》，因为它重点突出，内容充实，有一定的学术水平。有些地方的'书讯'，开始办得还好，后来慢慢地离开了它的宗旨，失去了自己的特点，这样会失去读者。还有一点希望，古籍的整理和出版，越来越引起各方面的重视，希望'书讯'多做这方面的宣传工作，指导读者，特别是青年同志，正确地学习和继承祖国丰富的文化遗产。"载1983年1月15日《天津书讯》。

本月　作《母亲的记忆》，载1983年7月28日《文汇报》，收入《远道集》。

本月　白洋淀作品集《琴和箫》由花山文艺出版社出版。收小说、散文二十一篇，冉淮舟作《编后记》。

本月　《尺泽集》由百花文艺出版社出版。收芸斋小说、散文、乡里旧闻、小说杂谈、芸斋琐谈、读作品记等，附录《北平的地台戏》《〈子夜〉中所表现中国现阶级的经济的性质》，共五十四篇，后记一篇。

是年　致宋曙光、孙淑英信，为两人开列阅读书目。

1983年 | 七十岁

1月5日　下午,作《刊物面目》《文章题目》,副题为"文林谈屑"
(文末自注"新的一年试笔"),收入《远道集》。

1月9日　下午,作《谈友——芸斋琐谈》,载1月31日《羊城晚
报》,收入《远道集》。

1月19日　上午,作新诗《灵魂的拯救》,载3月12日《羊城晚报》。

1月20日　致姜德明信,表示尽可能为将要创办的刊物《绿》写稿。

1月22日　作《牲口的故事》,载3月19日《光明日报》,收入《远
道集》。

1月29日　下午,作《评论家的妙语》《"复杂的性格"论》,副题为
"文林谈屑",收入《远道集》。

本月　为齐鲁书社赠送之《人间词话新证》包书衣并题记。

2月5日　作《住房的故事》,载文化艺术出版社《绿——万叶散
文丛刊》第一辑。

2月10日　在金梅代购之《清秘述闻三种》上题记:"又近春节,
精神不佳。老年人皆如此乎?抑个人生活方式所致耶?恐系后者。"
载1984年4月21日《天津日报》,收入《老荒集》"书衣文录"题下。

2月19日　致宫玺信,谈与百花文艺出版社的关系和印象,对其
赠书表示感谢。同日,致江西都昌县文化馆王萍慧信,谈对其小说
的印象,收入《远道集》"芸斋短简"题下。

2月27日　致韩映山信,对韩大星为刻图章表示感谢,同时谈及

自己近况。

本月 为刘宗武赠送的《歌德的格言和感想集》包书衣并题记。

3月7日 将徐幹《室思》书为条幅赠李屏锦。

3月14日 下午,为金梅代购之《美化文学名著丛刊》包书衣并题记,收入《老荒集》"书衣文录"题下。

3月18日 作《名山事业》《宾馆文学》,副标题为"文林谈屑",收入《远道集》。

3月19日 致新华社林楚平信,感谢其赠送译作《克莱采奏鸣曲》和《家庭的幸福》。

3月21日 致天津南开文学社社员黄淑兰信,谈对其作品印象,载《南开文艺》第2期,收入《远道集》"芸斋短简"题下。同日,作《还乡——芸斋小说》,载4月14日《羊城晚报》,收入《远道集》。

3月24日 作《小混儿——芸斋小说之九》,载6月15日《文汇报》,署名孙芸夫,收入《远道集》。

本月 文学评论集《孙犁文论集》,由人民文学出版社出版。收入文艺理论文章一百三十二篇,金梅、李蒙英作《编后记》。

本月 为林楚平寄赠之《家庭的幸福》(托尔斯泰著)包书衣并题记;为金梅赠清刘熙载著《艺概》包书衣并题记。

本月 书蒲松龄《聊斋志异·阿宝》中句:"性痴则其志凝,故书痴者文必工,艺痴者技必良;世之落拓而无成者,皆自慰不痴者也。"此幅作品手迹连同傅正谷所写《说"痴"》载《散文》第11期。

本月 节录欧阳修《送徐无党〈南归序〉》书赠韩映山。

4月5日　作《猫鼠的故事》，载5月14日《光明日报》，收入《远道集》。

4月6日　清晨，作新诗《希望——七十自寿》，载《诗刊》第8期。

4月7日　中午，作《我和〈文艺周刊〉》，载5月5日《天津日报·文艺周刊》，收入《远道集》。

4月20日　修改完成《夜晚的故事》，载5月19日《解放日报》，收入《远道集》。

4月21日　作《运动文学与揣摩小说——文林谈屑》，收入《远道集》。

4月29日　郑法清来访。同日，谢大光来访。

5月1日　作《关于散文创作的答问》（文末自注：1983年5月1日晨五时起写。大院节日嘈杂，前屋受干扰，则移稿至后屋；后屋受干扰，又持稿回前屋。至晚初稿成。次日晨改定之。），载《人民文学》第9期，收入《远道集》。

5月3日　柳溪来访，谢大光来访。见到谢大光，说："后记①写得很好。"接着又说："进城后，我是尽力写郊区。每天白天去农村，晚上回来写两篇速写。很卖力气。后来'文革'时批我没干什么活，我是不服气的。但那终归是表面的东西。对于郊区农民，我没有对冀中农民那样深的感情。我现在写的小说②都是实录。当然不是说这

---

① 指谢大光应孙犁之嘱所写《孙犁散文选》编后记。
② 指陆续发表的"芸斋小说"。

样好,而是我觉得这样写,比较适合我的情况。河北师大一位同志比较了解我,劝我别写这些小说,太伤神。但我只能写这些。这一段,准备写十篇小说,十篇故事。有一篇《夜晚的故事》,是写晚上院子里的活动的,花盆常被孩子偷走,邻居家的猫都丢了,后找回来,变了模样,眼圈都涂蓝了。"谢大光说:"郑法清问起换住房的事,说您这房子太旧了,又不安静,早该换了。"笑着回答说:"现在都讲'交流'(交换),我没有什么可给人家的。原来还给人家看些稿子,写点序,现在也声明不写了,看不了了。因此,房子就解决不了。"又说:"进城以后,我是看了很多古书,搜集、整理,但也要有中学时的基础,才能看懂。养病时看得更多一些。一生心灵上的创伤很多,'文革'是一次集中的爆发,可以说是致命的打击。""'五一'时院子里孩子们多,窜来窜去,大人们说:'叫孙爷爷!'我站外边,也招呼不过来,就躲在屋里,拿起杨肇祥提的问题,越写越有词了,写了八页稿纸,是我近来写得最长的一篇①。有一个人名(张溥,字天如),虽然记得很清楚,也要查原书。""'文革'后期,无事可干,除写书衣文录,就是写年表,后来抄出几篇较完整的。""写《读书记》最费精力。桌上摊一堆书,下笔很慎重,恐怕出笑话。鲁迅当年那么慎重,还出错误,但要尽力避免。""1956年一场大病,躲过了'反右'。鸣放时,常有人来找我,我说:'我人都顾不上了,还能鸣放吗?'遂躲过。否则1957年是在劫难逃的。我是目标之一。"

---

① 即《关于散文创作的答问》。

5月13日　作《修房——芸斋小说》，载5月29日《羊城晚报》，署名孙芸夫，收入《远道集》。

5月14日　晚上，万力、王林陪同冯牧来家中看望。

5月18日　上午，谢大光来访。就为《人民文学》所写《关于散文创作的答问》征求谢大光的意见。对谢大光说："上海一位老师来，问《山地回忆》是怎么构思的，我说没有什么构思。他不信。一定要问，说：'我（写文章）就是要谈你构思的文章。'"又说："一天河南、上海两个编辑来约稿，河南是一写作杂志的，带一个大皮包，戏称其为皮包编辑部，上海人忙说：'我们不是，是教育出版社的。'"又谈到佛经翻译对中国散文的影响，谢灵运就曾参与其事，鲁迅也说过，《红楼梦》里很明显是在谈禅学。

5月28日　晚上，为金梅代购之《文选》（上、下）作题记，收入《老荒集》"书衣文录"题下。

5月29日　作《文选》（中）题记："今日整理古籍，多意在标点、索引之类，谈不上学术方面之创造。求如胡克家①之印书精神、学术修养，不可多得矣。时代不同，此种人材，亦渐稀少。"

本月　寄赠郭志刚书法作品，内容为班固《汉书·叙传上》所引班嗣语："鱼钓于一壑，则万物不奸其志；栖迟于一丘，则天下不易其乐。不絓圣人之罔，不嗅骄君之饵，荡然肆志，谈者不得而名焉，故可贵也。"

6月23日 为金梅代购之《文苑英华》包书衣并题记："此厚重书,老年人本无所用也。夜起,地板上有一黑甲虫,优游不去,灯下视之,忽有诗意。"收入《老荒集》"书衣文录"题下。同日,作《甲虫》,载1990年5月4日《羊城晚报》,署芸斋。

6月30日 对1982年所作《关于编辑工作的通信》进行补正。

本月 为季涤尘托谢大光带来的《蕙风词话 人间词话》包书衣并作题记。

7月14日 致吕剑信,告知为其预留《孙犁文集》精装本一部。

7月15日 中共天津市委宣传部开会研究鲁迅文艺奖金评选事,孙犁、王林、蒋子龙获得大奖。

7月16日 王林和天津作家协会秘书长马丁来家中看望,告知获天津市鲁迅文艺奖金事。此前曾致评奖委员会信,提出:"不评上王林,我也不参加!"

7月31日 致贾平凹信,认为:"从事创作,有人批评,这是正常的事。""你的散文写得很自然,而小说则多着意构思,故事有些离奇,即编织的痕迹。"提到对佛经、佛教的看法。载1984年5月10日《天津日报·文艺周刊》,收入《老荒集》"耕堂函稿"题下。

8月5日 作《〈报告文学的感情和意志〉作者附记》,载8月25日《天津日报·文艺周刊》,收入《老荒集》。

8月11日 将所得鲁迅文艺奖金一千五百元捐赠天津市儿童少年福利基金会,消息由《天津日报》刊出。中央电视台《新闻联播》《人民日报》均予报道。王林、马丁、詹代尔来家中看望,感叹天气炎热，难以忍受。

8月17日　作《一九五六年的旅行》（包括《济南》《南京》《上海》《杭州》四节），载9月15日《羊城晚报》，收入《老荒集》。

8月27日　谢大光来访，从近期《天津日报》重发早年谈报告文学的文章①谈起。对谢大光说，他自己都没有记起这篇文字，河北省博物馆找到后，将抄件寄他。谢大光说，发现其早年的观点和现在似有不同。回答表示同意，但又说："又不是矛盾的，完全相反的。现在强调真实，是有针对性的，因为不真实的太多了。早年看理论书多，文章都是谈理论。现在看书少了，只能谈些印象了。"谢大光说："你年轻时很有锋芒，写文章不怕得罪人，基本上是怎么想的就怎么写，不管对方能不能接受。现在虽然常有人说你文章如何锋芒，但比起当年差多了。只是别人的文章更圆滑一些，就显出你的锋芒来了。比如1952年给安乐师范学校几个学生的信，若是现在写，绝对不会写成那样的。"回答说："是的。青年时热情，少顾虑，当时的环境也使人很少想自己。现在看到早年的文章，都不相信是自己写的。"又说："青年没有比较，有各种偏爱和看法是正常的。鲁迅当年喜欢迦尔洵、安德列耶夫，都是文学史上没有什么地位的作家，和鲁迅后来喜欢的果戈理、高尔基等，相差太远了。但与当时的感情比较投合，就翻译、推荐。青年人有些偏向，不要

---

①　指1941年10月冀中区油印刊物《通讯与学习》刊发的《报告文学的感情和意志》。

大惊小怪,现在批贾平凹,大可不必。经过比较,他们会找到正确的东西。"谢大光说:"过若干年后,青年人中还会出现'鲁迅热'的。看了很多东西,一比较,最深刻的还是鲁迅,其他人是没法比的。"回答说:"是的。"谈到近期写作时说:"从8月17日下雨那天开始恢复写作。让我闲着没事,我是待不住的。已经写了两篇。一是游记①,济南、南京、杭州;一是书简,写给贾平凹的。都给了《羊城晚报》。写东西怕给刊物,拖的时间长。就想早些看到,这是老年人的心理吧。下一段还想写点读书记,梁启超等,但又怕麻烦。一写,就要把书摊开。因此,可能先写几篇记住院和住疗养院生活的。"同日,作《谈文学与理想》,载9月27日《羊城晚报》,收入《老荒集》"芸斋琐谈"题下。

9月1日　清晨,作《吃饭的故事》,载11月5日《光明日报》,收入《老荒集》。

9月2日　清晨,修改《玉华婶》讫,载《文汇月刊》第11期,收入《老荒集》"乡里旧闻"题下。下午,作《秋喜叔》,载《作家》1984年第7期,收入《老荒集》"乡里旧闻"题下。

9月3日　作《疤增叔》,载10月26日《文汇报》,收入《老荒集》"乡里旧闻"题下。

9月4日　致李树喜信,告知收到赠书,谈到1971年曾回安平所见滹沱河现状,表示对根据自己作品拍摄电影一事,不抱过多希

---

①　指《一九五六年的旅行》

望。又谈到所写《青春梦余》一文中对家乡河流的追念。

9月5日　上午,作《〈远道集〉后记》,载9月22日《天津日报·文艺周刊》。

9月7日　作《谈改稿——芸斋琐谈》,载10月3日《人民日报》,收入《老荒集》。

9月8日　清晨,作《谈读书——芸斋琐谈》,载9月22日《人民日报》,收入《老荒集》。下午,作《谈修辞——芸斋琐谈》,收入《老荒集》。

9月9日　上午,谢大光来访,谈童年与家世。起初对这种聊天方式不太习惯,点支烟,说得很慢,谈到自己出生时,父亲既高兴又担心,因为上边五个姐姐夭折,不知能否活下来。"当然,农户家死个孩子算不了什么,叫'干巴'扛出去埋了就是了。这个村子很穷,逃荒的多,外出学手艺的多,闯关东,也有去上海的。但赌风颇盛,人们似乎要在赌场上改变自己的命运,也是要以此刺激填补空虚的灵魂。"同日,作《谈评论》,收入《老荒集》"芸斋琐谈"题下。

9月10日　致李屏锦信,告知收到前后来信及赠书,认为其作品"写得很好,很自然,真诚"。

9月11日　致姜德明信,提到《谈读书》一文个别字句需要修改。

9月19日　作《谈爱书——芸斋琐谈》,分上、下两部分,载10月18日、20日《羊城晚报》,收入《老荒集》。

9月22日　作《爱书续谈——芸斋琐谈》,载10月24日《人民日报》,原题为《谈爱书》,收入《老荒集》时改为此题。

9月24日　致姜德明信,对"万叶散文丛刊"第一辑《绿》的编选表示赞赏。

9月25日　致韩映山信,告知《尺泽集》已无复本,"近来忙着写杂文"。

9月27日　作《我和古书》,载11月7日《深圳特区报》,收入《老荒集》"芸斋琐谈"题下。

9月29日　致姜德明信,回答《悼画家马达》中提及的"六道木棍"的含义。

本月　收到入学河北大学中文系新闻专业的外孙赵宏寄来的《入学感受》,委托孙晓达回信,鼓励其多看书,多写东西,利用难得的学习机会提高自己的文化素养。同时寄去一个竹笔筒。

本月　题赠宋曙光《孙犁文论集》。

10月1日　上午,郭志刚、张学正、刘宗武来家中拜访,赠每人《孙犁文论选》精装本一册。

10月4日　作《我中学时课外阅读的情况——芸斋琐谈》,载1984年1月《中学生阅读》创刊号,收入《老荒集》。

10月12日　清晨,作《包袱皮儿》,载《丹——万叶散文丛刊》,收入《老荒集》。

10月16日　作《书信》,载11月6日《解放日报》,收入《老荒集》。

10月22日　作《谈"打"》,载1984年2月14日《羊城晚报》,收入《老荒集》"芸斋琐谈"题下。

10月24日　为《王国维遗书》包书衣。

10月25日　在《王国维遗书》书衣上题写目录，在"观堂集林"部分作题记。

10月26日　下午，作《小说与电影——芸斋琐谈》，载12月2日《人民日报》，收入《老荒集》"小说杂谈"题下。

本月　为金梅代购之《南亭笔记》《庄氏史案本末》《释迦方志》包书衣并题签。

11月7日　晨起感冒。为《居延汉简甲编》包书衣并题记："昨日听广播，周扬检讨。此公可谓不甘寂寞者矣。聪明一世，晚年何以如此莽撞？此百思不得其解矣。其意在迎合青年人心理，仍居理论界领袖乎？时代不同，此梦恐难圆矣。"收入《书衣文录全编》。

11月25日　为金梅赠送之《青琐高议》包书衣并题记。

本月　为田晓明购买之《孙犁文集》签名并题记："晓明自购此书，愿以此为桥梁通向文学之路——孙犁。"

本月　为胡德培所赠《淞隐漫录》包书衣并题记。

本月　冀中抗日斗争史资料研究会成立，被聘为顾问。

12月3日　复李安哥信，表示可就其来信谈一些感想，作为复信在刊物上一同发表，但由于身体原因没有把握，载2008年7月24日《文汇读书周报》。

12月17日　下午，修改完成《买〈王国维遗书〉记》，载1984年1月4日、7日、11日、21日、25日《天津日报》，收入《老荒集》"耕堂读书记"题下。

12月18日　下午，作《改稿举例》，载1984年3月8日《中国青年报》,收入《老荒集》"芸斋琐谈"题下。

12月23日 致房树民信,谈对其作品印象,载1984年1月12日《中国青年报》,收入《老荒集》"耕堂函稿"题下。

12月24日 作《事实求是与短文》,载1984年1月26日第148期《文学报》,收入《老荒集》"芸斋琐谈"题下。

本月 诗集《孙犁诗选》由河南少年儿童出版社出版,收诗作十八篇,曼晴作序。

本月 书话集《书林秋草》由生活·读书·新知三联书店出版,收读书类散文、杂谈五十五篇,吴泰昌作《编后记》。

是年 为韩映山著《串枝红》题写书名。

1984年 | 七十一岁

1月12日 致潘之汀信,谈对其散文印象,并告知已将其四篇稿件介绍给《天津日报》,载1987年7月1日《天津日报》,收入《无为集》"芸斋书简"题下。

1月13日 致李屏锦信,感谢其赠送图书、挂历等,谈自己身体及生活状况,载2001年9月28日《天津日报》。

1月14日 为金梅代购之《宋书》包书衣并题签。

1月19日 为王勉思、杨坚寄赠的《郭嵩焘日记》包书衣并题记:"如此大部书,甚贵重。中午食鸡,碎骨挤落一齿。"收入《无为集》"书衣文录"题下。

1月22日 作《买〈魏书〉〈北齐书〉记》,载2月8日、15日、18日、22日《天津日报》,收入《老荒集》"耕堂读书记"题下。同日,收到许姬传来信,请寄刊载《买〈王国维遗书〉》(二、三)之报纸,并告知:"静安先生为乡先辈,与寒家有世谊。"

1月23日 致吕剑信,告知收到散文集赠书,另收到《中国文学》印孙犁小说英文版三种,闻尚有法文版,托其代为询问。

1月31日(农历腊月二十九) 谢大光来拜年。对谢大光说:"今年春节我又忙了。帮忙的(玉珍)回乡下老家。我一人要管两个炉子。每天六点起床生炉子,白天时时要注意,搞不好要灭掉。这样活动多了,反而胃口好了,能多吃些饭。中午孩子过来帮忙做点饭。我平常喝粥喝惯了,孩子来了,又赶上过年,当然要弄点肉。今天倒觉得肚子有点不太好。外孙女天天中午来,她爱吃鸡,我平常也不弄鸡,她来了,就弄鸡炖白菜。昨天我把鸡热上,盛好,中午她去奶奶家了。我只好自己吃掉。谁知一不小心,让一块小鸡骨头把个牙硌掉了。牙已经糟朽了,就这么个小骨头。人老了,真不知会遇到什么事。"谢大光说:"你这样为炉子尽心忙活,炉子感觉得到,吃得多了,心情也好,因祸得福啊。可以写个《炉子》的续篇了。"回答说:"写作真是可以锻炼人的好事。我有时有些不愉快,一钻进去写,就什么都无足轻重了,只有我这个文章最有分量了。"建议谢大光遇到不顺心的事,要把精力用到写作上。(谢大光由此想到前次和李蒙英来访,对谢、李两人说:"每天晚上钻进被窝,总要披着上衣,点着一支烟,坐半天。想的就是一件事:晚年怎么办? 想来想去没办法。"李蒙英:"找个老伴吧!"回答说:"早几年还可以,现在建立不起感情来。人不是一件东西,一盆花,可以随便搬进去搬出去,想想很是凄惶。")谈话间,金梅敲门进来,说到天津外语学院一位日籍教师临回国前想来访问。对金梅说:"说我身体不好吧,婉言谢绝。我是下决心不见外国人了。要做很多准备,房子、衣服……前一天有人来给我照相,彩色的,还要拿到美国去洗。洗出来一看,我的裤子没系扣,真是没办法。有些外国学者要来,我都挡驾了(还是外文出版社社长,我们延安一起共过事,介绍的法国人)。有个青年作者,认识了一个英国女朋友,要我签名赠她书,我说:'不行,我知道她是干什么的!'"想到姜德明推荐《洪宪纪事诗注》,托金梅去买。说:"老了,什么都想维持现状。不想搬家,不想来客人,不想过年。变化,就可能带来事情,打乱正常生活。准备写些读书记,在读《魏书》和梁启超的书。《饮冰室文集》太多,六十卷,看不过来。梁启超对推行新学是有功劳的,可以说是不遗余力。"又谈到投稿时对报刊的态度很敏感,对方稍有厌倦的表示,立即停止寄稿。《羊城晚报》关国栋不在,发稿就慢多了。对《天津日报》也是这样。现在对史籍感兴趣,对文学反而淡了。前几个月手抖得厉害,真怕握不成笔,不能写作,那可该怎么办?现在好了,看来还是和心情有关。从抽屉里拿出许姬传写在一张八行朱丝栏宣纸笺上的信,说:"现在能写这样信的人不多了。字好,写得好,规格也好,可以当个艺术品收藏起来。"

本月 散文集《孙犁散文选》由人民文学出版社出版,收入散文九十篇、序一篇,谢大光作《编后记》。

本月 为姜德明寄赠之《永丰乡人行年录》包书衣并题记。

2月15日 为小胖①赠送之《达夫书简》包书衣并题记,收入《老荒集》"书衣文录"题下。

2月16日 致韩映山信,感谢其寄书和照片。

2月23日 作《葛覃——芸斋小说》,载4月2日《羊城晚报》,署名孙芸夫,收入《老荒集》。

本月 为金梅代购之《洪宪纪事诗三种》包书衣并题记。

3月2日 下午,作《谈"印象记"——芸斋琐谈》,载3月20日

---

① 孙犁之孙孙瑜的小名。

《人民日报》，收入《老荒集》。

3月4日　作《春天的风》，载《文汇月刊》第6期，署名孙芸夫，收入《老荒集》"芸斋小说"题下。

3月7日　作《戏的续梦》，载5月5日《光明日报》，收入《老荒集》。

3月17日　作《文学与乡土——芸斋琐谈》，载7月《农村青年》，收入《老荒集》。

3月20日　辑录《书衣文录》二十三则并题记："前有此录，已印行矣。续有所得，仍辑存之。体例不变。"载4月11日、18日、21日《天津日报》，收入《老荒集》。同日，作《谈简要》，载3月29日第157期《文学报》，收入《老荒集》"芸斋琐谈"题下。

3月27日　致郑法清信，告知下水道漏水，托其找张师傅前来修理。

3月28日　上午，作《昆虫的故事》，载12月5日《人民日报》，收入《陌巷集》。

3月29日　《山西文学》编辑董大中由金梅陪同来家中拜访。

本月，散文小说集《远道集》由百花文艺出版社出版，收芸斋小说、散文、文林谈屑、小说杂谈、芸斋短简、芸斋断简等共五十五篇，《后记》一篇。

4月6日　作《一九七六年——芸斋小说》，载5月28日《羊城晚报》，署名孙芸夫，收入《老荒集》。

4月10日　下午，作新诗《眼睛》，载《诗刊》第7期。诗人公木读到此诗后，以原题唱和一首。

4月12日　作《小说与题材——小说杂谈》，载6月25日《羊城晚报》，收入《老荒集》。

4月13日　作《小说与三角——小说杂谈》，载7月5日《羊城晚报》，收入《老荒集》。

4月14日　作《读小说札记》，载5月18日《天津日报》，收入《老荒集》"小说杂谈"题下。

4月23日　作《移家天津——善闇室纪年摘抄》，载《散文》第7期，收入《老荒集》。

4月25日　为金梅代购之《铁围山丛谈》包书衣并题记。

4月27日　作《父亲的记忆》，载6月10日《解放日报》，收入《老荒集》。

4月29日　作《小D——芸斋小说》，载《十月》第5期，署名孙芸夫，收入《老荒集》。

4月30日　致韩映山次子韩金星信，谈对其所写散文印象以及写作见解，载5月10日《天津日报》，收入《老荒集》"耕堂函稿"题下。

5月2日　作《唐官屯》，载《长城》第5期，收入《老荒集》。

5月6日　致罗雪村信，感谢其为画肖像、摄影，在小幅上签名寄给罗雪村并索藏书票。

5月7日　作《红十字医院——病期经历之一》，载6月17日《光明日报》，收入《老荒集》。

5月9日　作《王婉——芸斋小说》，载《十月》第5期，署名孙芸夫,收入《老荒集》。同日,致宫玺信,感谢赠书。

5月10日　宋曙光送来《耕堂函稿》三份样报及十六元稿费,与其谈约稿问题。

5月19日　下午,写《买〈饮冰室文集〉记》讫,载6月2日、6日、11日《天津日报》,收入《老荒集》时,列于"耕堂读书记"题下。

本月　为金梅代购之《华严金狮子章校释》《归潜志》《邵氏闻见后录》包书衣并题记。

6月1日　作《买〈崔东壁遗书〉记》讫,载9月1日《光明日报》,收入《老荒集》"耕堂读书记"题下。

6月初　谢大光来访。问谢大光:"听他们说,你也写散文。拿几篇给我看看。"谢大光回答说刚学着写,不成样子。回去找了《落花枝头》《离宫月夜》等六篇发表过的。大约过了一周,对谢大光说:"几篇散文看过了,文字不错,有些新东西,但还不够深,主要是对生活看得不深。对生活要看得透一些。多读书,多思考。具体意见,要再想一想,准备写一封供公开发表的信①给你。"又说:"对有些问题我们无能为力,只能听之任之。做好自己的工作,在事业上求得发展。作协的人事安排,根本不听我的。辞职也不会理我。"

6月14日　下午,自广州、深圳、上海出差回来的谢大光来访,转交《羊城晚报》编辑万振环赠送的广东土特产。向谢大光问起广州及沪上诸友。说肖关鸿来信,很热情,令他感激。又说,爱看熟人的

――――――――――――

① 即《散文的感发与含蓄——给谢大光同志的信》。

作品,可以了解得更多。又问《解放日报》的吴芝麟,有一稿寄去一个多月,未见回信。对谢大光谈到中国作协让其去新加坡,和姚雪垠同行。还考虑到新加坡是华语国家,生活习惯相差不多,很照顾了。天津作协秘书长马丁来问,回答说:"我天津的活动都不参加,还去新加坡? 这辈子不想出国了。"又谈到平生仅一次去苏联,人多,二十多人,好几个团长,不用他出面应付、说话。他每次都是躲在人后边,弄得苏方接待人员都问翻译:"这一位怎么总是一人向隅,郁郁不欢? "也拿他没办法。打领带都要李季帮忙。"我一辈子对这些一点欲望都没有。"谢大光说:"写作要甘于寂寞,道理都知道,就是做不到。"对谢大光说:"你们没有这个条件。我是几十年形成的,人家都知道,无形中批准了。连丁玲去厦门过八十大寿,原想让我去,后来自己就否定了:孙犁肯定不会来的。"谢大光谈到对广州、深圳的看法:经济发展快,文化气息淡薄,难得出好作品。对谢大光说:"文化是要有闲的,要有时间,从容搞来,紧紧张张、分秒必争的空气下,无法搞艺术创作。"谢大光问起《眼睛》和《甲虫》两首诗。回答说:"寄给《诗刊》一个月,未见回音,给邹荻帆一明信片,邹回信说《眼睛》不错,有哲理气息,把《甲虫》退回来了。我对人说:'要不是大光说行,我这诗只有放在抽屉里,不敢寄出去。'"谢大光说:"《眼睛》是你诗中最好的。"回答说:"写诗就要灵机一动,计划好了就不行。《眼睛》就是偶然想到的。"

6月23日　清晨,作《散文的感发与含蓄——给谢大光同志的信》,载9月25日《人民日报》,收入《陋巷集》。晚上,作新诗《老树》。

7月23日　为厦门一学生所赠之《陆贽文》包书衣并题记。

7月30日　下午,郭志刚来访,赠其《孙犁散文选》《书林秋草》《白洋淀之曲》各一册。

8月4日　致傅瑛信,告知《孙犁年表》将在《新文学史料》1984年第3期发表。

8月31日　下午,致韩映山信,谈到自己的作品不受欢迎,刊出很慢,《远道集》拖了一年多才见到样书,《老荒集》已交上海文艺出版社。

9月5日　为《朱子文集》包书衣并题记:"准备读后作文也。"

9月7日　致杨栋信,同意沁源文化馆刊物转载其谈创作的文章,并嘱不要稿费。

9月11日　致丁玲信,表示不担任《中国》编委并说明原因,载1985年9月11日《羊城晚报》,收入《陋巷集》"耕堂函稿"题下。

9月12日　作《从〈腊月·正月〉谈起——致苏予同志》,载《中国文学》双月刊1985年第1期,收入《陋巷集》时改题《读〈腊月·正月〉》。

9月14日　作《读〈伊川先生年谱〉记》讫,收入《陋巷集》"耕堂读书记"题下。

9月15日　作《读〈朱熹传〉记》,收入《陋巷集》"耕堂读书记"题下。

9月17日　作《读〈宋文鉴〉记》,收入《陋巷集》"耕堂读书记"题下。

9月21日　下午,作《谈笔记小说》,载10月10日《天津日报》,收入《陋巷集》。

9月22日　致《天津日报》文艺部田晓明信,请复制一份稿件,送给杜鹃一本书,转告宋曙光国庆前理发。

9月25日　上午,《光明日报》编辑冯立三来访,约为李準长篇小说写评论。鲁藜、刘锦西夫妇来访,发现"鲁染发而面色不佳,眼深陷"。下午,为金梅代购之《花随人圣盦摭忆》包书衣并题记,载2004年1月6日《天津日报》,收入《全集》第10卷"书衣文录"题下。

9月26日　致姜德明信,询问《花随人圣盦摭忆》作者黄濬(秋岳)生平,载1993年6月18日《大众日报》。

9月28日　作《小汤山——病期经历》,载《收获》1985年第2期,收入《陋巷集》。同日,致韩映山信,认为其子韩大星的"篆刻艺术越来越好,石头也大方",载《小说》1996年第1期。

9月30日　作《青岛——病期经历》,载《收获》1985年第2期,收入《陋巷集》。

10月6日　作《太湖》,为"病期经历"之一,载1985年5月23日《羊城晚报》,收入《陋巷集》。

10月10日　石坚来访,送来李準《黄河东流去》。同日,致李準信,谈自己心境及对其小说印象,载1985年5月11日《羊城晚报》,收入《陋巷集》"耕堂函稿"题下。

10月14日　复杨栋信,对其所赠刊物、古钱表示感谢,认为:"刊物不错,技术问题,慢慢解决。"随信寄去照片一张。

10月15日　清晨,修改《谈读书记》讫,载11月17日、11月24日、12月1日《天津日报》,收入《陋巷集》。

10月22日　作《谈赠书——芸斋琐谈》,载12月8日《光明日报》，收入《陌巷集》。

11月20日　致李贯通信，载12月10日《天津日报》，题为《致青年作家李贯通的通信》，收入《陌巷集》。

11月23日　致姜德明信，感谢其先后抄寄黄濬（秋岳）材料，认为《花随人圣盦摭忆》"所作笔记，虽亦多书上来，然系辑录，非抄录。……还是下了功夫的"。信末谈到近来写作少了，"也是感到有些事情不好说，也难以说得清楚，徒惹人怨而已"。载1993年6月18日《大众日报》。

11月24日　致杨栋信，谈对其所作散文印象，认为写文章要注意含蓄，不能写些泛泛的、面面俱到却没有新意的文章，载1985年5月9日《天津日报·文艺周刊》。

11月28日　致王蒙信，对其赠书表示感谢，载1985年5月11日《羊城晚报》，收入《陌巷集》"耕堂函稿"题下。

11月30日　作《谈通俗文学》，载1985年1月14日《人民日报》，1月24日《解放日报》摘发，收入《陌巷集》"芸斋琐谈"题下。

12月10日　致冯立三信，就未能读完其小说表示歉意，载1985年5月11日《羊城晚报》，收入《陌巷集》"耕堂函稿"题下。

12月13日　为金梅代购之《春游琐谈》包书衣并题记："今日拟沐浴，午后准备一切就绪，而火炉迟迟不旺。从一时至三时，尚在鹄候状态中。身倦天寒，已无兴致。"

12月15日　致姜德明信，谈与许姬传书信往来中许做事的考究和自己的荒疏，又谈到印象中在保定育德中学读书时英文教师叫杨宪益,请姜德明与杨本人核实。后姜德明当面询问杨宪益,杨表示未教过。

12月16日 作《鞋的故事》,载《散文选刊》1985年第7期,收入《陌巷集》。

12月27日 致宫玺信,对其赠书表示感谢。同日,致韩映山信,感谢其寄赠小说,告知:"一切如常,今年天津很冷,我的屋里生了两个火炉,比过去还暖和一些。"

12月30日 致田晓明信,请转告宋曙光来为其理发。

12月31日 致李贯通信,载1985年1月10日《天津日报》,题为《再致李贯通》,收入《陌巷集》。同日,致姜德明信,谈对旧书市场印象,载1985年5月11日《羊城晚报》,收入《陌巷集》"耕堂函稿"题下。

是年春 书赠鲍晶字幅,内容为唐朝诗人韦应物《拟古诗十二首》之一。

是年秋 同乡张根生专程从北京赴津看望。据张回忆,这是两人1946年在安平分别四十年后的再次相逢。

是年初冬 天津市文联召开梁斌作品讨论会,借此机会,韩映山邀李克明同来看望,并请刘宗武拍合影。

是年冬 节录北齐魏收《枕中篇》书赠张根生:"闻诸君子,雅道之士,游遨经术,厌饫文史,笔有奇锋,谈有胜理。"

是年 被中国作家协会第四次会员代表大会推选为顾问,为二十九人之一。

1985年 | 七十二岁

1月5日　上午,致李屏锦信,谈到去年"写的东西少了"的原因。同日,致贾平凹信,载《中国》文学双月刊第3期,题为《再谈通俗文学——致贾平凹同志》,收入《陋巷集》。

1月9日　在《今献汇言》书衣上题记:"近两日来客,多谈作家代表大会事,报纸新闻亦常浏览。盖身虽处事外,然仍不能忘情也。在此圈子里混了几十年,下次大会恐已不能亲历矣。"

1月11日　复杨栋信并附书法一件。同日,收到张松如(公木)《老子校读》并包书衣,题记:"同日收到冒公木名之哈(尔滨)市十八岁青年本名前明者谩詈信一件。"

1月13日　为《劝戒四录》包书衣,并在第一册题记:"近拟作中国旧小说中的劝惩一文,故及此书。所记虽迂腐,举例亦不当,然以海淫海盗为衣食手段之'小说家',例应有所报应矣。"收入《无为集》"书衣文录"题下。

1月23日　为《贯华堂〈水浒传〉》包书衣,并在第一册题记:"此中亦有色情描写,然与当前之色情文学相比,其高明之处自见。大手笔,即写猥亵,亦非炫小才者所能望及。"收入《无为集》"书衣文录"题下。

1月27日　致姜德明信,感谢其寄赠徐一士著作。

1月31日　致姜德明信并小幅书作,感谢其寄赠字帖。

2月1日　作《我喜爱的一篇散文》,载《文汇月刊》第3期,收入

《陌巷集》。

2月14日　致姜德明信,谈读徐一士《一士类稿》的印象,感慨近来印书错误过多。

本月　节录柳宗元《与友人论为文书》书赠韩映山。

3月1日　为《金冬心书画小记》重新包书衣并题记:"近日甚无聊,且多尘念,自以为卑陋,心甚耻之。今晨得四句云:人言不可信,天道更难凭。年年买皇历,不为辨阴晴。"

3月3日　下午,为《氏族》十六册包书衣毕。为《通志略》包书衣并题记,收入《无为集》"书衣文录"题下。

3月4日　为《氏族》书衣题记。

3月24日　作《给某刊编辑的信》,载5月23日《人民日报》,收入《陌巷集》。

本月　为金梅赠《殷芸小说》包书衣并题记。

4月4日　致吕剑信,告知收到寄赠之《倾盖集》,表示:"颇喜读近人旧诗……唯自己不习韵律,偶有尝试,皆被指摘,遂亦不敢再作。"为该书包书衣并题记:"在北京及青岛养病时,曾写了一些旧诗,'文革'中,老伴投之火炉。其他文字或可惜,诗稿之焚,从未在心中引起遗憾。"收入《无为集》"书衣文录"题下。

4月11日　作《钢笔的故事》,载4月28日《光明日报》,收入《陌巷集》。

4月12日　学习《关于建国以来党的若干历史问题的决议》,按照党组织的要求,撰写对照检查材料,题为《检查》,谈及:"'文化大革命'中,我没有贴过一张揭发别人的大字报,也没有给造反派写过关于别的同志的小汇报材料,也没有在威胁面前,说过不利于党的无原则的话。但是心灵的创痛很深,很长时间不能平复。"随后汇报自己在十一届三中全会之后的创作思想情况,以及将来的打算。此文写在《天津日报》的稿纸上,共四页,未发表。侯军著《报人孙犁:重读孙犁随笔》(天津人民出版社2023年5月版)全文引述。

4月14日 致万振环信,要求将数月前投给《羊城晚报》但迟迟未见消息的两篇稿件(《太湖》和《芸斋短简》五封)退还。

4月17日 致天津作者袁玉兰信,谈对其所写散文和小说印象,认为小说要以发掘日常生活为主,偶然性的东西可供一噱,但没有多少回味的余地,载5月9日《天津日报·文艺周刊》,收《陋巷集》"芸斋琐谈"题下。

4月22日 致万振环信,告知14日信中所提到的稿件是《太湖》和《芸斋短简》。万振环找到稿件后,《芸斋短简》于5月11日在《羊城晚报》刊出,《太湖》于5月23日在《羊城晚报》刊出。

4月29日 致杨栋信,建议其写短篇小说,谈《老荒集》出版缓慢,载1986年5月15日《天津日报·文艺周刊》,收入《陋巷集》"耕堂函稿"题下。

4月30日 致韩映山信,希望其多写作,附赠韩之长子韩大星书作一幅,载1987年7月3日《天津日报》,收入《无为集》"芸斋书简"题下。

本月 开始与《羊城晚报》编辑万振环通信联系。自此,两人通信达十二年之久。

5月3日 作《小说与色情——小说杂谈》,载6月23日《光明日报》,收入《陋巷集》。

5月4日 作《小说与劝惩——小说杂谈》,载6月18日《羊城晚报》,收入《陋巷集》。同日,写《思想总结》,谈到经过整党学习,"进一步认识到,我国经济体制改革的必要性和艰巨性","只有党风的根本好转,才能带动民风的根本好转","进一步认识到当前文艺工作的重要",认为"今后应该有计划地写些文章,阐明什么是文学,什么是通俗文学,怎样欣赏文学,文学与人生观的关系等"。此文写在《天津日报》的稿纸上,共三页,未发表。侯军著《报人孙犁:重读孙犁随笔》(天津人民出版社2023年5月版)全文引述。

5月9日 作《小说与武侠——小说杂谈》,载6月22日《羊城晚报》,收入《陋巷集》。

5月11日 作《小说与批评——小说杂谈》,载6月25日《羊城晚报》,收入《陋巷集》。

5月14日 致万振环信并"杂谈三篇",分别为《小说与劝惩》《小说与武侠》《小说与批评》。

5月15日 致杨栋信,建议其练习写短篇小说。

5月18日 作《读〈沈下贤集〉》,载6月7日《天津日报》,收入《陋巷集》"耕堂读书记"题下。

5月24日 谌容在柳溪陪同下来访。

5月25日 下午五时，谢大光和百花文艺出版社编辑李华敏来访，谈到因文字引来的麻烦。对两人说："李準写信，用'撞钟'来开导我。钟一敲就响，总有人敲；敲一下不响，就没人敲了。"谢大光说在电视上看到吕正操打网球。对谢大光说："学生时代，我也爱打网球，而且打得还不错，只是发球总不过关。现在还常常梦见练发球，将球高高抛起来，用力扣下去。"又一再对李华敏说："编辑要写作。你写了拿来，我给看看。我现在只能给青年初学者看看、说说，有点名气的就不敢了。谌容昨天来，问我意见，我说系统看看再说。我哪敢说什么呀。不只是她，就连铁凝，我现在也不敢说了。我说话又常不注意。问谌容多大，答，四十八了。我说：'正好。'弄得她后来问柳溪：'嘛正好？'其实我的意思是正当写作的年龄。"

5月26日 作《读〈哭庙纪略〉》，载 6 月 6 日《今晚报》，收入《陌巷集》"耕堂读书记"题下。

5月27日 作《读〈丁酉北闱大狱纪略〉》，载 6 月 19 日《天津日报》，收入《陌巷集》"耕堂读书记"题下。

5月30日 致姜德明信，感谢其寄赠上海书店书目，告知近日投稿情况。

本月 为金梅代购之《石屋余瀋》包书衣并题书名。

本月 苗得雨在闵人、王树人、柴德森陪同下来访，对苗有关作品的观感表示赞同，赠其《书林秋草》一册。

本月 维吾尔文版《风云初记》(任运昌译)由民族出版社出版。

6月1日 致韩映山信，告知收到前后来信及物品，叮嘱给韩映山的信"先放一放,等攒多了,再整理发表。老发表'书简'不好"。谈及去保定不成,"主要是我不愿意动,现在精力确实很差了"。

6月11日 致万振环信,对其所写《虔诚》《菊妹》以书信形式进行了评论,载10月23日《人民日报》,收入《陌巷集》"耕堂函稿"题下。

6月13日 作《谈鼓吹——芸斋琐谈》,载7月16日《人民日报》,收《陌巷集》。

6月15日 作《官浮于文——芸斋琐谈》,载7月13日《文艺报》,原副标题为"文林谈屑",收入《陌巷集》。

6月17日 上午,樊允行至家中看望。下午,作《老屋》,载7月28日《光明日报》,收入《陌巷集》。

6月19日 作《和谌容的通信》,收入《陌巷集》。

6月22日 致万振环信,并将其四篇作品挂号寄还。

6月23日 修改《诗外功夫——芸斋琐谈》讫,收入《陌巷集》题下。

6月27日 下午,作《大嘴哥——乡里旧闻》,载7月15日《羊城晚报》,收入《陌巷集》。

7月9日 致万振环信,表示其书信可以《耕堂函稿》和《致万振环》为题单独发表。

7月15日 致杨栋信,希望其"安心工作,什么事只有自己做出成绩来,才能得到客观的承认。而成绩是只有按部就班、任劳任怨才能做出来的",嘱其买书要有节制。

7月19日 致俞天白信，对没有及时回信和对作品提出意见表示歉意，建议其"按照自己的想法，努力写下去"。

7月28日 致韩映山信，建议其写"孙犁印象记"时不要单纯歌颂，也要把性格上的缺点写进去，载1987年7月31日《天津日报》，收入《无为集》"芸斋书简"题下。

本月 河南中学生段华来访，为其找书、题字，谈文学与人生。对谌容的中篇小说《散淡的人》尤为欣赏并建议其读谌容的作品，嘱其多读书、多背诵、多看看，从小养成良好的心境，要有童心，赤子之心。要想当作家，想要在文学上有点点滴滴成绩，不抱着赤诚的心是不行的。

8月1日 《善闇室纪年摘抄》（1937—1945）整理完毕，载8月18日《光明日报》，收入《陌巷集》。

8月9日 郭志刚前来拜访，邹明随后亦至，谈及《孙犁评传》的写作，对郭志刚讲："有次和韩映山提起，要写我，可以写写缺点，包括性格上的，这可以不与人雷同。当然，得确实是缺点，否则也会不高兴。"

8月16日 路一、梁斌、杨循来访，赠路一《孙犁文集》精装本一部。

8月24日 《善闇室纪年摘抄》（1946—1949）整理完毕，载10月13日《羊城晚报》，收入《陌巷集》。

8月26日 作《〈金瓶梅〉杂说》，载9月19日《天津日报》，收入《陌巷集》。同日，致万振环信并《善闇室纪年摘抄》（1946—1949）。

8月30日 《善闇室纪年摘抄》(1913—1936)整理完毕,载《随笔》1986年第1期,收入《陌巷集》。

8月31日 作《小贩》,载9月19日《人民日报》,收入《陌巷集》。

本月 《编辑笔记》由山西人民出版社出版,列入"编辑丛书",收稿件二十四篇。

9月2日 作《悼念田间》,载9月5日《天津日报》,收入《陌巷集》。

9月3日 几名摄影爱好者去白洋淀采风前至家中拜访,为众人题字"白洋淀纪行"。

9月7日 致张金池信,委托其将稿子先排出一个清样,自己再进行修改。

9月12日 致河南作者郝伯承信,谈对其作品印象及修改建议,载1986年5月15日《天津日报》。

9月15日 致杨栋长信,谈自己的心境和生活状况,载10月23日《人民日报》,收入《陌巷集》"耕堂函稿"题下。晚上,听收音机中一位中学教师朗诵鲁迅的《为了忘却的记念》,心情极为复杂。

9月21日 晨改抄《听朗诵》讫,收入《陌巷集》"芸斋琐谈"题下。

9月27日 作《文林谈屑》,共十节,部分载10月21日《文汇报》,其余载11月23日《天津日报》,收入《陌巷集》。

本月 张学新、峻青、苗得雨等人来访,在讨论通俗文学与严肃文学时说:"文学,怎能不是通俗的?"认为蒲松龄的《聊斋志异》也很通俗,很有意思的俚曲,也是不容易写的。

本月 题赠宋曙光《编辑笔记》一册。

10月1日 与其子孙晓达谈身后藏书的处置，表示愿捐给中国现代文学馆。同日，致姜德明信，谈自己心境及对《金瓶梅》一书印象，认为"造诣甚高"，载1986年1月18日《羊城晚报》，收入《陋巷集》"耕堂函稿"题下。

10月2日 致房树民信，赞同其调动工作并建议不要中断写作。同日，致韩映山信，谈对其所作《修书》印象。两信载1986年1月18日《羊城晚报》，收入《陋巷集》"耕堂函稿"题下。

10月3日 谢大光来访，问到谢大光的家庭情况。谢大光说："我们一家，父母一辈从山西来天津，乡土习俗重，到今天一家不吃鱼。"由谢大光的话引起对往事的回忆，说："当年我们在晋西北，生活甚苦，从河沟里捞上来些小鱼，房东不让用锅煮，只好拿茶缸子煮煮吃。当地人不只不吃鱼，连鸡都不吃。鸡死了，都埋上，不用说杀鸡了。养鸡只吃蛋。山西人我接触不少，老家县城里开染坊的，保定开钱庄、银号的，很能吃苦。从小出去，七八年不能回家。和山西作家接触不多。赵树理认真讲就见过一面，他来天津，当时我住院边小屋。他很有才华，在这辈作家里，底子厚。很可惜。"又说："开始写《铁木前传》是在1955年，后来一反胡风，写不下去了，拖到1956年。有人说作家不受政治的干预，不可能的。多么大的作家，也做不到。郭沫若、茅盾、曹禺，解放以后都没有写出什么。"在谢大光提到晚年写了这么多好散文，是不容易的，出乎人们的预料之后说："其实都是些小文章，就是写得多了，才引起注意。写个一两篇，就不行。其实，写来写去，就是这么些东西。我不是不想看一些外国新作，下不了这个决心。你刚才说的三十多万字的《百年孤独》，我就下不了决心看。"谢大光说："您这是聪明的做法。根据自己的情况，选择写散文。如果花几年时间写《铁木后传》，就吃力不讨好了。"回答说："我是写不出了。其实我是个懒人，没有情绪，写不出时，绝不去硬写。"

10月6日　上午，金梅陪同吴泰昌来访并代购马叙伦《石屋续瀋》。下午，为该书包书衣并作题记，言："作者为教育家，对淫秽小说《绿野仙踪》，抨击甚力。"收入《无为集》"书衣文录"题下。

10月8日　作《晚秋植物记》，包括《白蜡树》《石榴》《丝瓜》《瓜蒌》《灰菜》，载11月10日《光明日报》，收入《陌巷集》。

10月18日　作《谈死——芸斋琐谈》，载11月28日《羊城晚报》，收《陌巷集》。同日，作《谈"补遗"——芸斋琐谈》，载12月7日《羊城晚报》，收入《陌巷集》。

10月19日　致万振环信并附"芸斋琐谈"两篇，分别为《谈死》《谈"补遗"》。

10月24日　致梅梓祥信，谈对散文的见解，载1986年1月18日《羊城晚报》，收入《陌巷集》"耕堂函稿"题下。

10月25日　杨栋自山西来访，题赠《孙犁文论集》精装本一册，并告知杨即将在上海出版《老荒集》。

本月　为《天津书讯》题词："多印好书，多售好书，多读好书。祝《天津书讯》创刊三周年。"

11月3日　致姜德明信,谈投稿遭遇及读《三希堂法帖》感受,载1986年1月1日《文论报》,收入《陌巷集》"芸斋琐谈"题下。

11月8日　中午,致田间夫人葛文信,对田间去世感到痛苦,谈对田间的印象以及为其写悼念文字事,载1986年1月6日《人民日报》,收入《陌巷集》"耕堂函稿"题下。同日,致海南作者黄宏地长信,谈对其散文印象以及对散文的见解,载12月12日《人民日报》,收入《陌巷集》"耕堂函稿"题下。

11月10日　致温超藩信并《文汇报》退稿,拟投《文艺评论》。

11月15日　致康迈千信,谈身体状况和心境,载1986年1月1日《文论报》,收入《陌巷集》"耕堂函稿"题下。同日,致万振环信,寄去短信一束,希望选用作补白之用。"短信一束"后以《芸斋短简》为题,刊于1986年1月18日《羊城晚报》。

11月21日　致张金池信,附《老荒集》目录,告知《青春遗响》决定不出书了,停止编辑。

11月29日　致万振环信,谈到"因种种原因,心情不靖,没有写什么东西"。

12月3日　致杨振喜信,修改稿中错字,请复制致康迈千明信片,就发表两封信件格式提出建议。

12月7日　致万振环信,以赠报款订《羊城晚报》并向副刊部人员祝贺新年。

12月13日　致吕剑信,表示:"年老力衰,也不愿写文章了。但有时还是忍不住。"提及《善闇室纪年摘抄》中与其相识之事。

12 月 17 日 致韩映山信，谈对其所写《书法》《赠书》之印象，载 1987 年 7 月 3 日《天津日报》，收入《无为集》"芸斋书简"题下。

本月 为新蕾出版社出版的《作文通讯》题词："多读些历史故事，多观察社会人生。"

是年初 《人民日报》副刊编辑刘梦岚和同事至天津出差，顺便拜访并转达袁鹰、姜德明等人的问候。

1986年｜七十三岁

1月1日 下午,为《集外集拾遗补编资料》(上、下卷)包书衣并题记,上卷题:"偶见此书,惜其封底洁白,为之装护,久不作此役矣。"下卷题:"今日作小诗一首,题《作家之死》。天明时此题忽入脑海,不知何故。"收入《无为集》"书衣文录"题下。

1月3日 下午,致周申明信,载3月1日第7期《文论报》,题为《关于传记文学的通信》,收入《陌巷集》。

1月5日 致李屏锦信,告知收到来信及赠书,表示:"日见衰老,写作已甚吃力,去年一年,收获甚微,无可如何也。"载2001年9月28日《天津日报》。

1月10日 作《创作随想录》,载《人民文学》第4期,收入《陌巷集》。

1月11日 上午,谢大光和李华敏来访,因邻居家做木工,没睡好,晚起一小时。谈起做梦,谢大光问:"您写的梦特多,为什么?"回答说:"我好做梦。往往是一场梦醒来,才知道我确实睡着了。经常是噩梦,这是神经衰弱。"又说:"中国的哲学讲究将人的本性善诱发出来,本性恶压抑下去,重视道德的作用、后天的教育。粉碎'四人帮'之后,意识形态没有大的进展,总要有一个主导。什么能代替马克思?萨特恐怕不行。西方也没有一个主导的思想,我们也混乱。给《人民文学》王扶写的封二的话,三段,都是平常想到的,记在纸条上。第一段讲艺术感觉来自艺术修养。修养不够,一遇时机,就易流入庸俗。第二段讲读者与作者关系的恶性循环。写书、读书，要有主导，否则就会导致恶性循环。第三段尤其厉害，写有些人迎合洋人口味，写中国人的落后面，实际是买办文学，等而下之。还有一段，写、出、吹捧坏书，都是为了钱。由阶级斗争为纲，一夜转为以金钱为纲，是文学的悲哀。"又说："有一位姓韩的战友，想借《金瓶梅》，我不愿借，想办法给他买一本。写信给秦兆阳。结果拿到'人文社'出版部，一提孙犁的名字，没找秦兆阳，就卖给他了。想不到，我的名字还有这样的分量。今后可要珍重一点了。"

1月15日　抄完新诗《作家之死》，载《诗刊》第5期，署名老荒。

1月20日　致北京作者杨献瑶信，谈对其诗集的感受，载5月15日《天津日报》。

1月23日　致万振环信并附节录《荀子·劝学》字幅一件，字幅下方注以小字："余有王先慎集解本，然未细读，今据学校课本书之。第二'积'字甚不佳。"谈自己身体状况。同日，致上海余穗祥信，答复其求字、钤印要求，载5月15日《天津日报》。

1月27日　复杨栋信，对其由太原回县城工作表示赞同，因为"既可深入生活，又有读书时间，离家也近，可以照顾"，并希望其"认真从事文学工作，做出更大成绩"。

1月31日　作《谈作家素质》，载2月15日《天津日报》，收《陋巷集》。同日，代吕正操为《王林文集》作序，但多处被改动，收入百花文艺出版社1987年版《王林文集》。

本月　书赠百花文艺出版社编辑颜廷奎条幅，词曰："妙取筌蹄弃,高宜百万层。"为杜甫《寄刘峡州伯华史君四十韵》中句子。

2月10日 刘宗武与友人前来拜年。

2月12日 在《弘明集》(上)书衣上题记:"春节疲甚,度新年如渡一难关。"

本月 散文小说集《老荒集》由上海文艺出版社出版。收"芸斋小说""小说杂谈""乡里旧闻""耕堂读书记""书衣文录""耕堂函稿"等四十六篇,另将早年所写的《报告文学的感情和意志》《冬天,战斗的外围——这是我们报告于世界的……》作为附录。

3月3日 致万振环信,请其转告《随笔》黄伟经,《善闇室纪年》已发表完毕,进城一段没有写,因字数太少,不能出书。

3月4日 丁玲去世,列名丁玲治丧委员会。同日,作《〈布衣文录〉拾补》小引,言:"前之未抄,实非遗漏。或以其简单无内容;或有内容,虑其无关大雅;或有所妨嫌。垂暮之年,行将已矣,顾虑可稍消。其间片言只语固多,皆系当时当地文字,情景毕在,非回忆文章所能追觅。……偶加附记,藉存数年间之心情行迹云。"连同《〈布衣文录〉拾补》(上)载3月29日《天津日报》,收入《陋巷集》。

3月6日 清晨,作《〈布衣文录〉再跋》,言:"余向无日记,书衣文录实彼数年间之日记断片,今一辑而再辑之。往事不堪回首,而频频回首者,人之常情。恩怨顺逆,两相忘之,非常人易于达到之境界也。堂皇易做,心潮难平。时至今日,世有君子,以老朽未死于非常之时为幸事。读文录者,或可窥见余当时对生之恋慕,不绝如缕,几近于冰点,然已渐露生机矣。"连同《〈布衣文录〉拾补》(下)载 4 月 2 日《天津日报》,收入《陌巷集》。

3 月 7 日 作《关于丁玲》讫,载 3 月 19 日《人民日报》,收入《陌巷集》。同日,致姜德明信,感谢其寄赠《兰亭论辩》一书,告知《谈作家素质》发表情况。

3 月 10 日 为《兰亭论辩》包书衣上并题记:"出版社库房爆满,将存书售给花炮作坊。此书只收三角,一杯酸牛奶价,较论斤更为便宜,然非熟人不能得。"收入《无为集》"书衣文录"题下。

3 月 14 日 致韩映山信,载 1991 年 11 月 23 日《今晚报》,收入《曲终集》"芸斋短简"题下。

3 月 21 日 致韩映山信,谈对其所写《孙犁印象记》观感,载 1991 年 11 月 23 日《今晚报》,收入《曲终集》"芸斋短简"题下。同日,致唐山市委办公室负责人信,认为唐山抗震纪念碑碑文"写得很好,无可修改之处"。

3 月 27 日 致某函授中心信,谈读书、写作、待人、识物的见解,载 1987 年 11 月 30 日《天津日报》,收入《无为集》"芸斋书简"题下。

4 月 1 日 致张秋实、卫建民信,载 5 月 8 日《光明日报》,题为《散文的虚与实》,收入《陌巷集》。

4 月 4 日 作《谈照相——芸斋琐谈》,载 4 月 20 日《羊城晚报》,收入《陌巷集》。同日,致万振环信并稿件。

4 月 13 日 作《照相续谈——芸斋琐谈》,载 5 月 11 日《羊城晚报》,收入《陌巷集》。

4月17日 剪贴旧作为《风烛庵杂记》,载6月15日《羊城晚报》,署名姜化,收入《无为集》。

4月20日 致刘心武信,对其所提刊物编辑方针表示赞同,载5月15日《天津日报》。

4月21日 致王炜、李笙信,问候王炜身体。同日,致万振环信并附稿件。

4月26日 作《谈自裁——芸斋琐谈》,载7月15日《羊城晚报》,收入《无为集》。

4月28日 致万振环信并附稿件。

4月29日 致韩映山信,谈及:"青年时写作考虑不周,借用一些真名,所写内容,实与人家无干,说话也冒失。……你形成文字时,万望代我注意及此。"载5月15日《天津日报》,收入《陌巷集》"耕堂函稿"题下。

本月 为张秋实寄赠的《续古文观止》包书衣并题记。

5月13日 致姜德明信,赞成姜德明的写作方式,载8月24日《羊城晚报》,收入《无为集》"芸斋书简"题下。

5月16日 致万振环信,称赞《羊城晚报》校对质量,载《散文世界》1987年第6期,收入《无为集》"芸斋书简"题下。

5月21日 致何流信,谈到对抄袭自己小说者的态度,载《散文世界》1987年第6期,收入《无为集》"芸斋书简"题下。

5月23日 致吕剑信,赞赏其诗作,载8月24日《羊城晚报》,收入《无为集》"芸斋书简"题下。

5月24日　下午,作新诗《童年》,载《啄木鸟》第6期。

5月27日　作《鱼苇之事——芸斋小说》,载《人民文学》第7期,收入《无为集》。

6月5日　致郭志刚信,谈对其在《文学评论丛刊》第25辑发表论文的印象,载8月24日《羊城晚报》,收入《无为集》"芸斋书简"题下。同日,致谢大光信,认为给江虹的诗写得不好,需要加工。

6月17日　致姜德明信,感谢其寄赠的两种字帖,认为读字帖"实为安心定性之要道",载《散文世界》1987年第6期,收入《无为集》"芸斋书简"题下。

6月25日　下午,作《〈陋巷集〉后记》,载7月30日《人民日报》。

6月30日　致万振环信并附《芸斋短简》一束,供选用补白。

7月19日　下午,在1976年12月21日所作新诗基础上加写三十余行,题为《海边》。

本月　寄赠杨栋《老荒集》一册。

8月3日　致张志民信,谈自己的诗作,载《散文世界》1987年第6期,收入《无为集》"芸斋书简"题下。

8月12日　清晨,作《老家》,载8月31日《光明日报》,收入《无为集》。

8月14日　作《大根——乡里旧闻》,载9月25日《羊城晚报》,收入《无为集》。

8月15日 作《刁叔——乡里旧闻》,载10月11日《羊城晚报》,收入《无为集》。

8月18日 致万振环信并附稿件两篇。

8月23日 校《买〈章太炎遗书〉记》讫,载10月12日《光明日报》,收入《无为集》。

8月30日 下午,作《谈头条——芸斋琐谈》,载9月30日《人民日报》,收入《无为集》。

9月10日 剪贴近作,成《风烛庵文学杂记》,载11月13日《羊城晚报》,署名姜化,11月20日《天津日报》转载,收入《无为集》时改题为《风烛庵文学杂记三抄》。

9月13日 上午,韩映山与李克明来访,谈到最近出版的《老荒集》《陋巷集》的书名,对当下文学作品取一些香艳离奇的题目表示忧虑。

9月21日 致程林信,谈对自己近日发表小说的看法,载1987年11月25日《天津日报》,收入《无为集》"芸斋书简"题下。

9月25日 为《蓝盾》杂志编辑部赠送的《太平御览》包书衣并题记。第一册题:"余系穷学生出身,少年得书颇不易,在冷摊上,用几枚铜板,买两本旧杂志,犹视如珍宝。困乏之中,奋力自学,得稍有知识。今老矣,如此大部头书,竟能拥有两部,亦可稍慰早年清寒之苦矣。"第二册题:"编辑部'假公'以'济私'……较用名牌烟酒,文雅多矣。书籍成为一种物质,用来送人情拉关系,乃古时'书帕'之遗意,亦当时社会之新风也。"第三册题:"此书用如此佳纸,漆面烫金，国家经济好转之验也。惜装订不讲究……是对文化事业仍不够重视，各个环节，尚未全面规划改善也。"并注明："下午外有恶声，心意不舒。"

9月25日　为《太平御览》第一册、第二册、第三册包书衣并题记，收入《无为集》"书衣文录"题下。

9月28日　致韩映山信，谈及保姆玉珍的去留，并言："近来没有写东西，真恐怕要到此止步了。"

9月29日　晚上，为田晓明代购的《唐玄序集王羲之书金刚经》包书衣并作长篇题记，发现曾为姜德明书"如露亦如电"出处，"倍增欣喜"。又发现鲁迅先生亦曾为日本僧寮书此五字，认为："余与先生在文字上能有一点同见与同好，实出偶然。然私心亦不免有所惊异矣。"是日"看小孩，颇疲乏，字写不好，心情不佳"。收入《无为集》"书衣文录"题下。同日，在广播中听到中共中央关于精神文明建设决议，"心情激动，凝神谛听。过去从未如此关心政治，晚年多虑，心情复杂，非一言可尽，慨然良久"。

9月30日　致万振环信并附《风烛庵文学杂记》稿，表示"不妥处可删节"。

10月2日　在9月30日致万振环信上补充："'代序'事，可以。""代序"指1985年10月23日发表于《人民日报》的《致万振环》，应万要求，作为其长篇小说《喋血东江》代序。同日，致姜德明信，谈对其《书味集》和所编《书讯》印象。

10月14日　致卫建民信，感谢其爱人寄赠的玉米面、核桃仁，对

《光明日报》发表《散文的虚与实》时删去副标题"致张秋实、卫建民"表示遗憾，载《新文学史料》2014年第2期。

10月16日 上午，《红旗》杂志编辑雷声宏来访并约稿。郑法清后至。谈《红旗》杂志1986年第8期发表陈涌《文艺学方法问题》及引起的争论，认为陈涌的文章是坚持马列主义的。同时称赞雷评论康濯歌颂周总理小说《家书抵万金》的文章《盛德在民长不没，丰功垂世久弥恢》，认为"周总理的事迹永远也歌颂不完"，又表示对文艺界的各种矛盾都不愿介入，也不去打听。

10月17日 下午，作《木棍儿》。同日，致宫玺信，感谢其寄赠《冰心文集》第四卷。

10月18日 作《木棍儿》附记，连同正文载11月30日《光明日报》，收入《无为集》。

10月20日 修改《谈杂文》讫，载11月20日《羊城晚报》，收入《无为集》。

10月21日 致万振环信并稿件。

11月3日 致延安文艺学会信，告知因病不能出席大会，向大会表示祝贺。

11月13日 致侯军信，载11月28日《天津日报》，题为《关于报告文学的通信》。

11月20日 剪贴近作，成《风烛庵文学杂记续抄》，载12月22日《羊城晚报》，收入《无为集》。

11月22日 作《读〈吕氏春秋〉》，载12月13日《人民日报·海外版》，收入《无为集》。

11月23日 致宫玺信，感谢其寄赠诗集。

11月24日 节录《燕丹子》文字，书为条幅，于1987年3月18日寄赠郭志刚。

11月28日 致季涤尘信，答应《陌巷集》之后如能成书，当交由人民文学出版社出版。针对季涤尘提出编辑《人生的太阳——作家艺术家致青少年》约稿一事，表示由于"很少接近青少年，对他们的思想感情不了解，文章写不成了"。请季涤尘代购《儿女英雄传》。同日，致万振环信并《风烛庵文学杂记续抄》稿，表示"不妥之处，可以删节"。同时为其题写《喋血东江》书名。

11月29日 作《读〈燕丹子〉——兼论小说与传记文学之异同》，载1987年1月10日《人民日报·海外版》，收入《无为集》。

本月 题赠侯军《老荒集》一册。

12月6日 致郑云云信，谈对其散文的印象，载1987年4月2日《人民日报》，收入《无为集》"芸斋书简"题下。

12月9日 致韩映山信，告知用"姜化"笔名写了文章，近日在读《吕氏春秋》等，载1991年11月23日《今晚报》，收入《曲终集》"芸斋短简"题下。

12月11日 下午，作《一个朋友——芸斋小说》，载1987年1月8日《羊城晚报》，署名孙芸夫，收入《无为集》。

12月12日 致万振环信并附《一个朋友》，告知收到赠报费，表示不需要录音带和录像带。

12 月 17 日　致《羊城晚报》总编辑关国栋信,告知因年老多病,不能参加报社组织的笔会活动, 载 1987 年 11 月 25 日《天津日报》,收入《无为集》"芸斋书简"题下。

12 月 20 日　作《买〈世说新语〉记》,载 1987 年 1 月 25 日《光明日报》,收入《无为集》。

12 月 23 日　致万振环信,告知因身体原因不能参加《羊城晚报》组织的笔会。

本月某个周末　谢大光来访。兴高采烈告诉谢大光,为他的"读书记"找了个"地盘"——《人民日报·海外版》。说,一是字大、好看,二是校对认真。以前给《光明日报》发,都要大样寄他自己校对。又说,这几天连写了三篇读书记。又说起在《羊城晚报》发的谈杂文文章,拿出报纸让谢大光看,并说:"关国栋来信,邀请去广州开杂文会,名单列榜首。他哪里知道,我是什么地方也不去的。我现在除了看书、写作,对任何事也没有一点兴趣。"谢大光说:"您写了这么多,对这个大杂院的人事是非,可从未涉及过。"笑着回答说:"邻居是不能得罪的!"

是年　作新诗《天使》。

是年　刘梦岚受袁鹰委派赴津邀请出任《散文世界》顾问,婉言谢绝。应邀为《散文世界》题写"美即质朴,别无所求"八个字。

是年　以"姜化"笔名,在《羊城晚报》上发表数篇杂文,对风派和全盘西化的观点进行揭露和抨击。有人问何以这样署名,答:"我一是不想得罪人,二是来点幽默,和他们开个不大不小的玩笑:他们思想新,我的思想守旧,姜化者,僵化也……"

是年　为康濯夫人王勉思及女儿陶亮书录李贺诗句:"日夕著书罢,惊霜落素丝。镜中聊自笑,讵是南山期。"

孙犁年表

1987 年 ｜ 七十四岁

1月1日　患腹泻,持续半月之久,元气大伤。

1月3日　为刘宗武赠送的《知堂书话》包书衣并题记,认为知堂(周作人)晚年"所写读书记,无感情,无冷暖,无是非,无批评","实际是一种颓废现象,不足为读书之法也",收入《无为集》"书衣文录"题下。

1月5日　致李屏锦信,告知收到来信及年历。寄去两幅李屏锦代求的毛笔字,表示手下无好墨,不题上款,以免洇湿。

1月7日　作《告别——新年试笔》讫,包括《书籍》《字画》《瓶罐》《字帖》《印章》《镇纸》,载1月26日《羊城晚报》,收入《无为集》。

1月10日　作《买〈流沙坠简〉记》讫,载2月17日《人民日报·海外版》,收入《无为集》。

1月12日　致万振环信并《告别——新年试笔》,提到去年在《羊城晚报》发稿十二篇。

1月20日　致韩映山信,谈及"从本月二日起,连续腹泻",导致身体虚弱,"有几天很不带劲,颇念及后事。幸医药及时,现已停止","但要好好休息一下,文章也不能写了"。

1月21日　致杨栋信,告知收到来信及所寄物品。谈及自己患腹泻情况,需要静养。另请其转告沁源县委一通讯员,寄来稿子已看过,希望多写,对因身体不好未能回信表示歉意。

2月6日　致万振环信,对其在投稿过程中的热情关注表示感谢,谈及自己身体状况。为季涤尘托人带来之《儿女英雄传》(上)包书衣并题记。

2月7日　为《儿女英雄传》(下)包书衣并题记:"此说部,余向无收藏,不知何故。近忽从文章注释中知有此本,函件往来,又被捎书人拖延一月始收到。昨晚本来很疲劳,仍于灯下修整包装之。"发表时则改为"文人著书写小说,亦多在'无聊之时'。曹雪芹、蒲松龄、文康,皆如是也。曹(雪芹)与文(康),身世略同,而其作品风格,相差甚远。此非经历之分,而是思想见识之异"。收入《无为集》"书衣文录"题下。

2月13日　致冯界信,谈及:"文坛回忆文字,多有妨碍,故很少为之。只是写些个人的回忆及感想。"同日,致周尊攘信,谈身体状况,婉谢去深圳的邀请。两信载11月25日《天津日报》,收入《无为集》"芸斋书简"题下。

2月16日　致韩映山信,对其近作给予较高评价。谈及身体状况,说明前一阶段腹泻实系食物中毒,表示饮食要特别注意。信末表示"春天也想出去走走"。载《小说》1996年第1期。

2月20日　作《买〈宦海指南〉记》讫,载3月18日《人民日报·海外版》,收入《无为集》。

2月26日　作《读〈棠阴比事〉》讫,载4月2日《人民日报·海外版》,收入《无为集》。同日,致季涤尘信,告知收到托谢大光带来的《孙犁散文选》并表示感谢。致刘梦岚信并信稿两件。

本月　为《观沧阁藏魏齐造像记》包书衣并题记,引造像记内容后说:"当时造像,都要先为当今皇帝、当地长官祝福。""除三界外,如三途、八难、四生(他记中尚有'永出六尘'字样),余皆不明其具体内容。"收入《无为集》"书衣文录"题下。

3月6日 致季涤尘信,告知收到回振秀转来的《儿女英雄传》赠书并致感谢,谈到由于身体虚弱,很多日子没有写文章。

3月18日 致郭志刚信并附书作一件。

3月19日 下午三时至晚八时,为《元和郡县图志》包书衣并题记:"近日颇想读这类书,因其既有读书之趣而又不致心劳也。"

3月23日 致张金池信,介绍刘宗武洽谈复制稿件。

本月 在《洛阳伽蓝记校释》书衣上题记,引该书"慕势诸郎"一词中语,感慨:"这比'人一走茶就凉',厉害多了。无怪人都愿去上任,不愿退休。"收入《无为集》"书衣文录"题下。

4月5日 作《鸡叫》,载5月3日《光明日报》,收入《无为集》。

4月7日 作《杨墨——芸斋小说》讫,载6月18日《羊城晚报》,署名孙芸夫,收入《无为集》。

4月9日 作《杨墨续篇——芸斋小说》讫,载6月20日《羊城晚报》,署名孙芸夫,收入《无为集》。

4月15日 作《冯前——芸斋小说》讫,载11月8日《人民日报》,署名孙芸夫,收入《无为集》。

4月20日 致姜德明信,感谢其寄赠书目,谈身体及写作、阅读情况。同日,致季涤尘信,告知近日患腹泻及阅读《儿女英雄传》情况。两信载7月6日《天津日报》,收入《无为集》"芸斋书简"题下。

本月　作《风烛庵文学杂记》，载6月8日《羊城晚报》，署名姜化，收入《无为集》。

本月　在《挥麈录》书衣上题记，言该书"王俊首岳候状"一条"全用口语，叙述描绘，与宋人话本同。互相对证，确系当时市井语言也。此种语法，有很多延续于明人小说之中，至清而一变"，收入《无为集》"书衣文录"题下。

本月　作《书衣文录撷遗》前记，言："已数次辑印书衣文字矣。尚有遗漏及当时顾虑未发表者，再抄存之。新作数则亦附。"收入《如云集》"书衣文录——附撷遗"题下。

本月　散文随笔集《陋巷集》由百花文艺出版社出版。收入《〈善闇室纪年〉摘抄》《病期经历》《昆虫的故事》《鞋的故事》《悼念田间》《关于丁玲》《谈笔记小说》《谈读书记》《〈金瓶梅〉杂说》《散文的感发与含蓄》《〈书衣文录〉拾补》等四十九篇，后记一篇。另将《孙犁致康濯信》作为附录。

5月1日　作《读〈李卫公会昌一品集〉》讫，载6月7日《人民日报·海外版》，收入《无为集》。同日，致李屏锦信并附小幅书作两件。

5月13日　作《耕堂函稿——致田间〈附记〉》，载1988年4月11日《天津日报》。

5月15日　下午至晚上，作《无花果——芸斋小说》。

5月16日　清晨，修改《无花果》，为"芸斋小说"之一，载11月8日《人民日报》，署名孙芸夫，收入《无为集》。

5月17日　上午，致刘梦岚信并请其转《人民日报》副刊部创作版小说稿。下午,再致刘梦岚信并稿。同日,收到杨栋寄来的作品剪报,为其题写《文学杂记》中的一段:"如果文途也像宦途(实际上,现在文途宦途已经很难分),急功近利,邀誉躁进,总是没有好结果的。应该安分守己,循序渐进。不图大富大贵,安于温饱小康。文艺工作,也应该是行伍出身,'一刀一枪'地'练武艺','挣功名'。孙犁,一九八七年五月十一日浏览杨栋同志所作题。"

5月18日 致万振环信并附稿件。

5月25日 复杨栋信,说明:"那段话,引自我所作《文学杂记》,非指你的作品。"认为杨的写作"还是按部就班,行伍行进的"。

5月27日 致万振环信并附《杨墨》《杨墨续篇》复制稿各一篇。

6月4日 致段华信,谈及:"前后来信,及寄来的莲子均收到,甚为感谢。莲子,从上次谈过,后来就没吃,还存着很多,以后不必寄了。""你的文章看过了,故事还可以,只是陈旧一些,里面有些字恐不妥,我没有划出,请你修改时,再斟酌。""我的身体,还是很虚弱,前几天又感冒一次,抵抗力差了。"载《散文》1988年第10期,收入《如云集》"芸斋短简"题下。

6月6日 致李淑娟信,谈对其散文的印象,"再把文章写得简练一些,含义深一些,留些回味余地",载7月6日《天津日报》,收入《无为集》"芸斋书简"题下。

6月6日 致万振环信,谈对其所写《孙犁剪影》的印象,认为:"以文章而论,究以简练为好。"谈及自己身体近况。

6月7日 致张金池信,托其为《光明日报》潘仁山找三篇稿件。

6月10日　下午,作《颐和园——芸斋小说》讫,载《人民文学》第8期,署名孙芸夫,收入《无为集》。

6月14日　致韩映山信,告知身体状况,谈及:"四、五月份写了五篇《芸斋小说》,将陆续在'羊城'、《人民日报》及《人民文学》发表。"

6月15日　盛英来访,赠司马长风著《中国新文学史》一册。

6月16日　作《宴会——芸斋小说》讫,载7月28日《羊城晚报》,收入《无为集》。

6月19日　致罗维扬信,认为其文章"写得很好,很赞成你的见解",载《作家》1994年第11期。

6月23日　致张学新信,对其夫人孟淑香去世表示哀悼。

6月26日　致万振环信并《宴会——芸斋小说》,提到《小说月报》要求转载《杨墨》及续篇,因不宜在天津发表而未同意。

6月27日　诗人张志民、傅雅雯夫妇专程从北京来家中拜访。谈萧克将军所写小说的修改及处理意见。同日,致韩映山信,告知"今年共写《芸斋小说》七篇,都已投往外地,因内容多联系真人,不宜在天津发表。"信末特意提及:"天热了,院里又乱了,近期恐难再写什么了。"

6月30日　为《钟嵘　司空诗品》重新包书衣,"为便于握持也"。

本月　为杨栋题字发表于天津日报社主办的《文艺》1987年第3期,题为《题赠一青年作者》。

7月3日　致姜德明信,收到其寄赠的《相思一片》,认为:"如果把文化人与其他人分开编，则更为各得其所。"

7月12日　致万振环信，谈到当年共写《芸斋小说》七篇，在《羊城晚报》发表四篇，其余投寄北京报刊。

7月15日　下午，作《蚕桑之事——芸斋小说》讫，收入《无为集》。

7月22日　日本友人秋吉久纪夫来访。同日，致姜德明信，告知"芸斋小说"篇数，对其《相思一片》表示赞赏，主张："这种文字，最好多写人不经心的小事，避去人所共知的大事。"载11月27日《天津日报》，收入《无为集》"芸斋书简"题下。

7月27日　致范政浩信，谢绝为文学大系写导言的邀请，载11月25日《天津日报》，收入《无为集》"芸斋书简"题下。

本月　谢大光、李华敏来访。李华敏当面问："从文章里看得出，您虽然不想当官，更不愿让人看不起，受轻视。是这样的吗？"回答说："我不是不想当，而是当不了。试过几次，都不行，抗战后，冀中区党委书记林铁让我当秘书，熟悉的人都说我干不了，推了。1949年到报社，总编王亢之调到市里，让我跟他到市委宣传部，我没有去。后任总编①原来对我不怎么样，和王有矛盾。王一走，我以为要赶我走，结果却请我吃饭，又吃了冰糕，吃拉稀了。一定挽留我。也是弃之可惜、食之无味吧。"李华敏接着说："您适合干出版社，不适合搞新闻。"回答说："从苏联访问回来，冯雪峰对我挺看重，要调我去人民文学出版社，市委也同意了，我自由主义惯了，不想

_____

① 指邵红叶。

去,后来有些后悔。和冯夏熊谈起过这一段。冯说:'亏了没去,和我爸爸在一起,你更吃苦头了。'"又谈到书报文章出错误现象:"《文艺报》上冀汸的文章,说《马氏文通》是宋人著作。这样的笑话我也闹过,章太炎,章炳麟的字,本名没搞清。还有叶德辉。手头备个词典,要随时查。"

8月1日　致姜德明信,感谢寄赠剪报,介绍养蝈蝈的经验,载11月27日《天津日报》,收入《无为集》"芸斋书简"题下。

8月6日　万振环来访,说明不同意由《小说月报》转载"芸斋小说"《杨墨》《杨墨续篇》的原因,赠其《孙犁文论集》《书林秋草》各一册。

8月7日　作《我的农桑畜牧花卉书》讫,包括《齐民要术》《农书》《农桑辑要》《蚕桑萃编》《农政全书》,于8月17日、19日、21日分三次载《天津日报》,收入《无为集》。

8月8日　万振环由谢大光陪同前来告别并合影留念。

8月10日　致姜德明信,告知近日写作情况。

8月14日　为《雷塘庵弟子记》包书衣并题记。

8月20日　致姜德明信,告知收到其赠书,谈及有关自己在"七·七"时的情形,已如实写在《风云初记》的第一章。

8月25日　致万振环信,告知收到来信及照片,认为照片很自然"是很不容易的,证明我那天情绪很好"。

8月26日　作《读〈求阙斋弟子记〉》(一),载9月21日《天津日报》,收入《无为集》。

9月2日　作《读〈求阙斋弟子记〉》(二)讫,载9月23日《天津日报》,收入《无为集》。

9月8日　作《读〈求阙斋弟子记〉》(三)讫,载9月25日《天津日报》,收入《无为集》。

9月14日　收到韩映山12日来信,复信对其关照外孙赵宏一事表示感谢,谈及:"近来不想写东西,只为《天津日报》写点读书记。我感觉,文艺一事,目前的确到了'无可为',以及'不可为'的情景。"同日,致刘梦岚信,问询5月所寄三篇稿件(其中《芸斋小说》两篇,给田间信八封)处理情况。

9月15日　作《我的金石美术图画书》讫。

9月17日　作《我的金石美术图画书》附记,连同正文载10月13日《羊城晚报》,收入《无为集》。

9月22日　致万振环信并附《我的金石美术图画书》。同日,致季涤尘信,告知《无为集》的书稿已基本编排完毕,表示因为精力差,编得很不细致,也未加严格挑选,载11月30日《天津日报》。

10月5日　作《老焕叔——乡里旧闻》。

10月6日　作《老焕叔——乡里旧闻》附记,连同正文载11月14日《羊城晚报》,收入《无为集》。

10月7日　致万振环信并附《老焕叔——乡里旧闻》稿。

10月10日　致季涤尘信,告知收到10月6日来信,谈《无为集》的编排,表示还可能补充一些稿件,并表明:"对于我,书的大小、厚薄,都是无关紧要的。"载11月30日《天津日报》。

10月12日 致陈静信,谈对其作品观感,建议"可以写得更自然一些,更通俗易懂一些",载11月30日《天津日报》,收入《无为集》"芸斋书简"题下。

10月18日 为刘宗武购赠、傅正谷转交之《养生随笔》做清洁、包书衣并题记:"此小书,余曾托人,买不到,故见之甚以为快也。"

10月19日 致姜德明信,谈到搬家的打算,告知已将《无为集》书稿寄给季涤尘,载11月27日《天津日报》,收入《无为集》"芸斋书简"题下。下午,作《黄叶》,怀念李麦,载10月26日《天津日报》,收入《无为集》。

10月21日 致季涤尘信并附补充《老焕叔》《无花果》《冯前》等稿,谈《无为集》的编排及收录篇目。

10月26日 为《三余札记》包书衣并题:"大女儿归宁,谈及搬家后与何人住一起事,无结果。""大院又有变动,而西有恶邻,亟欲搬家,一时又做不到。老年搬家,并非佳事,弄不好,会促进死亡。但势必有此一着,当冷静淡然处之。""近社会处于无政府状态,一些小人钻空子,以谋私利,人心向恶,不可挽救,实可叹也。"同日,在《西藏纪游》书衣上题记:"寻觅他书,发现此书,毫无印象,如同新得,亦奇事也。""近来关于西藏之话题颇多,想读一下,增加一些知识。"两书部分题记收入《如云集》"书衣文录——附撷遗"题下。

10月27日 致姜德明信,感谢寄赠《燕城杂记》,认为编排有些"乱",应按文章的性质分类编排出书。同日,致万振环信,认为万发表于安徽《文化周报》的《难忘的拜会》一文"写得很热情","只是把我说得过好了些"。

10月30日　致卫建民信,感谢寄赠玉米面,告知《无为集》书稿已交人民文学出版社。

11月5日　下午,作《悼曾秀苍》,载11月11日《天津日报》,收入《无为集》。

11月9日　在《王子安集》书衣上题记:"近日颇思读些诗文。""先从初唐读起。""近大院改为报社发行处,人来人往,多年轻人,且有大汽车三乘,出入不已。院中环境颇受污染,此地实已不堪再住。然一提搬家则心情烦乱,不能安宁。因翻检初唐人文集,以为消遣。"

11月12日　致姜德明信,谈到写"芸斋小说"的顾虑及所处环境的嘈杂,载11月27日《天津日报》,收入《无为集》"芸斋书简"题下。

11月13日　致侯军信,同意其从报人角度研究孙犁的打算,收入《无为集》"芸斋书简"题下。

11月14日　致《光明日报》单三娅信,谈最近投寄的两篇"芸斋小说",其中事情、人物、情感,都是真实的,无所夸张,也无所掩饰,载1988年2月24日《天津日报》。

11月20日　下午,作《小同窗》,载1988年1月3日《光明日报》,收入《无为集》。

11月21日　致季涤尘信,寄去待补入《无为集》中的文章剪报,表示："您在编审过程中，可严格选择一下，宁缺毋滥。无内容之书信，可酌量删除，另有不合时宜的文章、段、句，可删者，亦望不要客气。"载 1988 年 2 月 24 日《天津日报》。

11 月 24 日　《买〈汉魏六朝名家集〉记》(上)，载 12 月 11 日《天津日报》，收入《无为集》时，"上"改为"之一"。

11 月 28 日　《买〈汉魏六朝名家集〉记》(中)，载 12 月 14 日《天津日报》，收入《无为集》时，"中"改为"之二"。

11 月 29 日　致卫建民信，谈对其文章印象和"李又然现象"，载 1988 年 3 月 18 日《天津日报》，收入《如云集》"芸斋短简"题下。

12 月 3 日　作《买〈汉魏六朝名家集〉记》(下)，载 12 月 18 日、21 日《天津日报》，收入《无为集》时，"下"改为"之三"。

12 月 5 日　致季涤尘信，考虑到季涤尘身体不好，欲索回《无为集》稿件，以后有机会再合作，载 1988 年 2 月 24 日《天津日报》。

12 月 10 日　在金梅代购之《文献通考》书衣上题记，提及堂侄孙景西来家中，因其子结婚请求经济支持，予一千元。又记述老家婚俗及××二妹出走事。载 2004 年 1 月 6 日《天津日报》，收入《全集》第 10 卷"书衣文录"题下。

12 月 18 日　在《左文襄公家书》书衣上题记："'文革'前一年，上海古籍书店来津展销，我为该店老主顾，蒙邀参观后购此书，当时无人问津也。"

12 月 19 日　致杨坚信，感谢其赠书，称赞其译文"畅达秀美，尤为难得"，认为《船山全书出版说明》拟得很好，载 1988 年 3 月 18

日《天津日报》，收入《如云集》"芸斋短简"题下。

12月21日 致韩映山信，认为其所写"(孙犁)印象记"很好。谈及："入冬以来，我住的大院改为报纸发行处(自办发行)，环境大乱，心神不安，没有写什么东西。"感叹："出书难，一下看来解决不了，并且越来越不好办。"载《小说》1996年第1期。同日，致万振环信，说明因环境太乱，没有写什么。

12月26日 致吕剑信，告知与其相识一事已收入散文集。

12月30日 致季涤尘信，表示索回书稿一事为自己多虑，仍愿意交由季涤尘编选、人民文学出版社出版。随信附读书记、短简各一组，载1988年2月24日《天津日报》。

是年 发表《书衣文录》十九则，载同年7月27日、28日《人民日报·海外版》，收入《无为集》时增加《太平御览》《唐玄序集王羲之书金刚经》两则。

是年夏 为卫建民写字一幅，内容为："文章如精金美玉。"

是年冬 《新民晚报》编辑严建平在《今晚报》记者赵金铭陪同下来访。

1988年│七十五岁

此前某年 5 月 17 日　致李永生信,认为其文章开辟了一条新路,发表了许多过去评论中没有谈到的意见,建议在文字方面,再求流畅和民族化一些。

1 月 6 日　致钱丹辉信,认为其文章写得很好,希望多写,"藉存史实",载《延安文艺研究》第 2 期。同日,致姜德明信,告知收到赠书。

1 月 12 日　作《〈无为集〉后记》,载 2 月 25 日《人民日报》。

2 月 6 日　致姜德明信,谈到准备搬家,苦不堪言,告知《无为集》终于编完,载 1989 年 5 月 21 日《文汇报》,收入《如云集》"芸斋短简"题下。

2 月 9 日　下午,谢大光来,转交万振环的信件及礼物。同日,致万振环信,感谢其子志新的来信及赠送的礼物(一只沙田柚),告知即将迁往新居。

2 月 10 日　致姜德明信,谈到《陌巷集》之后的文章已被季涤尘约去,能否结集,尚在未卜之中。

2 月 16 日(除夕)　傍晚,大港油田青年作者孙柏昌来访,留下散文和小说各一篇求教。

2 月 21 日　作百花文艺出版社建社三十周年贺词,收入百花文艺出版社 1988 年版《我与百花》。

2 月 22 日　致内蒙古赤峰市中学生高寒青信,称赞其文字通顺、鲜明，能很好地表达情意，认为："只有严肃纯朴地对待生活，才能严肃纯朴地对待文学艺术。"载《文艺》第 2 期，题为《复一位中学生的信》。

2 月 26 日　致韩映山信，告知身体状况好于去年，"只是很久没有写作"，正准备搬家，收拾书籍、杂物。

2 月 28 日　致张志民信，谈对其诗作的印象，告知正准备搬家，整理书籍杂物，写不成文章了，载 1989 年 5 月 21 日《文汇报》，收入《如云集》"芸斋短简"题下。

2 月 29 日　致姜德明信，感谢其春节前赠书，谈及《寒云日记》和《西山日记》，载 1989 年 8 月 3 日《文汇报》，收入《如云集》"芸斋短简"题下。同日，致季涤尘信，并附《无为集·后记》剪报、小传及近照。

3 月 4 日　致邓基平（自牧）信，对其赠送纸张表示感谢，认为："只有爱书的人，才能认真读书，中外是没有例外的。"

3 月 11 日　谢大光来访，正在整理书籍准备搬家。旧书装纸箱，已装了八箱，新书装了五大木箱，还没完。聊及早年在北京求职时的情况说："年幼时体弱多病，农活干不了。父亲从商，伤了心，不愿儿子再从商。供上大学又不可能，只求一个安定的饭碗。高中毕业后，到了北京，原想卖稿为生，写了很多，投出去无消息，少数发表，稿费也很少，最多的一次三块钱，有的（如开明书店）只给几块钱购书券，实在太抠。什么都写，影、剧评，明星演员介绍，杂文、小说，大都未能留下来。记得沈从文编《大公报·副刊》，投稿寄去未用,退回的稿子上,有亲手改过的痕迹,很感动。无法谋生,父亲托人活动,在市政府某科任书记员,抄写文书。每月二十大洋,后来靠山调任,一朝天子一朝臣,遂被解聘,又活动到某中学任庶务,比看门的略高一些,每月十八元,实在不想干,这才由同乡荐至同口镇教中学。那时对老师重视,心里很舒畅,受到尊重。""在京期间,父亲来信让考邮电局的捡信员,英语口试未过关,淘汰。"父亲和故乡邮局局长熟悉,从小希望他好好学英语,将来入邮局,铁饭碗。"上学时英语水平可以,但口语不行,考试人又多,还有刚毕业的大学生等。其实就是一个捡信员的位置,英文也用不上几次的。""北京终究是政治文化中心,流落求生的学生很多,大都带着一个梦,其实求职真不易。见识多了,看了不少书,特别是理论上的,鲁迅、普列汉诺夫。作品发表不了,不怨别人,是水平不行,达不到要求。真正的好作品是不会被淹没的。写作的契机是抗战,各方面需要人,队伍中有个高中文化,能讲出几个理论词儿和人名,就认为是了不起。有机会发挥了作用,才放开胆去写,去做。"

3月14日　致孙柏昌信,谈对其散文和小说的印象,建议今后再写得自然一些,因为"在文字上,过于雕琢,有伤自然"。载《散文世界》第10期,收入《如云集》"芸斋短简"题下。

3月16日　致刘梦岚信并附修改稿,告知近日发病且较重。

3月28日　致李华敏信,告知经查字典,"泼刺"应为"泼剌"。

4月19日　致姜德明信,将自己当年所买古籍与中国书店书目对照,"深感我的书库,一下变为了金库"。

4月22日　致刘梦岚信,告知身体基本恢复,提到"那篇稿子……如果能起到一些积极的作用,应归功于你"。

4月23日　致卫建民信,谈到因新居尚未通电,只能在老地方等着,什么也干不成了,载《散文世界》第10期,收入《如云集》"芸斋短简"题下。

5月2日　晚上,作《菜花》讫,载6月5日《光明日报》,收入《如云集》。

5月9日　作小说《罗汉松——芸斋小说》讫,载8月7日《人民日报》,署名孙芸夫,收入《如云集》。

5月31日　致季涤尘信,建议《无为集》短简日期所用字体统一,表示因精力差,不看校样了。

6月7日　致刘梦岚信,祝贺《人民日报》及副刊四十周年,载6月17日《人民日报》,题为《文友之间》,收入《如云集》"芸斋短简"题下时改题为《致刘梦岚》。

6月12日　凌晨,作《转移》,载7月17日《光明日报》,收入《如云集》。

6月16日　致北京读者杨天放信,感谢其对自己作品的关注,载《散文世界》第10期,收入《如云集》"芸斋短简"题下。

6月20日　致戈焰信,谈对其五篇作品印象。下午,为傅正谷之子送来的傅正谷赠《郁离子评注》包书衣并题记,收入《如云集》"书衣文录——附摭遗"题下。

本月　作《读〈旧唐书〉记》,包括《〈旧唐书〉》《魏徵》《郭子仪》《卢杞》《王叔文》《初唐四杰》《陈子昂、宋之问》《韩愈》《刘禹锡》《元稹、白居易》，分九节先后载6月22日、6月27日、6月29日、7月1日、7月4日、7月8日、7月11日、7月13日、7月18日《天津日报》，收入《如云集》。

7月4日　致郭志刚信，希望其把《孙犁传》写出来。同日，致山东作者常跃强信，谈对其小说印象。两信载《散文世界》第10期，收入《如云集》"芸斋短简"题下。

7月10日　致姜德明信，告知近日发表作品情况。

7月13日　作《续弦》，载11月6日《人民日报·海外版》，署名孙芸夫，收入《如云集》"芸斋小说"题下。

7月16日　致季涤尘信，题写《无为集》书名，请转交给图书装帧设计者柳成荫。载《散文世界》第10期，收入《如云集》"芸斋短简"题下。

7月17日　作《石榴》，载11月5日《文汇报·笔会》，署名孙芸夫，收入《如云集》"芸斋小说"题下。

7月19日　致单三娅信，提及寄赠《陌巷集》被退回事。载《散文世界》第10期，收入《如云集》"芸斋短简"题下。

7月22日　因旧居漏雨，将书籍运到南开区学湖里新居。

7月23日　郭志刚前来拜访，给郭志刚的印象是"看上去较前瘦了，但精神不减，谈锋亦健"。两人交谈多为写"传"之事，鼓励郭志刚快写出，不要拖。认为熟人不一定就能写好，即儿女有些事也不了解，或不理解。要紧的还是学识、见识、文字等。认为"传"虽注重真实,但要讲没有想象、加工也很难说。关键还是看法、见识,举司马迁写《史记》的例子以及刚刚在《天津日报》发表的《耕堂读书记》中关于《旧唐书》的例子作说明,并读了上面的几句,声音很洪亮。十时许,用早餐,向郭夸自己的饭量,并说正预备搬家,书籍都是自己整理,装了二十来个纸箱。

7月25日 致万振环信,告知搬家事。

7月26日 致保定刘文霄信,谈所了解其父情况,认为刘可以写好其父传记,载1989年5月21日《文汇报》,收入《如云集》"芸斋短简"题下。

7月30日 致李之琏信,告知因搬家,心静不下来,因此没有看其寄来的文章,载1989年5月21日《文汇报》,收入《如云集》"芸斋短简"题下。

8月1日 致康濯信,告知近况,收入《曲终集》"芸斋短简"题下。

8月3日 致《随笔》负责人黄伟经信,告知因搬家没有稿子提供,认为《随笔》编得很好,自己每期都看,载1989年5月21日《文汇报》。同日,修改《我的位置和价值》讫,载《随笔》1989年第1期,署名时限,收入《如云集》。

8月4日 致潘之汀信,答复其7月29日信中的要求,载1992年1月1日《天津日报》,收入《曲终集》"芸斋短简"题下。同日,致魏巍信,感谢其寄赠一部大书,载1990年12月27日《文学报》,收入《曲终集》"芸斋短简"题下。

8月10日 由鞍山道天津日报宿舍搬迁至天津市南开区鞍山西

道学湖里 16 号楼 2 门 301 室。

8 月 13 日　外孙赵宏自石家庄来帮助整理搬家后物品。

8 月 16 日　致韩映山信,告知收到 6 日来信,因身体原因不能参加南开大学中文系孙犁作品研讨会,对此表示歉意。

8 月 21 日　为缺少塑料封套的笔记本包封皮,题记:"一九八八年八月十三日,石家庄大外甥①来帮我整顿搬家后的东西,我给他一些笔记本,他只要外面的套子,不要芯子。现在年轻人不缺纸用。余收用之。八月廿一日晨装并记。"

8 月 26 日　致姜德明信,告知已搬至新居,谈到白洋淀来水,载 1989 年 8 月 3 日《文汇报》,收入《如云集》"芸斋短简"题下。同日,致邓基平信,告知搬家后近况,载 1990 年 12 月 27 日《文学报》,收入《曲终集》"芸斋短简"题下。

9 月 6 日　为邓基平寄赠的《龚自珍年谱》包书衣并题记。

9 月 14 日　致刘梦岚信,告知因搬家劳累及不适应新环境,接连闹病,不能写文章。

9 月 22 日　致邹明信。

本月　序跋集《耕堂序跋》由湖南人民出版社以"骆驼丛书"之一出版,收入序跋七十二篇,以《序的教训》为代序,谢大光作《编后记》。

10 月 6 日　傅正谷来访,谈到所作《孙犁与弗洛伊德》一文题目

---

①　即外孙赵宏。

时,哈哈大笑并对傅正谷说:"写文章就是要钻空子。"

10 月 14 日 上午，天津市在南开大学召开孙犁创作学术讨论会。会后韩映山、马越等人来新居看望，邀请重访白洋淀。晚上，郭志刚由刘宗武陪同至新居拜访、合影。主动提出 17 日上、下午与郭各谈一个半小时。

10 月 17 日 上午，与郭志刚谈话，天津日报《文艺》双月刊田晓明负责记录。下午三时半再谈，较上午系统，近五时结束。拿出两本相册，让郭志刚选照片，准备用于《孙犁传》。此次谈话由田晓明整理后，以《孙犁和郭志刚的一次谈话》为题，载《文艺》双月刊第 6 期，12 月 16 日《天津日报》摘发，收入《如云集》时，改题为《和郭志刚的一次谈话》。

10 月某日 孙犁创作学术研讨会后，谢大光来访，尚未落座，便向谢大光问起会议情况，并说:"听说你在会上发表了新论。"谢大光说其实在会上本不愿发言，因为听到太多的重复，才谈了一些自己的看法，认为孙犁所取得的文学成就，除了其他因素，还和一生中两场大病分不开。一是幼年患惊风，养成敏感、内敛、爱独处、怵交际的习性，加上喜欢读书，联想丰富，逐渐形成日后的艺术气质;二是 1956 年写《铁木前传》时，严重神经衰弱，导致匆匆搁笔，这一次患病使孙犁躲过了政治风浪，有从容读书、思考的机会。没有这两场病，就没有今天的孙犁。听谢大光复述完毕，点点头，说:"是这样的。"

10 月 31 日 傅正谷来访，送来新完成的《孙犁的梦》一文，读后说:"写得好,我爱看。"

11月1日　致李屏锦信,告知收到来信及赠书,拒绝题字要求,表示:"因我不愿多做这种事。"同日,致邓基平信,对其赠书表示感谢,告知正阅读《龚自珍年谱》。

11月8日　致刘梦岚信,告知身体基本复原,但"自三月以来,只字未写",对邹明患病感到不安。

11月9日　致卫建民信,谈近日饮食及搬家后的状况。

11月18日　致卫建民信,感谢荆扉寄赠物品,谈饮食生活情况。与11月19日信同载《新文学史料》2014年第2期。

11月24日　致季涤尘信,谈及即将出版的《无为集》,书稿请其酌情处理,同意其拟选的作品,出书后自购五十册。同日,致万振环信,告知收到证书和奖金,表示搬家后诸多不顺,身体也不好,没有写什么东西。

11月26日　致韩映山信,表示对新居条件颇为满意,"就是不愿读书,更不想写作,完了"。

12月1日　为李屏锦寄赠的《智囊全集》包书衣并题记。同日,为郭志刚持赠之《中国大百科全书·中国文学·I》包书衣并题记,载2004年1月6日《天津日报》。

12月14日　致姜德明信,告知"芸斋小说"以后怕写不成了,自搬入新居,觉得生活不方便,已经四个多月没写东西。

12月18日　致傅瑛信,婉拒其老师的求字。同日,复杨栋信,祝贺其生子,提到新居条件很好,但不大习惯,询问杨在天津有无可靠朋友,想托其带东西给杨。

12 月 23 日 致季涤尘信,就《无为集》中两处文字修改做出答复,说明书稿中类似情况可由其直接改正。同日,致姜德明信,谈关于编辑《芸斋小说》事。

12 月 29 日 致万振环信,谈及搬家后感受。

本月 题赠宋曙光《耕堂序跋》一册。

是年春 作《谈镜花水月》,载 7 月 26 日《人民日报》,收入《芸斋小说》作为"代后记"。

是年夏 遵照孙犁意愿,许瑞生开始拍摄《荷花淀》。后得到三百元原作费。

是年秋 诗人柴德森前来拜访。

是年 为《雷塘庵弟子记》包书衣并题记,感慨处境之恶劣和对世风日下之忧虑,言:"今生不能为官,且看看达官贵人的经历,亦望梅止渴也。""为自由而奔波一生,及至晚年,困居杂院。社会日恶,人心日险,转移无地,亦堪自伤。""文途自如此,如当时转入宦途,情况将大不同矣。""病老心烦,环境恶劣。虽封窗闭户,心亦不安。居家遇此辈,反不如黑夜遇强梁矣。""官家处处走过场,坏人处处钻空子。钻大空子发大财,钻小空子得小利,尚可谈人心向善乎?"

1989 年 | 七十六岁

1 月 9 日　作《吃菜根》。

1 月 10 日　作《拉洋片》。

1 月 13 日　作《看电视》,连同《吃菜根》《拉洋片》以《近作三篇》为题,载 3 月 17 日《羊城晚报》,收入《如云集》。

1 月 16 日　作《我留下了声音》,为"芸斋小说"之一,载 2 月 19 日《光明日报》,署名孙芸夫,收入《如云集》。

本月　寄赠杨栋《耕堂序跋》一册。

2 月 17 日　作《读〈宋书·范晔传〉》讫,共六节,载 3 月 10 日、13 日《天津日报》,收入《如云集》。

2 月 22 日　致萧宜信,寄上短信数封作为约稿,载萧宜《凭窗忆语》,文汇出版社 2018 年 3 月版。

2 月 24 日　上午,郭志刚前来拜访,认为郭的《孙犁传》写得很好,并订正了其中的一处错误。

2 月 27 日　致邓基平信,请其转达对张炜赠书的谢意,表示:"当从容阅读,并珍藏之。"同日,致余章瑞信,告知"芸斋小说"已被收入各种集子的情况。

3 月 2 日　致万振环信,感谢其子万志新赠送糖果。

3 月 7 日　作《悼曼晴》。同日,致余章瑞信,商量《芸斋小说》收录篇目。

3 月 8 日　作《悼曼晴》后记,连同正文载 4 月 2 日《光明日报》,

收入《如云集》。

3月10日　晕眩,起床后愈加严重,不能行动,在床上试探很久,方能扶墙而行。下午,天津日报社大夫来诊治,因不顺利,颇为激动。

3月11日　清晨,孙晓达请电台大夫来诊断,给药。天津日报社另一名大夫及数人来家中,非常烦躁,进小房间躲避。关于此次发病情况及心情,题写在田晓明代购的《胡适红楼梦研究论述全编》书衣上,并言:"病在脑血管,似颇不轻。"收入《如云集》"书衣文录——附摭遗"题下。

3月16日　复杨栋信,告知《芸斋小说》没有多余的可以赠送。认为杨"能安心在县、乡居住,对创作来说,实是上策"。

3月25日　收到保定育德中学高中同班同学邢海潮来信,非常高兴,因自1936年在北平分别后再未见面和联系,立即复信,告知自己大概情况,载《长城》1993年第1期,收入《曲终集》"芸斋短简"题下。复信后又托人寄去作品集一册、刊物一种。同日,致余章瑞信。

3月31日　致邢海潮信,关心其经历及生活工作状况,载《长城》1993年第1期,收入《曲终集》"芸斋短简"题下。

4月10日　在《法苑珠林》书衣上题记。

4月15日　致万振环信并稿件,告知收到赠书。

4月17日　致邢海潮信并近照,告知家庭及近况,载《长城》1993年第1期,收入《曲终集》"芸斋短简"题下。

4月19日 致卫建民信,告知《芸斋小说》已编好并谈及:"不想再写什么,彻底休息一下。"载《新文学史料》2014年第2期。

4月22日 致刘梦岚信,告知自己健康刚恢复,需要休息一段时间再写作。

5月7日 致韩映山信,告知:"眩晕基本上好了,是血管硬化,供血供氧不足所致。但从此不想再写东西,看书也很少,则是衰老的可怕表现。"建议其读一些古典哲学和古典美学的书,载《小说》1996年第1期。

5月13日 致邢海潮信,提出可为其著述介绍发表或出版,载《长城》1993年第1期,收入《曲终集》"芸斋短简"题下。

5月18日 为邓基平寄赠的《古今伪书考补正》包书衣并题记:"国家形势堪忧,心绪不宁。"收入《如云集》"书衣文录——附摭遗"题下。

5月29日 致邢海潮信,告知已将其文章转交《天津日报》副刊,又谈到子女均系亡妻拉扯大,年轻时爱好京剧,近已唱念不出,载《长城》1993年第1期,收入《曲终集》"芸斋短简"题下。同日,致韩映山信,就5月7日信中建议其读西洋古典美学和中国古典美学的书做具体解释:"我主要是希望你在文艺理论上开拓一下,对创作是有好处的。"载《小说》1996年第1期。

6月6日 在《胡风书信集》书衣上题记:"国家多事,无心读书,亦无心写作,更无心出书,真正和百花告别了,已与郑法清谈过。"

6月23日 致邢海潮信,询问是否有精力为出版社看古籍文稿,载《长城》1993年第1期,收入《曲终集》"芸斋短简"题下。同日,致邓基平信,对其寄赠字幅书稿表示感谢,同时谈到自己身体状况。

本月 《耕堂读书记》,由百花文艺出版社出版,收读书记、书话四十篇,以《谈读书记》代后记。

7月12日 致吕剑信,告知收到赠书及身体状况,表示因精力不支,无写作之意:"终日茫然,书也很少看了。"同日,致姜德明信,谈自己身体和心情。

7月26日 致邢海潮信,告知已介绍其为百花文艺出版社做事,同时问及社长郑法清与其是否联系,载《长城》1993年第1期。

8月4日 致韩映山信,告知自己精神状况:"头脑不清,精神不集中,因此,终日茫茫然,书也很少看了。"嘱咐韩映山:"古文读着难懂,多读几遍就懂了。要硬读。"载《小说》1996年第1期。同日致万振环信,谈身体状况。

8月27日 为进城后购于天祥商场之《史记》包书衣并题记:"自入夏以来,国家多事,久已无心读书。近思应有以自勉,以防光阴之继续浪费。"收入《如云集》"书衣文录——附摭遗"题下。

8月28日 为《史记》包书衣并题记,收入《如云集》"书衣文录——附摭遗"题下。

8月31日 致卫建民信,告知因病不能写文章了,载《新文学史料》2014年第2期。

9月5日 致刘梦岚信,嘱其"从精神上放开,有劳有逸"。谈到"今年比去年写东西多","但大都没有什么意义,消遣而已"。

9月13日　致邓基平信,对其寄来《遵生八笺》表示感谢,对出选集一事表示从长计议。

9月19日　晚上,为邓基平代购之《遵生八笺》包书衣并题记:"此本油墨纸张均甚差,所谓好书不得好印。且有删节,未能令人满意。"收入《如云集》"书衣文录——附撖遗"题下。

9月22日　致邹明信,祝贺天津日报社《文艺》双月刊创刊十周年并提出六条希望,载10月31日《人民日报》,题为《祝贺与希望》,收入《如云集》"芸斋短简"题下。

9月23日　致邢海潮信,告知其稿件处理结果,载《长城》1993年第1期,收入《曲终集》"芸斋短简"题下。

9月26日　题赠李屏锦《耕堂序跋》一册。

本月　《无为集》由人民文学出版社出版,收入小说、散文、杂文、读书记、书简等六十三篇,后记一篇。

10月14日　致韩映山信,谈对其两篇文章的印象,自己已辍笔半年有余。同日中午,在《史记》书衣上题写田晓明所谈邹明脑瘤手术情况,收入《如云集》"书衣文录——附撖遗"题下。

10月24日　致卫建民信,感谢其爱人从山西洪洞县寄赠棒子面和核桃仁,谈到自己写作、读书仍少,不知何日方能振作,载《新文学史料》2014年第2期。

10月29日　致李屏锦信,告知出书所需照片、手迹、小传将托报社挂号寄去,希望校对"认真一些"。

11月8日　致姜德明信,谈到因邹明病重,心情甚为不安。告知

《芸斋小说》出版后,拟购一百册送朋友们。同日,致刘梦岚信,谈到自三月以来写作很少,为邹明病感到不安。

11 月 9 日　收到邓基平寄赠的《菜根谭》。

11 月 10 日　为《菜根谭》包书衣并题记,收入《如云集》"书衣文录——附摭遗"题下。

11 月 15 日　致韩映山信,提到邹明的病和其刚刚担任主编的刊物《文艺》双月刊的停办,认为对于邹明来说,"即使不是人琴两亡,也是双重的不幸了",认为这两件事出乎意料,感叹人、事之无常,表示看破红尘,不想再写东西,载《小说》1996 年第 1 期。

11 月 18 日　致季涤尘信,告知收到《无为集》样书,表示将寄签名本作为纪念,提到自三月份因患眩晕,已很少写作。

11 月 26 日　致刘梦岚信,就《记陈肇》一文中的两句话做出改动。

11 月 27 日　致潘之汀信,收入《曲终集》"芸斋短简"题下。

12 月 4 日　致邢海潮信,告知详细地址,载《长城》1993 年第 1 期。

12 月 6 日　致万振环信,表示身体虽复原,但没有写作欲望,收入《全集》第 11 卷。

12 月 11 日　作《记邹明》讫。

12 月 12 日　共事多年的邹明去世。

12 月 13 日　邹明、李牧歌夫妇的二女儿邹丹丹前来看望,将《记邹明》一文的复印件交给邹丹丹,说:"拿给你母亲看看。"又说:

"我这里不是写你父亲怎么好,这不是悼词。但是,别人一看就知道是邹明。"并伤感地说:"我原来想把我的后事交给你父亲,想不到他却走到我的前面去了。"说时眼圈红了,感叹人生无常,嘱其好好照顾母亲。

12月20日 致邓基平信并为其题写书名,提到邹明逝世,"心情为之不佳"。同日,致姜德明信,告知收到《芸斋小说》样书,对印制表示满意。

12月29日 复杨栋信,告知收到前后来信及寄赠物品,提到退还其所赠四十枚古钱。对其创作有不少进展表示高兴,认为"创作、读书,主要是持之以恒,用一分力,就会有一份收获的"。谈及自己身体情况、邹明去世及《文艺》双月刊被取消事。附寄一张照片并拒绝题字要求。

1990年│七十七岁

1月3日 致季涤尘信,告知《无为集》签名本已托姜德明转交,说明自购五十册已经收到,但样书二十册尚未收到,托其查询。下午,中共天津市委宣传部长谢国祥来家中慰问,送山水挂历及《天津杨柳青画社藏画集》。

1月4日 为《天津杨柳青画社藏画集》包书衣并题记,收入《如云集》"书衣文录——附摭遗"题下。

1月8日 致韩映山信,告知收到前后来信,索要《荷花淀》杂志并肯定其所写游淀文章,提到写纪念邹明长文一事,载《小说》1996年第1期。同日,致卫建民信,提及寄赠签名《无为集》事,载《新文学史料》2014年第2期。

1月10日 下午,为河北大学哲学系一学生寄赠之《菜根谭》包书衣并题记,收入《如云集》"书衣文录——附摭遗"题下。

1月12日 晚上,为宗璞寄赠之《三松堂自序》包书衣。

1月13日 在《三松堂自序》书衣题记,收入《如云集》"书衣文录——附摭遗"题下。同日,致徐光耀诗体信(一),表示听从其劝告,使自己振作起来,收入《孙犁全集》第11卷。

1月15日 致潘之汀信,告知收到来信,并说明:"写序一事,因前几年我已发表声明(题为《序的教训》,已收入集子),实在不能写了。"提到今日患头晕,不能用脑。同日,致王恩宇信,告知因近患晕眩,不能多用脑,不能写文章,已阅读其发表在《天津日报》上的文章,认为写得很好,收入《孙犁全集》第 11 卷。

1 月 23 日　致邢海潮信,载《长城》1993 年第 1 期,收入《曲终集》"芸斋短简"题下。同日,致姜德明信,谈及《芸斋小说》稿费和自购书均未收见。

本月初　寄赠杨栋《无为集》一册。

本月　短篇小说集《芸斋小说》由人民日报出版社出版。收《鸡缸》《女相士》《高跷能手》等三十篇、《谈镜花水月(代后记)》一篇。

2 月 2 日　上午,作《记春节》,载 2 月 17 日《羊城晚报》,署名芸斋,收入《如云集》。同日上午,作《谈理解》,载 3 月 10 日《羊城晚报》,署名芸斋,收入《如云集》。同日,致杨栋信,告知收到剪报及身体情况。

2 月 4 日　致季涤尘信,询问出版社应赠《无为集》二十册样书事。

2 月 5 日至 7 日　作《新居琐记》,包括《锁门》《装修》《民工》,载 3 月 29 日《文汇报》,收入《如云集》。

2 月 7 日　致姜德明信,再次谈及《芸斋小说》相关事。

2 月 8 日　致郑法清信,询问对李之琏诗稿的明确意见,托买天津古籍出版社出版的《瓶外卮言》。

2 月 12 日　致卫建民信,谈及自己身体状况,表示已不见客人,不看书,不写文章了,载《新文学史料》2014 年第 2 期。

2 月 20 日　修改《读〈史记〉记》(上)讫,载 4 月 9 日、11 日、13 日《天津日报》,收入《如云集》。

2月24日　致韩映山信,载1991年11月23日《今晚报》,收入《曲终集》"芸斋短简"题下。

2月25日　致季涤尘信,告知托姜德明转交《芸斋小说》签名本,已收到出版社赠送《无为集》二十册。信后告知迁入新址。

3月3日　致姜德明信,告知收到《芸斋小说》稿费及样本。

3月4日　致张金池信,托其寻找刊有《谈理解》的《羊城晚报》以及《文汇报》。

3月5日　致邢海潮信并附二百元,载《长城》1993年第1期,收入《曲终集》"芸斋短简"题下。

3月6日　作《读〈史记〉记》(中),载4月16日、20日、25日《天津日报》,收入《如云集》。

3月9日　作《读〈史记〉记》(下),载4月27日、30日《天津日报》,收入《如云集》。

3月11日　清晨,作《读〈史记〉记》(跋),载5月2日《天津日报》,收入《如云集》。

3月13日　上午,作《悼万国儒》,载3月23日《人民日报》,收入《如云集》。

3月23日　致季涤尘信,告知收到来信以及所发现的《无为集》读书记部分,有三个标题应加书名号,说明是"原件失误,并不是你们的责任"。

3月26日　为金梅代为寻求之《瓶外卮言》包书衣并题记,收入《如云集》"书衣文录——附摭遗"题下。

3月31日 致邢海潮信,载《长城》1993年第1期,收入《曲终集》"芸斋短简"题下。

本月 《风云初记》(一、二、三集合订本)由花山文艺出版社以"抗日战争文学丛书"之一出版。

4月5日 清晨,作《观垂柳》《观藤萝》。下午,作《听乡音》,以《楼居随笔》为题,收入《如云集》。

4月7日 清晨,作《听风声》,连同《观垂柳》《观藤萝》《听乡音》以《楼居随笔》为总题,载5月27日《羊城晚报》。

4月10日 作怀念《天津日报》原总编辑邵红叶的散文《记老邵》,载4月22日《光明日报》,收入《如云集》。

4月12日 致邢海潮信,载《长城》1993年第1期,收入《曲终集》"芸斋短简"题下。

4月14日 致韩映山信,认为其在刊物上发表的日记真是有用,已剪存,并建议:"发表信件,注意不要妨碍别人。"载《小说》1996年第1期。同日,致卫建民信,谈及发表文章及写作事,载《新文学史料》2014年第2期。同日,《书衣文录》(十则)在《羊城晚报》刊出,署名耕堂。

4月15日 致吕剑信,告知昨日收到来信及复制文章,"通读一过,旧情宛存,甚为感动",谈到"去年一年,几乎没有写什么,今年开春,写了一些小文章……多不成型"。同日,致邓基平信,请其转达对赠送字幅的书法家的谢意,告知出生日期为阴历四月初六,收入《孙犁全集》第11卷。

4月18日　致万振环信,告知收不到对方寄来的样报和信件,收入《孙犁全集》第11卷。

4月22日　致万振环信,谈《书衣文录》排印错误,收入《孙犁全集》第11卷。

4月29日　致刘梦岚信,谈到春节前后心脏病发作,近已平稳,收入《孙犁全集》第11卷。

5月1日　致邢海潮信,载《长城》1993年第1期,收入《孙犁曲终集》"芸斋短简"题下。同日,致卫建民信,祝贺其家属迁京。谈自己作品和生日。载《新文学史料》2014年第2期。

5月11日　致李屏锦信,告知收到来信及书籍,对收入花山文艺出版社"抗日战争文学丛书"中《风云初记》的印刷表示满意,提到"有时写些短文章,也写不好了",收入《孙犁全集》第11卷。

5月25日　致徐光耀诗体信(二),为徐信中所述老战友情景深受感动,收入《孙犁全集》第11卷。

5月27日　致杨栋信,告知收到来信并寄上所需字幅,谈及"近心脏不适,仍在医治静养"。

5月31日　郭志刚前来拜访,赠其《无为集》《芸斋小说》各一册。

6月1日　郭志刚与阎、魏二位在北京师范大学进修的教师来访,合影数帧。事后魏操湘音大声说:"孙犁高高的身材,不胖不瘦,眼睛很亮,好美哟!"

6月3日　为《续世说》(一)包书衣并题记。同日,致卫建民信,谈自己心情和写作情况,载《新文学史料》2014年第2期。

6月4日　清晨,为《续世说》(二、三)包书衣并题记,收入《如云集》"书衣文录——附摭遗"题下。上午,收到报社转陈肇来信,得知几十年遍寻不得的《论通讯员及通讯写作诸问题》一书已于5月27日在北京图书馆发现一翻印本,兴奋不已,当即复信并通知在北京的二女儿前去复制。下午,将此事记于《今世说》书衣。

6月6日　致邢海潮信,载《长城》1993年第1期,收入《曲终集》"芸斋短简"题下。

6月9日　致韩映山信,告知收到来信,提到"身体和情绪,亦时好时坏",嘱咐韩映山注意身体,"文章可写就写,也不要勉强"。

6月13日　致陈乔信,告知收到来信,婉拒其题字和游白洋淀的邀请。

6月15日　患感冒。就写于抗日战争时期的《论通讯员及通讯写作诸问题》一书被找到作《一本小书的发现》,载7月2日《人民日报》,收入《如云集》。

6月18日　作《我的经部书》,载7月2日《今晚报》,收入《如云集》。

6月21日　作《我的史部书》,载7月11日《天津日报》,收入《如云集》。

6月27日　作《我的子部书》。

6月28日　作《我的集部书》及附记,载8月10日《天津日报》,收入《如云集》。

7月1日　作《我的子部书》补记,连同正文,载7月27日《天津日报》，收入《如云集》。

7月4日　致韩映山信，告知收到来信及所抄信稿，谈到写一点读书方面的文章，感到"很没意思，不过，待着没事干，更没意思"。同日，致邢海潮信，载《长城》1993年第1期，收入《曲终集》"芸斋短简"题下。

7月5日　清晨，致刘梦岚信，谈自己身体状况，提到"思念一生，诸多烦恼，一齐涌来"，"自中年以后，身心一直处在紧张之中"，收入《孙犁全集》第11卷。同日，北京来客人。同日，作《我的丛书零种》。

7月6日　作《我的丛书零种》补记及附记，连同正文，载7月16日《今晚报》，收入《如云集》。

7月7日　致姜德明信，请其代为复制早期所作独幕剧《顿足》，又谈及近期写作情况。

7月8日　作《关于报告文学和纪实文学》，载8月20日《羊城晚报》，收入《如云集》。

7月15日　致姜德明信，告知独幕剧实在弄不到就算了。

7月18日　致邢海潮信，载《长城》1993年第1期，收入《曲终集》"芸斋短简"题下。

7月19日　清晨，作《觅哲生》，载10月18日《人民日报》，收入《如云集》。同日，在《孙犁传》书衣上题记："昨晚梦见邹明，似从阴间请假归来探望者，谈话间，余提及已嘱李牧歌将纪念他的文章，及早汇印成书，不禁失声痛哭。邹瘦弱，神色惨淡，似颇不快，余急呼牧歌慰之,遂醒。盖昨晚睡前心情不佳所致。"

7月26日　下午,作《〈论通讯员及通讯写作诸问题〉校读后记》,未完。

7月27日　清晨,继续作《〈论通讯员及通讯写作诸问题〉校读后记》,载8月14日《光明日报》,收入《如云集》。

7月28日　致曾镇南信,收入《曲终集》"芸斋短简"题下。

7月30日　上午,万振环夫妇及儿子万志新在谢大光陪同下来访,合影留念。

7月31日　上午,心情烦躁,在《太平广记》第一、第二、第四、第五册书衣上题记,第一册题:"清心寡欲,谨言慎行。近日应以此二言为座右铭。"以工人出版社印刷周汝昌著作质量低下为例,认为:"出版人到了不知羞耻地步,尚有何精神文明可言!"第二册题记评论《太平广记》价值,言:"古来轶闻琐事,僻笈遗文咸在焉,卷帙轻者,往往全部收入,盖小说家之渊海也。""唐以前书,世所不传者,断简残编,尚间存其什一,尤足贵也。"第四册题记依然不满于当时出版界效率低下、编校质量不高以及挂名编书现象,言:"北宋条件,当然落后,而出书速度却快。八十年代现代化,又是激光,又是胶印,如果出这样一部书,需要多少年?这就很难讲了。就不用说编辑和校对质量了。在古人面前,我辈宁无愧乎?""近年官家编纂之书,无多精彩者,读者亦不重视之也。"第五册题记谴责某些养尊处优而对现实不满的作家,言:"著文要求宽容、理解,并以养鸟产卵孵化为比喻,哀叹环境仍不理想。这是一群娇生惯养的纨绔子弟，没有吃过苦的人，是写不出有价值的作品的。"

8月2日　清晨，作《暑期读书漫录》(上)之《太平广记》，载9月7日《天津日报》，署名芸斋，收入《孙犁全集》第10卷。在《太平广记》第六册书衣题记，认为该书将杜甫、杜审言列入轻薄类，"列举其狂诞事实，亦多可笑"，言："文学与性格，关系至大。"又题诗一首自况，并言："总结一生，余最大毛病为冲动，俗语谓之冒失。行为多突然，并非自觉，事后恍然若失，不明其究竟何因而起也，实亦狂症。"上午，在《太平广记》第五册书衣上题诗一首，以照应7月31日所题："津卫有才子，怨人不宽容，养鸟深荫处，雏出大放鸣。作家譬孵卵，干预不成功，此乃豢养辈，将身比野生。"

8月3日　下午，女儿孙晓玲来，告知已找到一合适保姆。夜失眠。

8月4日　清晨，与原保姆玉珍话分别事，痛哭失声。

8月5日　下午，韩映山、李克明来家中看望。事后自称："说话甚多，几无空隙，并多涉及年老事，见故人颇动感情，此亦过去未有也。"此话于8月7日题记于《太平广记》第八册书衣。同日，收到邓基平寄赠的《聊斋佚文辑注》一书。

8月6日　清晨，在《太平广记》第七册书衣题记，记述因吃饭问题不能落实而烦恼，原来负责做饭的玉珍因家庭负担过重难以再来照顾，而换别人又顾虑重重，言："旧病又犯，实堪忧虑。结果新人未来，旧人未去，老问题依然存在，正不知何究竟也。"

8月9日　在邓基平寄赠的《聊斋佚文辑注》书衣上题记："青年人送我一些东西，我在文章中提到他们的名字，他们就很高兴，呜呼,此亦人情交流之一途也。"随后评价蒲松龄的碑传公文及文笔、写作经验,认为:"天才多于幼年时显现,即如鸟兽之胚胎,可异也。"在此基础上扩充为《暑期读书漫录》(上)之《蒲松龄杂文》,载9月7日《天津日报》,署名芸斋,收入《孙犁全集》第10卷。

8月11日　清晨,在《太平广记》第十册书衣题记:"郑振铎著文学史,有商人与士子之争一章,以为文士绝非商人的敌手。""当今却有商业诗人,商业小说家等等,可与商人直接抗衡,不必败北矣。"在此基础上,扩充为《暑期读书漫录》(下)之《商文之间》,载9月10日《天津日报》,署名芸斋,收入《孙犁全集》第10卷。

8月14日　作《暑期读书漫录》(下)之《夷坚志》,载9月10日《天津日报》,署名芸斋,收入《孙犁全集》第10卷。

8月16日　作《闲情》,载8月28日《人民日报》,署名芸斋,收入《如云集》时改题为《谈闲情》。

8月22日　为《唐宋传奇集》包书衣并题记:"近读《太平广记》,连及此书。抚今思昔,感慨颇多。""(鲁迅)先生编纂此书时,正值精力、情感旺盛之期,故序跋文字中,颇多妙语。余青年时,都能背诵。"收入《如云集》"书衣文录——附摭遗"题下。

8月23日　作《朋友的彩笔》,载11月4日《光明日报》,署名芸斋,收入《如云集》。

8月29日　作《读唐人传奇记》,共七节,另有跋语,载9月21日、24日、26日《天津日报》,收入《如云集》。

9月1日　致邢海潮信,载《长城》1993年第1期,收入《曲终集》

"芸斋短简"题下。

9月2日　致韩映山信,告知收到来信及所写短文发表情况,谈到练习写毛笔字:"字也写不好了,手颤动。不过,练练总比不练好一些。"信中抄录了一首旧体诗近作,说:"从诗中,可见我今日心情。无可奈何,强作欢笑。"同日,致杨栋信,告知收到寄来各件,谈到自己身体和投稿情况,表示:"越来精力越差,书也很少看了。"并希望其"多写"。

9月4日　吴云来访,赠《贾谊集校注》,交谈很长时间。为该书包书衣并题记。同日,致邓基平信,告知已读过蒲松龄逸文。

9月8日　致卫建民信,收入《曲终集》"芸斋短简"题下。

9月15日　致鲁承宗信,表示收到其来信,"真像天外飞来的好消息",因为"几十年我一直怀念你",随信寄字幅、近照、小传各一,并告知详细地址,收入《孙犁全集》第11卷。

9月26日　致曾镇南信,收入《曲终集》"芸斋短简"题下。致万振环信,告知收到奖金、照片和信件,收入《孙犁全集》第11卷。

9月29日　致刘梦岚信,为序稿增添一段话,收入《孙犁全集》第11卷。

9月30日　致邢海潮信,载《长城》1993年第1期,收入《曲终集》"芸斋短简"题下。

本月　作《老年文字——文事琐谈之三》,收入《曲终集》。

10月5日　《书衣文录——附摭遗》(十四则)载当日《羊城晚报》,署名耕堂。

10 月 7 日 致邢海潮信,载《长城》1993 年第 1 期,收入《曲终集》"芸斋短简"题下。

10 月 16 日 致万振环信并书简五件,收入《孙犁全集》第 11 卷。

10 月 21 日 致邢海潮信,载《长城》1993 年第 1 期,收入《曲终集》"芸斋短简"题下。

10 月 27 日 作《庚午文学杂记》讫,包括《作家与新潮》《作家与文化》《作家与道德》《作家与经济》《希望》五篇,载 11 月 19 日、20 日《今晚报》,收入《如云集》时改题为《庚午文学杂记》(一)。

10 月 29 日 二女儿孙晓森自北京带来《义门读书记》一部,为之包书衣并题记。

10 月 30 日 在《义门读书记》书衣上题记,认为借助此书"可见清初读书人之遭际,钱亦不白花也"。

本月 作《文学杂记——大奖、评论》,载 11 月 18 日《新民晚报》,收入《如云集》时加入《新星》《流派》两部分内容,改题为《庚午文学杂记》(二)。

11 月 5 日 致卫建民信,收入《曲终集》"芸斋短简"题下。同日,致刘梦岚信,感谢其寄来神功元气带,汇款四十元作为费用,收入《孙犁全集》第 11 卷。

11 月 5 日 致韩映山信,告知收到 11 月 1 日来信,谈到"十月份没有写东西,情绪低沉,无可如何",同时提到开始编《孙犁文集续编》事。

11 月 8 日 致王兆新信,收入《曲终集》"芸斋短简"题下。

11月9日 致常跃强信,收到其寄赠的《常跃强中短篇小说选》一书,认为:"创作,不在数量多少,主要是看认真不认真。"收入《孙犁全集》第11卷。

11月12日 作回忆保定育德中学高中同班同学邢海潮的散文《老同学》,载12月11日《光明日报》,收入《如云集》。

11月13日 为刘宗武赠送的《胡适的日记》包书衣并题记,同日致邢海潮信,载《长城》1993年第1期,收入《曲终集》"芸斋短简"题下。

11月15日 致耿见忠信并题字,说明:"我不会写字,聊作纪念。"收入《孙犁全集》第11卷。

11月22日 病起,作《记陈肇》,载1991年4月22日《人民日报》,收入《曲终集》。

11月25日 作《耕堂读书随笔》(一)——读《前汉书卷六十四·朱买臣传》,载1991年1月9日《文汇报·随笔》1期,收入《曲终集》。

11月26日 作《耕堂读书随笔》(二)——读《前汉书卷五十七·司马相如传》,载1991年1月23日《文汇报》,收入《曲终集》。

11月27日 致康濯信。同日,致曾镇南信,收入《曲终集》"芸斋短简"题下。

11月29日 晚上,身体不适,穿衣起床,在室内踱步。

11月30日 作《耕堂读书随笔》之《读〈义门读书记〉》,载1991年4月24日《文汇报》,收入《曲终集》。同日下午,作《耕堂读书随笔》之《读〈胡适的日记〉》,载1991年7月17日《文汇报》,收入

《曲终集》。

12月9日 致杨栋信,告知收到贺片、信和诗,抄录一首前些日子所作旧体诗并谈自己身体状况,同时寄去几份剪报。

12月10日 致万振环信,谈到因两次腹泻,身体大弱,收入《孙犁全集》第11卷。

12月13日 致邢海潮信,载《长城》1993年第1期,收入《曲终集》"芸斋短简"题下。

12月19日 致邢海潮信,载《长城》1993年第1期,收入《曲终集》"芸斋短简"题下。

12月22日 在《俞平伯序跋集》书衣题记:"近读《新文学史料》本年第四期俞平伯材料。中国所谓名门世家、书香门第出身的学者,俞氏为最后一人矣。"

12月23日 致姜德明信,认为其《书廊小品》一书《少年鲁迅读本》一节"写得很好。兄善于写这种文字,故收获亦丰"。

12月27日 作《耕堂读书随笔》之《读〈高长虹传略〉》。

12月28日 作《读〈高长虹传略〉》附记,连同正文,载1991年1月18日《新民晚报》,收入《曲终集》。同日,作《耕堂读书随笔》之《读〈文人笔下的文人〉》,载1991年1月25日《新民晚报》,收入《曲终集》。

12月30日 致邢海潮信,载《长城》1993年第1期,收入《曲终集》"芸斋短简"题下。

本月 作《赠杨栋》,跋语为:"录近作一首呈山西杨栋兄正之。"

本月　郭志刚、章无忌合著《孙犁传》由北京十月文艺出版社出版，为"中国现代作家传记丛书"之一种。

是年　同乡张根生与天津市委组织部副部长张业平前来看望。

是年　《新民晚报》严建平赴津拜访，答应给《新民晚报·夜光杯》写稿。

是年　书法作品参加在福州举办的"中国当代作家书画艺术展览"。

1991年 | 七十八岁

1月2日　致万振环信，谈对其子万志新《我见到了孙犁爷爷》一文的印象，认为："文字简洁，层次分明，结构完整。写得很正规。"收入《孙犁全集》第11卷。

1月3日　致陈晓峰信，收入《曲终集》"芸斋短简"题下。

1月6日　致韩映山信，告知收到元旦来信及自去年11月中旬开始患腹泻情况，提到因发表《朋友的彩笔》引起朋友不快一事："可见写文章实在不易，而得罪人则甚易。"信中抄录近作旧体诗一首。同日，病情稍缓，在《文徵明行书〈离骚〉》书衣题记，叙述对书法之见解，认为："文字为工具，以易书易认为主。用作装饰，亦应以工整有法、秀丽有致为美。近有作者，以狂以怪为高，以丑为美……更有甚者，以拖布作笔，表演大庭广众之中，此作杂技看即可，作书法看，则令人啼笑皆非。"并言："余近习字，专以传统为重，求其有法有依，绝不作狂纵之态也。"

1月9日　致常跃强信并书鲁迅《偶成》一幅，提到"我不会写字"，"留个纪念而已"，谈及冬天连续犯腹泻，身体大受影响，收入《孙犁全集》第11卷。

1月10日　作《耕堂题跋——岳少保书武侯出师二表》，对于诸葛亮的文字给予高度评价，认为："其叙事说理，简要通达，文无冗辞，意无虚饰，非文士所能为也。作文与处事同，其根基在所处地位，所操权柄。""两汉政治家，多有文才，魏、晋亦然。"南北朝之后,"政治家与文学家分开,文学与政治,不再是统一体,而是为政治服务了",载 4 月 15 日《新民晚报》。同日,致邢海潮信,收入《曲终集》"芸斋短简"题下。同日,老友康濯逝世。

1 月 15 日　清晨,在卫建民赠送的《知堂谈吃》书衣上题记,对周作人、沈从文近年来大受青睐追捧颇不以为然,认为人们过去否定周作人,"是因为他自己不争气,当了汉奸,汉奸可同情乎?"对于沈从文,人们"尊师可以,但不能不顾事实"。表示:"还有人想把我与沈挂钩,因实在没有渊源,不便攀附,已去信否认。"后以《耕堂题跋——知堂谈吃》为题,载 4 月 15 日《新民晚报》,收入《曲终集》。

1 月 18 日　致王勉思信,对康濯去世表示哀悼并安慰:"希望您节哀,注意身体!"

1 月 19 日　作《悼康濯》,载 2 月 1 日《天津日报》,收入《曲终集》。

1 月 22 日　致张金池信,要求在稿件中添加两段文字。

1 月 23 日　致鲁承宗信,问候跌伤情况,告知自己身体近况,随信抄录七绝一首:"不自修饰不自哀,不信人间有蓬莱。冷暖阴晴随日过,此生只待化尘埃。"收入《孙犁全集》第 11 卷。

1 月 25 日　致邢海潮信,载《长城》1993 年第 1 期,收入《曲终集》"芸斋短简"题下。

1 月 26 日　致季涤尘信,告知收到 21 日来信,谈及托姜德明转告将赠送其《耕堂读书记》,感谢其将三篇文章"选入书册":"小标题'菜根'可改为'吃菜根',以便与其他二题相称。"同日,致邓基平信,致常跃强信,致项国成信,均收入《孙犁全集》第11卷。

1月28日 晚上,在季涤尘寄赠的《日本古代随笔选》书衣上题记:"今日下午三时,午睡时,脉有间歇,起后颇觉心慌不适,走动时亦感心律甚乱。后食饼干十片、芝麻糖两片,觉稍好。盖腹泻已两月,吃饭又少,营养不良所致。过去缺糖症状,不是这样,甚可虑也。"

2月2日 因身体原因,上午在门上贴条谢绝来访者。

2月3日 致李夫信:"今冬我连续腹泻,身体大弱。近又发现心脏不适:心慌,过速(一百次/分钟),有时有间歇(有时十几次停一下,有时三四次停一下),停时心中颇感不适。请你便中向熟识的有经验的大夫询问一下,这种状况是否要紧?须服何种药品?采取何种措施?望便中写信告我。"李夫找心脏科专家陈树勋咨询后来家中看望。将儿子孙晓达叫到跟前,说:"以后我有病,不清醒了,没有你李叔的话,不许动我(指去医院)。"

2月4日 在邓基平寄赠的《谈龙录》书衣上题记,谈到自去年11月中旬开始患腹泻,两月间共犯六次,导致身体虚弱,1月底引发心脏不适,发病时浑身无力,不能持重,不能扫地、搬书,甚至不能看书看报,因此精神不佳,颇为忧虑。请报社大夫诊治,难以断定结果。

2月6日 致邢海潮信,载《长城》1993年第1期,收入《曲终集》"芸斋短简"题下。

2月7日 致万振环信并稿件两篇,收入《孙犁全集》第11卷。

2月9日 病中作《题〈莲池书院法帖〉》,次日续写,回忆学生时代在保定莲池游玩时情景并忆及同学陈耀宗,认为《莲池书院法帖》"书法价值,实不下于一般名帖。莲池文物,在有清一代,因近京畿,主持者皆名流,实不可等闲视之",载 4 月 15 日《新民晚报》,收入《曲终集》。

2 月 15 日　致卫建民信,谈《甲戌理书记》的整理及《曲终集》的编者,载《新文学史料》2014 年第 2 期。

2 月 20 日　致陈乔信,告知收到来信,谈自己病情和身体状况。

2 月 26 日　致王勉思信,告知同时收到两封来信,"读后伤感万分",表示自己写给康濯的"那些信件……仍以老康名义编辑、发表或出版"。

3 月 4 日　致张金池信,请其复制稿件给《人民日报》文艺部刘梦岚。

3 月 10 日　致刘宗武信,收入《曲终集》"芸斋短简"题下。

3 月 25 日　作《心脏病》,为"芸斋小说"之一,载 4 月 13 日《光明日报》,收入《曲终集》。

4 月 1 日　致邢海潮信,载《长城》1993 年第 1 期,收入《曲终集》"芸斋短简"题下。同日,致鲁承宗信,谈到自 1 月底心脏病发作两次,经服药已平稳,仍在静养,收入《孙犁全集》第 11 卷。

4 月 15 日　作《忆梅读〈易〉》,为"芸斋小说"之一,载 5 月 3 日《羊城晚报》,收入《曲终集》。

4 月 19 日　致万振环信并《忆梅读〈易〉》一篇,收入《孙犁全集》第 11 卷。

4月23日　致韩映山信，告知收到来信并惦记其身体情况："务希静养保重为盼。"谈及自己身体状况："是多年未有的一场大症，现仍在服药静养，心脏已较平稳。"

5月8日　致邢海潮信，载《长城》1993年第1期，收入《曲终集》"芸斋短简"题下。

5月10日　作《耕堂读书随笔》之《读〈船山全书〉》，载5月22日《新民晚报》，收入《曲终集》。

5月17日　致卫建民信并书法一幅，谈《记陈肇》一文的写作和发表，载《新文学史料》2014年第2期。

5月23日　作《耕堂读书随笔》之《读〈刘半农研究〉》，载6月4日《新民晚报》，收入《曲终集》。

5月25日　致邢海潮信，载《长城》1993年第1期，收入《曲终集》"芸斋短简"题下。同日，致邓基平信，告知身体状况，收入《孙犁全集》第11卷。同日，致鲁承宗信，告知自己不大过生日，有时一个人吃碗面条完事，同时提及病情已平稳，但仍在服药静养，收入《孙犁全集》第11卷。

5月30日　作《故园的消失》，载7月23日《光明日报》，收入《曲终集》。

6月1日　致张金池信，请其代寻四川文艺出版社版《孙犁小说选》寄给鲁承宗。

6月9日　致韩映山信，告知收到来信并读过其发表在《天津日报》的文章，谈到自己作品的发表及近作刊发情况。附寄《悼康濯》

一文,表示:"吸取作文教训,知道慎重了。也不求闻达,就发在《天津日报》。"附1月3日致陈晓峰的信,请其转交《荷花淀》编辑部。

6月10日　致姜德明信,感谢其代为复印《顿足》。

6月11日　致卫建民信,谈病况,载《新文学史料》2014年第2期。

6月13日　在耿见忠寄赠的《蒋作宾日记》书衣上题记。同日,致耿见忠信,提到《如云集》已交百花文艺出版社,《王子安集》是清刻本,"可能是从《全唐文》中散出"。

6月16日　致陈乔信,告知收到来信,自己大病之后,仍在静养,信末祝贺陈乔书法展。

6月18日　致郭保林信,收入《曲终集》"芸斋短简"题下。

6月19日　致段华信,请其查阅并复制卞毓方发表在《人民文学》1990年第9期《半个世纪的情谊》(写孙犁和康濯友谊)一文,收入《孙犁全集》第11卷。

6月21日　致耿见忠信,提到曾购存日记多种,并写过文章,但不喜欢王闿运的日记,认为"此人所学为帝王术,无心思做学问",同时认为《缘督庐日记》好,认可郭志刚、章无忌所写的《孙犁传》,收入《孙犁全集》第11卷。

6月22日　致邢海潮信,载《长城》1993年第1期,收入《曲终集》"芸斋短简"题下。

6月27日　致吕剑信,告知收到24日来信,赞同其关于诗的见解,谈及自己写诗和出版诗集之事,提到写作少,投稿困难,兴趣低落,表示:"老年人,又没有别的爱好,如果歇业不写,也很别扭,这真是一个矛盾。"

7月1日　致邢海潮信,载《长城》1993年第1期,收入《曲终集》"芸斋短简"题下。

7月2日　致卫建民信,收入《曲终集》"芸斋短简"题下。

7月5日　在《东坡七集》首册书衣上题记:"今日午休,后楼孩童因放暑假,聚于门洞打扑克,怪呼不已,乃起。开电视,仍是红军与妇女间丑事,厌而关之。今日之文艺颇怪,为迎合观众低级趣味,不惜于革命历史中渲染色情,其用心实不可解。"

7月9日　致韩映山信,告知收到4日来信,应韩映山之请,附寄照片三张,表示:"一个姿势,一个背景,一个模样,实在没有可看之处。不过,也可以看出逐年衰老之状。"又介绍了自己的病症。

7月11日　致常跃强信并附读书笔记一份,谈对其散文的印象,认为"《充气》一段文字尤妙,写得出神入化",提及精神日差,已很少写作,收入《孙犁全集》第11卷。

7月14日　致罗维扬信并附以前所写书法作品,说明自己"不会写字,近日手抖,笔墨又久未使用,新的恐更写不好",载《作家》1994年第11期。

7月20日　作《无题》,为"芸斋小说"之一,载8月30日《新民晚报》,署名芸斋,收入《曲终集》。

7月23日　作《暑期杂记》之《思念文会》,载8月14日《羊城晚报》,署名芸斋,收入《曲终集》。同日,作《文过——文事琐谈之一》,载 8 月 12 日《新民晚报》,署名芸斋,收入《曲终集》。

7 月 24 日　作《暑期杂记》两篇,题为《胡家后代》和《捐献棉袄》,载 8 月 14 日《羊城晚报》,署名芸斋,收入《曲终集》。

7 月 25 日　作《暑期杂记》之《分发书籍》,载 8 月 14 日《羊城晚报》,署名芸斋,收入《曲终集》。

7 月 26 日　致张金池信,商量报社来人理发时间、人数、报酬等。同日,致卫建民信,谈自悼文《无题》,载《新文学史料》2014 年第 2 期。

7 月 27 日　导演谢晋来访。拿出早已准备好的两本书,对谢晋说:"你送了我两本书,我也送你两本书。"①其一为《耕堂读书记》,并在书上题字。谢晋看到新居,说:《牧马人》首映式时我来过天津,市委书记问我与天津的谁熟。我说天津我最佩服的是孙犁。他说:'孙犁的名气这么大,连谢晋都佩服他,可他的房子还没解决。'"对谢晋说:"你的两本书我看了,你是根据中国国情搞电影的,所以有成就。我以前很爱看电影,现在大概有几十年不看了,可情况是知道的。我看报纸和刊物,对你很了解。"谢晋说:"我搞的电影经常是有争论的,《芙蓉镇》《天云山传奇》《牧马人》,好几个都是几上几下……"回答说:"毕竟不是那些年了,不要管它,一点反应没有,也不好。我搞文学,一直是在风雨飘摇中搞的。"

7 月 30 日　致邢海潮信,载《长城》1993 年第 1 期,收入《曲终

---

①　此前谢晋通过百花文艺出版社编辑甘以雯赠书两册。

集》"芸斋短简"题下。

8月4日　上午,作《文愚——文事琐谈之二》,载10月12日《光明日报》,收入《曲终集》。同日,致姜德明信,谈及有人对自己的偏激评论。

8月8日　致侯军信,以《耕堂函稿》为题,载1992年2月12日《天津日报》,收入《曲终集》"芸斋短简"题下。

8月11日　致《光明日报》编辑单三娅信并附书作一幅,信中说:"见信即给您找出一张字条,今寄上,我的字本写不好,病后手颤,不能写了,所以只能请您哂纳。欢迎您到天津来。所约稿件,写成即寄去。"同日,作《耕堂读书随笔》之《读〈东坡先生年谱〉》,载9月4日《天津日报》,收入《曲终集》。

8月15日　致邢海潮信,载《长城》1993年第1期,收入《曲终集》"芸斋短简"题下。同日,致鲁承宗信,告知出版社正准备再版文集及补编其续集;收到对方寄来的字帖,表示对临帖没有耐心:"什么帖临几回就烦了,字一直写不好。"收入《孙犁全集》第11卷。

8月17日　致姜德明信,告知收到8日、14日来信,谈及:"一想到抗日战争,就百感交集。"信末提到:"我也没有空调,连电扇也没有,有一把保存多年的黑纸扇,今年叫我摇了个粉碎。"

8月19日　刘宗武赠《陈独秀书信集》一部,颇为欣喜,傍晚到阳台修治。

8月20日　上午,翻阅《陈独秀书信集》并在书衣上题记,言书信"多从文集中辑出,文集中学时读过,书信在第三册,已忘之矣",

"书亦非台版……舍近而求远,此亦'迂'的一种表现也"。以《耕堂题跋——陈独秀书信集》为题,载 9 月 15 日《今晚报》。

8 月 21 日 作《文集续编序》,载 11 月 25 日《人民日报》,收入《曲终集》。

8 月 26 日 致邢海潮信,载《长城》1993 年第 1 期,收入《曲终集》"芸斋短简"题下。

8 月 28 日 下午,在邓基平寄赠之《铁云诗存》书衣题记:"文人之日记、书信、诗,皆为其历史断片,如有系统,编得完全,则可窥见其历史全貌,甚可贵也。此书虽单薄,然为小说史家所重视明矣。"以《耕堂题跋——铁云诗存》为题,载 9 月 15 日《今晚报》。

8 月 29 日 致邓基平信,认为《铁云诗存》是研究刘鹗的重要小说史材料,谈自己写作及作品结集情况,收入《孙犁全集》第 11 卷。

8 月 31 日 致姜德明信,谈到近日所作文字。

9 月 6 日 致高云华信,感谢其寄赠诗集,收入《曲终集》"芸斋短简"下。同日,致万振环信,告知近况,收入《孙犁全集》第 11 卷。

9 月 13 日 在《张长史郎官石记序》书衣上补作题记,认为:"读碑可以心静,如处荒山野寺间,而对萋萋衰草,审视断碣文字。"录何绍基诗句"世间古澹萧疏字,多是荒寒孤本碑"。同日,在《化度寺碑》书衣上补作题记:"余每值心烦及极度无聊时,则喜找出字帖翻阅。""书法理论,与中医理论同,甚玄妙,亦甚难说清楚。人执一词以为得,显得很热闹,而与实际无补。"又录何绍基诗句:"山阴琴几香自薰,兰亭姿媚风吹裙。"

9月15日 致卫建民信,谈自己"毛病,在于少实际,多幻想",
"到头来,只能落个虚无主义",载《新文学史料》2014年第2期。

9月24日 作《老年文字——文事琐谈之三》,载9月24日《新
民晚报》,署名芸斋。

9月26日 致邢海潮信,载《长城》1993年第1期,收入《曲终
集》"芸斋短简"题下。

9月28日 在耿见忠寄赠的《退想斋日记》书衣上题记。同日,致
耿见忠信,欢迎其来家中一聚。

9月29日 致韩映山信,告知收到24日来信,介绍自己身体状
况:"心脏又感不适,主要是心律不齐,过速,有间歇。"谈及:"少写
些文章,多看些书,是老年人的应为之事。"表示"不愿再写了,但
看书的精力也很少。现读《后汉书》"。

本月 托人赠杨栋《耕堂读书记》一册。

10月9日 致苗得雨信,表示:"今日拿到惠寄大作三种,甚为感
谢。近年不断收到您的新作,知道您执着地创作,深为欣慰。我近
年多病,近年心脏又出毛病,写作已经很少,质量亦差,唯有寄希
望于壮年人了。"

10月10日 致姜德明信,告知收到《鲁迅藏书研究》及来信,谈
对书的印象,认为:"书固然是思想来源之主要者;然固定思想者,
则为现实。从书本上来的思想是不固定的、多变的。"

10月13日 致姜德明信,谈缪荃孙提的西化现象。

11月2日　致姜德明信,告知收到前后来信及寄赠小报,谈到争印旧小说"是一本万利的买卖,故相沿不改"。信末提及:"已很少买书,但对出版界有不信任的感觉。"

11月5日　致邢海潮信,载《长城》1993年第1期,收入《曲终集》"芸斋短简"题下。

11月6日　致耿见忠信,谈自己所买翁同龢日记及印象,认为:"记事空洞,并不可观,若想探知当日情形,还是读小人物的日记好些。"同时谈到对日记体裁的看法,收入《孙犁全集》第11卷。

11月7日　致万振环信,告知十月病情复发,稍有好转,提出不再接受赠报,收入《孙犁全集》第11卷。

11月8日　致张维发信,应其所请题写校名,收入《孙犁全集》第11卷。

11月13日　"芸斋短简"——致韩映山通信(十二件)及《附记》,载11月23日《今晚报》,收入《曲终集》"芸斋短简"题下。

11月15日　上午,作《寄光耀》,收入《曲终集》。

11月18日　致万振环信,认为访问记"写得很真实",表示满意,收入《孙犁全集》第11卷。

11月19日　致姜德明信,谈对其《津门小记》的感受。

12月2日　致张维发信,询问是否收到11月8日挂号寄出的校名题字,收入《孙犁全集》第11卷。

12月7日　致徐光耀信,载1993年4月8日《光明日报》,收入《曲终集》"芸斋短简"题下。

12月10日 作《耕堂读书随笔》之《读〈后汉书卷五十八·桓谭传〉》，副题为"一个音乐家的悲剧"，收入《曲终集》。同日，致张维发信，表示："我不会写字，只是感于您们的热情，献丑而已！"收入《孙犁全集》第11卷。

12月16日 作《耕堂读书随笔》之《读〈后汉书卷五十八·冯衍传〉》，副题为"一个文过其实的人"，载1992年1月12日《羊城晚报》，收入《曲终集》。

12月19日 作《耕堂读书随笔》之《读〈后汉书卷七十·班固传〉》，副题为"一个为政治服务的人"，载1992年1月22日《羊城晚报》，收入《曲终集》。同日，致侯军信，收入《曲终集》"芸斋短简"题下。

12月21日 作《耕堂读书随笔》之《读〈后汉书〉小引》，收入《曲终集》。

12月24日 作《耕堂读书随笔》之《读〈后汉书卷五十四·马援传〉》，副题为"一篇好传记"，载1992年2月20日《羊城晚报》，收入《曲终集》。

12月26日 致万振环信并《耕堂读书记》两篇，分别为《读〈后汉书卷五十八·冯衍传〉》和《读〈后汉书卷七十·班固传〉》，收入《孙犁全集》第11卷。

12月28日 致卫建民信，嘱其不要发附记，以免得罪人，载《新文学史料》2014年第2期。

12月29日 作《耕堂读书随笔》之《读〈后汉书卷六十六·贾逵

传〉》,副题为"关于经术",收入《曲终集》。

12月31日　下午,作《耕堂读书随笔》之《读〈后汉书卷七十三·朱穆传〉》,副题为"关于交友",收入《曲终集》。

是年夏　万振环来访。

是年冬　与暌违逾半个世纪的同乡同学鲁承宗重逢,赠其新版《三希堂法帖》。

1992年 | 七十九岁

1月6日　致段华信,请其复制《江城》月刊1979年第5、6期合刊中《善闇室纪年摘抄·去延安》一文,收入《孙犁全集》第11卷。

1月7日　作《庸庐闲话》之《我的起步》《我的戒条》《我的自我宣传》《我最佩服的人》,收入《曲终集》。

1月9日　作《文宗——文事琐谈之四》,收入《曲终集》。

1月10日　作《庸庐闲话》之《我与官场》,载1992年4月5日《羊城晚报》,收入《曲终集》。

1月11日　致万振环信并《读〈后汉书卷五十四·马援传〉》一篇,表示:"这种稿子近期就不会再寄了。"收入《孙犁全集》第11卷。

1月15日　致邢海潮信,载《长城》1993年第1期,收入《曲终集》"芸斋短简"题下。

1月19日　致刘梦岚信,谈身体状况,收入《孙犁全集》第11卷。

1月23日　致卫建民信,托其购书,载《新文学史料》2014年第2期。同日,致姜德明信,告知鲁迅没有编过《戈里基文录》,怀疑是有人冒充。

1月30日　下午,作《残瓷人》,载2月17日《人民日报》,收入《曲终集》。

2月1日　致李安哥信,告知收到来信,感谢问候,谈及自己写作少的原因主要是身体和精神大不如以前,加之心脏又出了毛病,写作也少了。

2月3日　致卫建民信,谈身体状况,载《新文学史料》2014 年第2 期。

2月4日　致鲁承宗信,对寄赠人参表示感谢,告知因腹泻引发心脏不适,正在医治,收入《孙犁全集》第 11 卷。

2月7日　致万振环信并附《庸庐闲话》(我的起步、我的戒条、我的自我宣传、我与官场)。

2月8日　致卫建民信,谈购《唐才子传》事,载《新文学史料》2014 年第 2 期。

2月13日　致邢海潮信,载《长城》1993 年第 1 期,收入《曲终集》"芸斋短简"题下。

2月18日　致邓基平信,对其赠书表示感谢,勉励其在写作上继续努力,收入《孙犁全集》第 11 卷。同日,致徐光耀信,收入《曲终集》"芸斋短简"题下。

2月19日　致韩映山信,告知收到前后来信及各件,读过其近期发表文章,谈到《孙犁文集》及《续编》珍藏本的出售方式和定价,还介绍了自己的身体情况。同日,致杨栋信,告知收到前后信件,谈及写信少主要是身体原因,请杨栋抄录信件以备编入书信集,告知《孙犁文集》珍藏本规模、售价及编号。

2月21日　致卫建民信,谈写作和发表事,载《新文学史料》2014 年第 2 期。

2月23日　致刘梦岚信,告知身体"冬季、春节,都顺利通过,现在是想法闯过'开春'这一关",收入《孙犁全集》第 11 卷。同日,作

《新春怀旧》之《东宁姨母》，收入《曲终集》。同日，致姜德明信，谈对伦明、古籍整理、书价的印象。

2月26日　作《新春怀旧》之《同乡鲁君》，收入《曲终集》。

2月27日　致邢海潮信，载《长城》1993年第1期，收入《曲终集》"芸斋短简"题下。同日，致卫建民信，认为其"四期分段法"很新颖，建议写成一篇论文，收入《孙犁全集》第11卷。

3月5日　致万振环信，对三篇读书笔记顺利刊出且校对精审表示感谢，收入《孙犁全集》第11卷。

3月7日　致邓基平信，告知《耕堂序跋》前几年已在湖南人民出版社出版，不能再编了，收入《孙犁全集》第11卷。

3月9日　致杨栋信，告知收到信件及购买《孙犁文集》珍藏本书款并已面交百花文艺出版社负责人，同时提到因身体状况决定不过生日。同日，致卫建民信，谢绝为其过生日，载《新文学史料》2014年第2期。同日，致严建平信，对四篇读书随笔顺利刊出且校对精审表示感谢，提到准备再写点通俗的稿件供其刊登，收入《孙犁全集》第11卷。

3月10日　致刘宗武信，收入《曲终集》"芸斋短简"题下。

3月13日　致邢海潮信并作品剪报，告知不必买《孙犁文集》珍藏版，出书后当奉送，载《长城》1993年第1期。同日，致徐光耀信，收入《曲终集》"芸斋短简"题下。

3月22日　致姜德明信，告知收到12日来信及书目，谈到自己对书目的喜爱以及早年为书目写书评一事，又谈到自己对于"买书也没有多大兴趣了,所存之书,百未读一"。

3 月 24 日 作《庸庐闲话》之《我的仗义》,收入《曲终集》。

3 月 30 日 为房树民寄赠的《胡适文粹》包书衣并题记:"胡适好像离我们很远了似的。我手下没有几本他的书。人一死,他忽然变得对我们亲切了很多。所以见到关于他的书,我们也忽然觉得珍惜了。"

3 月 31 日 致杨栋信,告知收到来信,对尚未出版的《孙犁文集》珍藏本编校及进度表示不满。

本月 作《我的读书生活》,收入《曲终集》。

本月 《如云集》由百花文艺出版社出版,收入芸斋小说、散文、随笔、读书记、芸斋短简等七十三篇。

4 月 3 日 作《庸庐闲话》之《我的仗义》补记,载 1992 年 5 月 17 日《羊城晚报》,收入《曲终集》。同日,致万振环信并《我的仗义》一篇,收入《孙犁全集》第 11 卷。

4 月 13 日 作《野味读书》,载 5 月 9 日《文汇读书周报》,收入《曲终集》。

4 月 16 日 致万振环信,谈对其所作《甘于淡泊,勤于笔耕》一文印象,认为:"文字益见质朴通达。"谈《我的仗义》一文处理意见,收入《孙犁全集》第 11 卷。

4 月 19 日 下午,作《汉娄寿碑》题记。

4 月 22 日 致邢海潮信,载《长城》1993 年第 1 期,收入《曲终集》"芸斋短简"题下。

4月25日　致贾平凹信,收入《曲终集》"芸斋短简"题下。

4月27日　上午,金梅送来代买中华书局1986年版《朱子语类》一部。午饭后至次日,为该书包书衣并题记。

4月28日　为自牧寄赠的《何典》做清洁、包书衣并题记。

5月3日　致邢海潮信,载《长城》1993年第1期,收入《曲终集》"芸斋短简"题下。

5月5日　致罗维扬信,认为其发表于《芳草》的"拜访"两篇散文写得很自然,访问汪曾祺一篇"尤佳,情景活现",载1994年《作家》第11期。

5月7日　侯军为撰写寿联文,并请书法家陈连羲用大红宣纸书写。上联:"兰为伴,菊为伴,欣清气盈窗增鹤寿",下联:"笔有情,墨有情,化书香满室慰文宗"。

5月8日(农历四月初六)　逢八十大寿,天津文学界同仁拟为举办做寿活动,以身体不佳为由婉拒。报社数位同事来家中小聚,摄影留念。

5月10日　致韩映山信:"映山同志:前后来信都收到。(丢了的那封,后来也送到了。)我的身体,目前还算不错,请勿念。现在麻烦的是文集。号称珍藏本,定价那么贵,实际无人负责。靠给一个带小孩的青年妇女,每回送稿来,稿子和小孩的尿布屎布,裹在一起,斯文不止扫地矣。连续发生重大事故:经金梅发现,丢了一本书。经我发现:第一次漏编了诗歌和剧本两大部分。第二次,一首唱辞(词),第二页当成了第一页,第二页的第一句,就算标题。已经超出了常

324

孙犁年表

规的错误,令人不可言喻。我也明白了,过去向他们说的那些央告话,是没用的。现在我连不满也不表示,不管怎样,把书出了,也就完了。现在,我劝你,什么事也不要生气,也不要见怪,事已如此,只好听其自然。自己埋头苦干。"

5月12日　为《模印砖画》重新包书衣并题记。

5月13日　谢大光来访。同日,致卫建民信,谈生日那天状况,载《新文学史料》2014年第2期。

5月14日　致万振环信,感谢其赠送礼品和生日贺信,表示不过生日,收入《孙犁全集》第11卷。

5月17日　致邢海潮信,载《长城》1993年第1期,收入《曲终集》"芸斋短简"题下。

5月20日　致卫建民信,回答《白洋淀纪事》当时并无计划。"《荷花淀》等篇,是我在延安时的思乡之情,思亲之情的流露,感情色彩多于现实色彩。"收入《孙犁全集》第11卷。

5月23日　致吕剑信:"吕剑同志:五月号《诗刊》,兄之大作后一首,系弟所作,望便中一读赐教。去年曾请兄对《眼睛》一诗发表意见,未有回音,想或不以为然耳。弟好读《诗刊》,每年习作一首,然甚板滞,无法改变,甚以为苦。兄作已读过,灵活韵远,工力感情,贯穿始终,非弟粗糙浮浅所敢望也。"

5月24日　致邓基平信,认为:"《何典》一书甚好,我过去没见过。"提到因心脏不太稳定,读书、写作已很少,收入《孙犁全集》第11卷。

6月1日　致鲁承宗信，谈自己养花养鸟养鱼，不过是凑合、抱残守缺而已，认为鲁所介绍养病经验，以"不关心"为名言，收入《孙犁全集》第11卷。同日，为安平县乡亲题写书名《安平县农民保家独立团》。

6月2日　致邢海潮信，收入《曲终集》"芸斋短简"题下。

6月3日　作《簠斋古印集》题记，介绍该书收录内容，提到自己对古文字大多不能识别，"闲时翻阅，好像是欣赏一种抽象艺术而已"，对罗振玉所说出土古印有助于历史考证不以为然，认为："不过因为它是一种小古董，既可欣赏，也可以买卖。"

6月7日　致刘章信，感谢其问候，表明不过生日，提及"精神日差，已经很少写东西了"。收《孙犁全集》第11卷。

6月8日　致卫建民信，谈《如云集》出版和拟出书信集事，载《新文学史料》2014年第2期。

6月11日　致侯军信，感谢其赠送寿联，收入《孙犁全集》第11卷。

6月12日　上午，为柳溪所赠《纪晓岚文集》题记，谈纪氏文集版本，认为："书，流行与否，在其内容。纪氏文集，读者需要的东西，实在太少了。""纪氏功业，在于《四库全书提要》。"下午，为郑法清所赠《袁世凯奏议》题记，认为："从事文字工作，不可不读'奏议'。"但晚清奏议水平，已经降低要求，与曾国藩、左宗棠等人已无可比，载6月29日《天津日报》。

6月13日　清晨，作《唐才子传校注》题记。下午，作《汉娄寿碑》

补记。同日,抄录《朱子语类》书衣中题记八则,成《买〈朱子语类〉记》一篇,并作附记,收入《曲终集》。题模印砖画,认为此书所印砖画形象"十分生动,既通俗而又令人喜爱,实艺术之一种极致",由砖画而回忆幼年时所玩的 "模"以及用其拓制凸面人像的情形,言:"儿时意趣,实可玩味。"载 6 月 29 日《天津日报》。

6 月 14 日 下午,作《专门名家》题记,对此书印装质量评价颇高,由古砖回忆叔母洗衣砖的精细和坚实,载 6 月 29 日《天津日报》。

6 月 17 日 上午,作《南阳汉画像汇存》,介绍该书的版本、编辑质量,提及对汉画像发生兴趣系受鲁迅启发:"夏中无事,翻阅汉画,谨记一些心得如上,也是纪念鲁迅先生,为学博大精深,一言一行,无不惠及后学也。"下午,作附记:"余青年时期,奔走于乡间道路,常于疲累时,坐于道旁墓冢碑座上小憩。回忆碑正面两旁,多有装饰画,其形制仍汉画遗风。然碑面打磨平细,其刻法似是武梁祠风格,而非南阳画像风格也。'文化大革命',北方碑碣全部打倒砸断,亦多用于砌猪栏,建公厕,作台基,私人收用者少,因视为不祥,后之考古者仍需从这些地方,发现此物,此亦文物之历史规律也。"同日下午,作《蒿里遗珍拾补》题记,表示对此书内容并无兴趣,但由此引起对当时盗墓、倒卖文物之现象的感慨:"发展到群众性盗墓,挖掘,其结果,仍是要运往港台,卖给外国人,以致那里供过于求,减价处理,可叹,可叹。""看一本破书,引起没用的感慨,非读书之原意也。此所谓多愁善感欤?"载 7 月 24

日《天津日报》。

6月18日 上午,作《何典》题记,重读鲁迅为此书所作题记,认为将几个作家为同一件事写的文章放在一起比较,自然会有优劣之分:"鲁(迅)、刘(半农)高下,自在眼前。""这不是天赋天才的分别,是写作态度、写作用心的分别,刘的文章,虽是他自己的事,写得轻飘飘,极不严肃,而鲁迅为朋友作序,却投入全部感情,非常认真。高低之分,就出自这里。鲁迅文章,无论大小,只要有意为之,就全力以赴,语不惊人死不休,必克强敌,必竟全功,所以才得成为文坛领袖,一代宗师。"载8月24日《天津日报》。

6月20日 致姜德明信,谈图书涨价原因及《如云集》出版情况。

6月21日 此前,山东自牧寄赠《周易杂论》《白居易家谱》《赵执信年谱》各一册,表达祝贺七十八岁生日之意。是日清晨,包书衣并题记:"无聊,久不包书自娱,觅出装之。""此人屡赠余小书,亦可感念也。"同日,致万振环信并附稿件一篇,收入《孙犁全集》第11卷。

6月22日 致韩大星信,告知收到6月19日来信及附寄各件,认为:"篆刻文字,仍以汉印,即汉隶为主,因其既有古意,亦易认识。"对其立意为自己刻制印谱一事表示感谢,但考虑费力、费料,希望从容为之,不要过劳。

6月26日 清晨,作《雪堂校刊群书叙录》题记,评价罗振玉的学术活动,总结罗振玉作为时代产物的六个特点,特意指出其在印书方面的成绩,值得今天的出版家们学习,言:"所印书籍,定价昂贵,使鲁迅吃惊,但又因为印得的确好,又不得不买。"载8月24

日《天津日报》。

6月29日 清晨,作《秦淮广记》题记,记述买书之经过,言:"此书虽系无聊之书,然编者仍以严肃态度出之,叙述秦淮制度沿革,历史事实、著名人物均有史载。"同日下午,题俞樾书《枫桥夜泊》诗石刻拓片,谈到俞樾的著作和学问,并评价其书法"没有丝毫馆阁气,也没有丝毫怪气,规矩之中,自有本身风神",认为:"字不怕俗,却怕怪。俗能通向大众,怪则为多数人不认识,不认识之字,尚得称为书法乎?"并就寒山寺成为旅游热点提出看法。

6月30日 致万振环信并《耕堂题跋》,收入《孙犁全集》第11卷。

本月 《天津日报》副总编辑滕云来家中拜访。

7月1日 致韩映山信,告知收到来信,建议其多读书,写杂文投稿,谈到自己,表示:"我也不愿意写了,也实在写不好了。看书也很少,……最近只写了些题跋,每篇数百字。"但又劝说韩映山"要从长远看,不要只看眼下。来日方长,你的创作,还是很有前途,千万不要悲观"。

7月3日 清晨,作《簠斋藏镜》题记,介绍陈介祺收藏及该书形制。

7月6日 清晨,作《古泉丛话》题记,介绍此书的卷数、序跋、题识及作者戴熙,言:"余对古钱无知识,戴书所记故事甚多,尤多假钱、铁钱的记载,颇有趣味。余作笔记小说读之。"

7月9日 致邢海潮信,谈投稿事,建议多写历史、文学掌故,提及中学同学姓名,收入《孙犁全集》第11卷。

7月15日 致万振环信并《耕堂题跋》,祝贺其晋升高级职称,收入《孙犁全集》第11卷。同日,致卫建民信,谈写作、编散文集事,载《新文学史料》2014年第2期。同日,致韩大星信,告知收到7月13日来信,说明6月22日信中"汉隶"一说是自己弄错了,应为"汉印",告知部分作品书名、系列文章名及笔名,供其刻制印谱之用。

7月28日 致邢海潮信,载《长城》1993年第1期,收入《曲终集》"芸斋短简"题下。

7月30日 致万振环信并委托张金池寄去《耕堂题跋》四节,收入《孙犁全集》第11卷。

8月1日 致姜德明信,谈准备寄赠《如云集》及自己状况。

8月5日 致卫建民信,收入《曲终集》"芸斋短简"题下。

8月10日 致常跃强信,告知《乳名》尚未读,谈及天津大热,什么事也做不成,收入《孙犁全集》第11卷。同日,致李屏锦信,告知收到来信及赠书,提及"日见衰老,心脏亦发现有病,今年写作,已经很少。"收入《孙犁全集》第11卷。同日,致徐光耀信,载1993年4月8日《光明日报》,收入《曲终集》"芸斋短简"题下。

8月12日 清晨,作《我的绿色书》,收入《曲终集》。同日,致韩大星信,告知收到来信,认为其所刻印章都很好,表示由于身体不好和孤身一人,不便接待来访,因此没有同意其来天津要求。

8月13日 清晨,作《秋凉偶记》之《扁豆》,篇末附:"芸斋曰:此时同志,利害相关,生死与共,不问过去,不计将来,可谓一心一德矣。甚至不问乡里,不记姓名,可谓相见以诚矣。而自始至终,能相信不疑,白发之时,能记忆不忘,又可谓真交矣。后之所谓同志,多有相违者矣。"

8月16日　清晨,作《秋凉偶记》之《再观藤萝》《后富的人》。此二篇与《扁豆》以《秋凉偶记》为总题,载《散文》1992年第11期,署名芸斋,收入《曲终集》。

8月17日　清晨,作《我的"珍贵"二等》,收入《曲终集》。

8月24日　致常跃强信并附为"刘先生"所题书名,收入《孙犁全集》第11卷。

8月26日　致杨栋信,告知收到来信,谈《孙犁文集》(珍藏本)书款转交情况。同日,致邢海潮信,载《长城》1993年第1期,收入《曲终集》"芸斋短简"题下。

9月4日　致万振环信并稿件,收入《孙犁全集》第11卷。

9月5日　致徐光耀信,载1993年4月8日《光明日报》,收入《曲终集》"芸斋短简"题下。

9月8日　致邢海潮信,认为编辑对信札没有兴趣是偏见:"最能见人性灵的是书信。"收入《孙犁全集》第11卷。同日,致卫建民信,谈近期写作,载《新文学史料》2014年第2期。同日,致韩映山信,告知收到来信,嘱咐韩映山"要紧的是,不要好生气",建议其开拓写作路子,可以就保定莲池的历史、文物、人物、现状作一学术性的介绍,对其长子韩大星学业大进感到高兴,最后提到心脏有些不稳定,很久不写东西了。

9月10日　致徐光耀信,载1993年4月8日《光明日报》,收入《曲终集》"芸斋短简"题下。

9月14日　致常跃强信及剪报,请其转交致李贯通信,收入《孙犁全集》第11卷。

9月15日　致卫建民信,收入《曲终集》"芸斋短简"题下。同日,致姜德明信,谈自己身体状况。

9月17日　致徐光耀信,收入《曲终集》"芸斋短简"题下。

9月19日　作《宋司马光通鉴稿》题记,言:"余自七十年代起,裁纸包书近二十年,此种况味,不足为他人道。今日与帮忙人戏言:这些年,你亲眼所见,我包书之时间,实多于看书之时间。然至今日,尚有未及包装者。"同日,作《宋贤遗翰》题记,言:"此过去故宫博物院出版物,印刷精良,为当时先进,鲁迅曾称许之。"又题:"故园消失,朋友凋零。还乡无日,就墓有期。哀身世之多艰,痛遭逢之匪易。隐身人海,徘徊方丈。凭窗远望,白云悠悠。伊人早逝,谁可告语。"

9月20日　致邢海潮信,转河北来信及剪报两份,收入《孙犁全集》第11卷。

9月24日　致郑法清信,委托待《孙犁文集》(珍藏本)出版后寄杨坚、邢海潮各一部。

9月29日　致卫建民信,请其代买《随笔》,载《新文学史料》2014年第2期。

10月1日 致外地报社、杂志社信:"编辑同志:承蒙长期惠赠报刊,使我从中获益很多。衷心感谢!现在我年老多病,视力不佳,读书阅报已很困难。因此恳请从明年起,不要再赠送书报,以免浪费,我对你们的感激之情,是永存的!"

10月2日 郭志刚全家来访,郭认为:"老人精神很好,声音依旧洪亮,疑所传之病,过甚其词。"并合影留念。

10月3日 致徐光耀信,载1993年4月8日《光明日报》,收入《曲终集》"芸斋短简"题下。

10月11日 致邢海潮信,告知《孙犁文集》可望年内印出,届时当寄赠一部,收入《孙犁全集》第11卷。

10月12日 致徐光耀信,载1993年4月8日《光明日报》,收入《曲终集》"芸斋短简"题下。

10月18日 致罗维扬信,认为其发表在《美文》上的文章写得很好,但希望"在文意上再含蓄一些,文词上再节约一些",载《作家》1994年第11期。同日,致常跃强信,谈及因天气变冷,"心脏又有些不稳",认为常的两篇散文写得都好,有真实的东西,收入《孙犁全集》第11卷。

10月21日 致鲁承宗信,告知读了对方的文章,认为真实扼要,没有冗文,实属难得,同时谈及《孙犁文集》(珍藏本)进度,收入《孙犁全集》第11卷。

10月25日 致姜德明信,谈对其所赠新编《北京平》的印象,认为不宜再搞毛边书。

10月26日 致邓基平信,谈到最近将其赠送的十几本书籍单独捆作一起,留作纪念,表示因年老多病,"已什么事也做不成了"。

11月2日 致邢海潮信,就其给《今晚报》投稿受挫表示:"近来报纸副刊,专登应时文章,浅薄无聊。对学术文字既不懂,亦无兴趣。可暂时不寄稿件给他们。"并提及:"不想再投稿,文场是非多,向无标准……不愿再虚耗精神。"收入《孙犁全集》第11卷。

11月7日 致徐光耀信,收入《曲终集》"芸斋短简"题下。

11月8日 致韩映山信,转告郑法清愿意接受韩映山所写孙犁"印象记"的表态,但不知是否需要自费:"如系自费,哪来那么多钱?书又怎样卖法?"又谈到心脏不好,无法做事,"书也很少看,就不用说写作了"。

11月12日 致万振环信,谈对其所作《族谱》印象及修改建议,提及《如云集》错字及方言问题。同日,致萧宜信,谈对《文汇·笔会》的印象,认为有关钱君匋、程砚秋、叶浅予、关良的文章内容充实,很有兴味。

11月22日 致铁凝信,谈对其小说印象,认为《他嫂》一篇"农村场景描写入微,惟妙惟肖;行文如流水飞云,无滞无碍。""小说后半部的用语,似乎滥了些"。认为铁凝的语言在当代作家中"还是很有修养的,素质很好。"收入《曲终集》"芸斋短简"题下。

11月27日 致郑法清信,告知原拟寄给邢海潮的《孙犁文集》(珍藏本)先不寄出,暂存出版社,另自购《如云集》二十册。

12月4日 上午,百花文艺出版社郑法清、李华敏来家中送《孙犁文集》(珍藏本)样书,见书后非常高兴,称赞出版社办了一件大事、一件实事。

12月5日 致万振环信,表示收到赠报费,谈自己身体冬季防护,收入《孙犁全集》第11卷。

12月10日 致吴云信,认为:"做学问和创作一样,经历非常重要,读书次之。""古人说行万里路,绝非欺人之谈。"收入《孙犁全集》第11卷。

12月16日 致韩映山信,告知收到来信,认为韩写驳李国文的稿子《今晚报》不一定能够刊登,因为李反攻自己的文章就登在该报。

12月20日 致胡天纯、季涤尘信,问候季涤尘近期工作,收入《孙犁全集》第11卷。

12月26日 致邢海潮信,问候近况并叮嘱严冬不必出门。同日,致邢江潮信,问候邢海潮音信。两信均收入《孙犁全集》第11卷。同日,致韩映山信,告知收到来信并提及自己致贾平凹信遭到当事人李国文反攻之事。

12月31日 致卫建民信,谈《孙犁文集》及续编出版事。

是年冬 侯军在赴深圳前辞行,嘱其"再忙也不要扔下你的笔",谈到"一个人只要是和文字打交道,就算个文人了。我常说一句话:文人当以文章立命。你还年轻,等你到了我这个岁数,就知道年轻时多留下一点文字性的东西,有多么重要了。"赠其《芸斋小说》一册。

是年 百花文艺出版社出版《孙犁文集》珍藏本,分为前编五册,续编三册。前编即 1982 年版,续编收入《尺泽集》《远道集》《老荒集》《陋巷集》《无为集》《如云集》中全部作品以及近年来新发现的旧作和前编未收录的作品,近三百万字,限量印行两千部。

孙犁年表

1993 年 | 八十岁

1 月 12 日　致姜德明信,告知正读《北京平》,认为林庚文章"写得很好"。

1 月 13 日　致铁凝信,谈对惠山泥塑和天津泥人的看法。收入《曲终集》"芸斋短简"题下。

1 月 27 日　致李屏锦信,告知收到《入唐行记》一书,表示对此类书"很有兴趣,正在阅读",谈及:"入冬以来,心脏不适,一切事都做不成了,读书也是过目即忘。"收入《孙犁全集》第 11 卷。同日,致李安哥信,告知收到来信并谈到"有些关于我的报道,多有失实之处",又介绍了《孙犁文集》(珍藏本)及身体近况。

1 月 30 日　致卫建民信,谈过春节情况,表示不再想写东西,并通知赠阅报刊方不要再赠送,因已没有稿件,收入《孙犁全集》第 11 卷。

2 月 4 日　致韩映山信,告知收到前后来信,谈到引来麻烦的"病句出自李国文,他写的攻击我的文章,发表在去年十月初的《今晚报》上",嘱咐韩映山"不要看禅书,尤其是目前出的所谓谈禅的书",建议其系统读一遍《太平广记》,最后提到自己心脏不稳定,睡眠困难。

2 月 5 日　致邢海潮信,告知《孙犁文集》(珍藏本)印数及销售方式,谈到因犯心脏病已决定不再写作,也不再给《天津日报》《今晚报》投稿,收入《孙犁全集》第 11 卷。同日,致李安哥信。

2月9日　致姜德明信,谈到杨栋自建藏书楼,请代找《芸斋小说》直接寄杨。

2月10日　致卫建民信,谈"不再写作"的理由及身体状况,载《新文学史料》2014年第第2期。

2月16日　致韩大星信,说明此前托人寄还信笺,是因为自己"字写不好",附寄题签二纸。

2月18日　致韩映山信,告知收到来信及抄件,着重谈《太平广记》的价值:"可以说是中国古代文化的百科全书,非指小说。"抄录最近写的三首诗:一关于保定风光,一关于贾大山,一关于娄凝先。

2月20日　致徐光耀信,收入《曲终集》"芸斋短简"题下。

2月21日　致徐光耀信,载4月8日《光明日报》,收入《曲终集》"芸斋短简"题下。

3月11日　致邢海潮信。同日,致卫建民信,谈自己身体及精神状况,载《新文学史料》2014年第2期。

3月15日　致徐光耀信,收入《曲终集》"芸斋短简"题下。同日,致姜德明信,告知收到14日来信及小报,谈梁章钜《楹联丛话》及李俊民的创作,还提到身体"有急遽下滑之势,文章写不成了"。

3月18日　致卫建民信,谢绝探望,载《新文学史料》2014年第2期。

3月27日　致徐光耀信,收入《曲终集》"芸斋短简"题下。

3月31日　致邢海潮信,收入《曲终集》"芸斋短简"题下。

3月某日 在居室门上钉字条一张,言:"病了,有事请到302。"

4月1日 致邢海潮信,收入《曲终集》"芸斋短简"题下。

4月4日 致李屏锦信并附一幅较大的毛笔字,请转交其亲属,表示:"字是谈不上,只是留念而已。"收入《孙犁全集》第11卷。同日,致姚恩河信,告知购买《孙犁文集》(珍藏本)办法,收入《孙犁全集》第11卷。

4月8日 致姜德明信,谈治学体会及身体状况。

4月13日 清晨,为耿见忠寄赠之《渔洋读书记》包书衣并题记,言:"久不读书,近病稍愈,觅出装之。"同日,为李屏锦寄赠之《入唐求法巡礼行记校注》包书衣并题记,言:"余欲读孤行苦历之书。今不只无书可读,甚至无报刊可读。报纸扩版成风,而内容变为小报。世风日下,文化随之。"表示对读字帖已经厌烦,"乃忆及此书。病中衰弱,精神短少,读书数行即倦"。

4月18日 致韩映山信,告知收到夹在华珊书中的来信,谈自己的病情,颇为悲观,表示身体虚弱,吃饭少,常患腹泻,心脏病时常发作,婉拒韩大星索字的请求。

4月底 天津日报社办公室主任霍静等代表社领导前来慰问。

5月2日 天津日报社社长邱允盛来家中看望,对邱说:"看来,我的病这次和以往不太一样,这么长时间了,药也吃了,就是不好,拉肚子,晚上肚子痛,吃不下东西。今年的天气也太怪,倒春寒,我这人又怕冷,越冷病就越不见好。"并撩起腹部的小棉袄,说:"你看,都现在了,我还穿这么多,还是冷,有暖气时还过得去,暖气一停就受不住了。晚上被窝总热不了。"邱提出报社帮助安电暖气,回答说:"已经五月了,天气要暖和了。装电暖气还得换电表,明年春天再说吧。"邱建议去医院就诊,表示不想去。

5月3日 致徐光耀信,收入《曲终集》"芸斋短简"题下。同日,报社办公室送来一电热宝。

5月8日 致卫建民信,不同意在《小说家》发表信件,载《新文学史料》2014年第2期。

本月上旬 家属、朋友、同事和天津日报社领导,均建议去医院就医,答复总是两个字:"不去!"因为"怕进医院,怕见医生","一见穿白大褂的就紧张",并对李夫说:"我不怕死,但我怕死不了,活着受罪。我今年八十了,就不再去受那个罪了。"报社请天津医学院附属医院黄乃霞主任来家中诊断,建议立即住院,说:"大便潜血不好,得检查,住院后采取措施止血,还可以输液补充营养。"答复是"考虑考虑",仍不去医院。

本月中旬 病情加重,发现大便潜血。报社向天津市委宣传部并市委正式报告孙犁病情,市委常委刘峰岩批示:"孙犁同志是我国著名的老作家,是宝贵财富。对他的疾病一定要高度重视,目前要抓紧确诊,精心治疗,早日恢复健康。""缺一名市委常委,后备力量有得是,孙犁没了,再没有第二个。"报社派人到天津市卫生局和第一中心医院介绍病情,请求支持。第一中心医院院长刘冰表示:"我也是孙老的崇拜者。孙老如到一中心治疗,我们一定安排最好的病房,派最得力的医生,尽全力把孙老的病治好。"

5月20日　当年在同口教书时的学生陈季衡邀请271医院内一科主任苏正高来家中对病情进行询问、观察并做触摸检查，认为是幽门处发生癌变，建议住院治疗。

5月22日　傍晚，邱允盛来家中看望。对邱说："我越来越不好了，比你上次来又差多了，围绕肚脐一圈，晚上总疼，越来越吃不下东西，人越来越消瘦，前段时间拉肚子，最近又便秘，有一次三四天大便出不来。前不久，我洗了一个澡，才发现，我只剩皮包骨，一点肉也没有，不行了，我已是一个八十岁的老人。我想了，如果肚子里真长了什么，这么大岁数，身体这么弱，心脏又不好，经不起折腾了。我不去医院了，就是去了医院，真折腾一下也没什么用。我不愿意受那份痛苦。"邱仍力劝去医院就诊，答："你让我想一想，考虑考虑，我明天一定给你答复。"

5月23日　上午，通过孙晓达转告报社："同意过完生日（5月26日）就去住院。"下午，天津市委宣传部部长谢国祥、今晚报社总编辑李夫前来看望，并劝说赶紧住院。晚上，腹痛加剧。

5月24日　孙晓达在电话中转告报社决定今日就去住院。邱允盛、孙晓达等人即去第一中心医院与刘冰院长接洽并参观病房。孙晓达接到电话，说："今天这么大风，不去医院。明天再说。"晚上八点，突然晕倒。医生来家中诊断，心脏、血压尚正常。

5月25日　在天津日报社领导安排下，住进刚刚完成扩建的天津市第一中心医院高干病房，对医院条件表示满意。自是日起，每天输液、输血。

本月下旬 百花文艺出版社、天津日报社、天津市作家协会等单位，为庆祝孙犁八十寿辰，在天津举办研讨活动。与会者就其五十余年的文学活动、文学创作以及在当代文学史上的地位和贡献等方面展开讨论。

6月2日 经一个多星期营养补充，感觉好了一些，心情也有所好转。天津市委副书记李建国代表市委到医院看望，答："我看大危险不会有了，有希望。"并对邱允盛说："请报社放心。医院生活我已慢慢习惯了，我不会给报社捅娄子的，会和医院搞好关系的。"

6月11日 难以进食，只能喝少量牛奶、米汤，身体愈加消瘦，情绪波动，不愿意配合医生治疗。经钡餐检查，发现胃幽门严重梗阻，只能手术。

6月12日 医院做手术前准备，护士来从脚上抽血，断然拒绝："到底什么病，给我怎么治，都没有跟我说，就要抽我血！"向报社人员表示不手术，下午就出院。报社人员劝慰："孙老，究竟怎么办，是否还是听组织的？"回答说："那可以！"下午，李夫来探视，对李说："我不手术！我不怕死！我不愿受痛苦！我就怕折腾！"

6月14日 《天津日报》总编辑吴炳晶到医院探望。医院将孙犁病情报告中共天津市委，天津日报社向市委紧急递交《关于孙犁同志病情及有关情况的报告》，李建国当天批示："同意再请有关专家会诊一次，权衡手术治疗的利弊，务请各方面认真配合。"

6月15日 第一中心医院请天津市肿瘤医院腹部组主任王殿昌

进行会诊,提出三种治疗方案。同日下午,天津日报社委会召开会议,就下一步治疗进行专题研究,确定三条意见:一、孙犁同志是国内外知名老作家,对文学艺术有着卓越的贡献,报社应尽一切力量,配合医院对孙犁同志进行积极治疗;二、对孙犁同志采取什么治疗方案,医院应该周密论证,在医院进行充分论证之后,最后听取家属和孙犁同志本人意见决定;三、不管采取什么治疗方案,都应该想方设法尽全力进行治疗,尽量减轻孙犁同志痛苦,争取最好的结果。

6月16日　上午,邱允盛、李夫、孙晓达和第一中心医院副院长于明堂就下一步治疗进行专题研究。孙晓达明确表示,遵照本人的意愿,家属的意见是:"不手术,不化疗,不做胃镜,同意积极地采取正常疗法。"天津日报社将研究结果和社委会意见及二次会诊结果报告中共天津市委。

6月17日　李建国批示:"请一中心医院想方设法全力进行治疗。"

6月18日　天津市卫生局举行第三次市级会诊,专家结论是:不要犹豫,赶紧手术。享有"天津普外一把刀"声誉的吴咸中教授非常肯定地说:"手术能够成功,我有百分之九十的把握。"

6月19日　邱允盛、李夫到医院与孙晓达交换意见,孙晓达最后表示,只要本人愿意手术,家属也赞同。随后,三人来到病床前动员做手术,仍听不进三人的话,几次摆手,说:"我太痛苦了,你们不了解我,我实在受不了了,只希望早死,我摸电门的念头都有。

我不手术。"经反复劝说，答应"慎重考虑考虑后再说"。

6月20日 同意做手术并希望由吴咸中、鲁焕章主刀。

6月21日 不同意医院在锁骨下静脉高营养注射，表示尚无手术方案，不能在身上做这做那，要做须经报社和市委同意，医院只能继续常规输液。同日，《天津日报》副总编辑汪振城和编委会几位成员到医院看望。

6月22日 李建国到医院听取病情介绍，表示请市卫生局主持、报社参加，召集吴咸中等专家下午开会，决定手术时间，制定详细手术方案。李建国再次到病房看望，转达市委领导的关心，说："吴咸中是权威，他觉得手术，说有希望，就一定会成功的。下午就请吴咸中等有关方面的专家研订详细的手术方案，就这么定了吧。"对市委领导的关心连连表示感谢，说："我从1956年起就神经衰弱，有神经官能症，我自己对自己最了解。别人对我的了解，都是道听途说，希望医生们做决定时能考虑到这一点。"下午三点，由市卫生局主持，进行第四次会诊，确定手术方案，并成立医疗抢救小组。会议持续到晚上六点多钟。会后，专家们一起前来看望，向大家表示："人应该知足，应该知道自己的分量，领导们对我的病这么关心，这么多专家来给我手术，我有信心。"

6月23日 医院抢救小组将孙犁手术方案报告市委，李建国批示："同意，请大家齐心合力，争取最好的治疗效果。"同日，秦兆阳致信，认为近几年发表的"文章虽短，正气内涵，耐人咀嚼，亦可想见人虽年老而精神风貌不老也"，祝愿取得"背水一战"的胜利：

"活着,形象会更清晰,更有影响——是正气风范与清纯风范的影响。"

6月24日 心情轻松,情绪很好,对前来看望的李建国等领导说:"谢谢你们,今天天气很好,大家车也很顺,我有信心打胜这一仗!"八点三十分,进入手术室,九点后开始手术,十一点多手术结束,手术出血不多,整个过程非常顺利。吴咸中告诉大家:"孙犁同志的血管、胰腺、肝等,根本不像一个八十岁的老人,这次手术成功以后,孙老第一步准备跨世纪,第二步准备过百岁吧!"又赋诗一首《喜贺孙犁老手术成功并祝健康长寿》:"年逢八十动刀兵,心腹顽疾一朝清。养精漫步跨世纪,蓄锐争当百岁翁。"

6月25日 上午,专家再次会诊。病情稳定,言语自如,伤口无出血,胃肠减压管通畅,血压、脉搏、呼吸、体温均正常。

7月1日 根据手术一周后病情报告,专家再次会诊,认为身体恢复过程正常,病情稳定,精神状况良好。李建国、吴炳晶前来看望。对市领导高兴地说:"手术太成功了,手术太漂亮了。手术都是权威,术后没有发生任何不痛快。大便下来了,也排气了,病房欢声雷动,大家都向我庆贺。"对领导的问候表示感谢。当听说内脏不像八十岁老人,吴咸中让他第一步准备跨世纪,第二步准备过百岁时,哈哈一笑,说:"他们说了,我的肝像六十岁的人。"又说:"吴咸中真是句句真言,现在消息已经传到北京了,这真是大喜事,你们要把我的情况告诉尽可能多的人。"

8月3日 出院回家静养。

9月1日（一说8月31日） 上午，韩映山、杨润身来家中看望。谈及："这次病，差一点见不了面了。当时觉得，一点活路也没有了。老杨去看我，深深地给我鞠了一个大躬，活像向遗体告别，可郑重哩！"谈到《文艺报》发表的秦兆阳的来信，说："见到了，我把它剪了下来。信写得很好，终究是老同志，比较了解我……"

9月13日 致徐光耀信。同日，致邢海潮信。二信均收入《曲终集》"芸斋短简"题下。

9月15日 致姜德明信，谈对其《余时书话》印象，同时提及自己手术及出院后的状况。同日，致刘梦岚信，对其专门来天津探望而未能接待表示歉意，谈自己大病及手术后恢复情况，收入《孙犁全集》第11卷。

9月16日 致卫建民信，谈手术事，载《新文学史料》2014年第2期。

9月19日 致刘绍棠信，载10月8日《天津日报》，收入《曲终集》"芸斋短简"题下。

9月30日 上午，于阳台用细砂纸打磨《鲁迅书简》书顶尘污并包新书衣。

10月1日 上午，作《鲁迅书简》题记，谈到《新文学史料》所刊姚克资料及其与鲁迅的关系，认为："姚能得鲁迅欢心、信任，实由于他的能干。"评价《鲁迅书简》："内容多有关鲁迅思想、作风，为文学史重要资料，并按人集中排印，看时方便。"同日，刘宗武代表北京一位热心读者送来一个花篮，并拍照留念。

10月2日　致邢海潮信,收入《曲终集》"芸斋短简"题下。同日,致段华信,嘱其"献血的钱,可买些营养品,不要用来购书",提到身体仍很虚弱,一时写不了文章,收入《孙犁全集》第11卷。同日,郭志刚前来拜访,印象"精神尚好"。对郭转述医生的话:"如果其他脏器不好,也就不一定动手术了。"

10月3日　致万振环信,再次表示不再接受赠报,收入《孙犁全集》第11卷。同日,致张金池信,请其代写回信。

10月11日　致赵润民信。同日,致姚恩河信。

10月12日　致徐光耀信,载1994年3月19日《文艺报》,收入《曲终集》"芸斋短简"题下。

10月22日　致邢海潮信,收入《曲终集》"芸斋短简"题下。

10月24日　致杨栋信,告知收到前后信件,谈自己手术后恢复情况。同日,致万振环信,谈手术前后情况,收入《孙犁全集》第11卷。同日,致常跃强信,谈手术前后情况,言:"此次大病,死里逃生。全因为我平日不注意饮食卫生,有病后,又不到医院检查,拖延过久,以致发生休克。"收入《孙犁全集》第11卷。

10月27日　致韩映山信,告知收到来信,身体逐渐恢复,对其专程来津探望表示感谢,表示:"东西是不想写了,书也很少看。每天只是看看《参考消息》和《天津日报》。另外研究一点儿鲁迅晚年的书信。"载1994年3月19日《文艺报》,收入《曲终集》"芸斋短简"题下。

11月1日　作《题文集珍藏本》,收入《曲终集》。

11 月 3 日 陈建民与其四叔来访并合影留念，陈建民请孙犁为文集签名，在第三卷扉页上写下："建民同志为书中所记陈叔衡烈士的后代，一九九三年十一月三日，孙犁记。"

11 月 6 日 为吕剑赠送的《俞平伯书信集》包书衣并题记，言："近年我不愿印书，尤其是不明底细的出版社，及不熟悉的编辑人员。每有来舍，多遭拒绝。我亦不愿与不三不四之文人，同列于一种丛书之内，偶有不察，后明了即悔之不已。先后要编我的散文的，有陕西、北京各处，均费尽口舌，不与成议。""吕剑同志之儿媳，服务于北京广播电视出版社①，去年来舍，商谈汇印我的全部散文，并携来吕剑赠书两种（另一种为当代旧诗）。我念及与吕剑多年交往，不便推辞。她的编辑计划，亦甚合我意，遂答应之。"

11 月 12 日 为去年 11 月自牧寄赠的《挂枝儿 山歌》包书衣并题记，言："养病无聊，觅书包装消遣。"同日，为《孔子世系》包书衣并题记，言："养病装书，'系'字误书，究竟老矣。"同日，致徐光耀信，载 1994 年 3 月 19 日《文艺报》，收入《曲终集》"芸斋短简"题下。

11 月 14 日 致邢海潮信，收入《曲终集》"芸斋短简"题下。

11 月 23 日 致韩映山信，告知收到来信，认为"目前，文艺界极为动荡"，自己写给贾平凹的信"已遭到或明或暗的攻击，得罪的

---

① 此处"北京广播电视出版社"应为中国广播电视出版社。所出版书籍为《孙犁散文》(上、中、下)，连云飞、潘陆阳编，中国广播电视出版社1995 年 3 月出版。

不止一人,而是一群人。十四大前后,他们极其活跃,各路出击,一支冷箭射向天津,目标就是我",提醒韩映山注意近期"中央采取的一系列措施,这就是为了防止一场新的动乱。今天报上江总(书记)在上海发表的对文化界的讲话,很重要,提出三个主旋律",认为"这会使形势进一步稳定下来"。信中大段介绍由于"病句"一事与李国文发生的纠纷,表示:"这些名家,是吃捧奶长大的。""吃多了只能使人虚弱。"最后叮嘱韩映山"不要对天津有关的人讲"。

12月4日 致邢海潮信,收入《曲终集》"芸斋短简"题下。

12月10日 致罗维扬信,认为:"我作品不多,选集已经出过几种,再编影响不好。"告知身体逐渐恢复,载《作家》1994年第11期。

12月12日 致韩映山信,告知收到来信,谈及自己身体基本恢复正常,一切又都自理,每天整理书籍,读《民国通俗演义》,载1994年3月19日《文艺报》,收入《曲终集》"芸斋短简"题下。

12月13日 致卫建民信,谈病后读书情况,托买《林琴南集》,载《新文学史料》2014年第2期。

12月15日 致邢海潮信,收入《曲终集》"芸斋短简"题下。

12月18日 致姜德明信,谈及身体逐渐恢复,可以看一点书,生活上了一些轨道。

12月21日 致韩映山信,告知收到来信及剪报,嘱咐:"关于写我的文章,别人讲的,不要轻易引用。"谈自己入党时间及参加抗日情况,纠正他人作品中不符合事实的提法。交流读禅书的情况,表示："不是对佛经发生了兴趣,只是为了长一些知识。"载 1994 年 3 月 19 日《文艺报》,收入《曲终集》"芸斋短简"题下。

12 月 22 日 致鲁承宗信,认为:"今年是我的大灾之年。"告知手术情况,并嘱:"一切事情,可量力而为,不可过猛过急,以颐养天年为主。"收入《孙犁全集》第 11 卷。

12 月 23 日 致卫建民信,收入《曲终集》"芸斋短简"题下。

12 月 30 日 致韩映山信,告知收到来信,提及:《风云初记》中用了一些当地的真名实姓,而事迹又系创作,与真人无关,后来颇为后悔,然已不及改。好在乡亲,也没有人追究这些,不然就会造成麻烦。所以现在写文章,顾虑重重,也就没有生气了。"介绍《容斋随笔》是随笔中的上乘之作,是一部很有价值的书。认为韩映山所读禅书都是现代化了的佛书。谈自己身体状况及读书情况,表示现在出版物的质量令人不放心,宁可读一些旧版本或影印的书。载 1994 年 3 月 19 日《文艺报》,收入《曲终集》"芸斋短简"题下。

12 月 31 日 致卫建民信,收入《曲终集》"芸斋短简"题下。

1月1日　致葛文信,收入《曲终集》"芸斋短简"题下。

1月2日　上午,郭志刚前来拜访并合影,印象为:"孙老身体、精神均较上次见面时佳。"在谈话中提出:"自己作品就那么多,不愿再让出版社重复印,也不愿往一些人里掺和。对出版质量差、错字多也不满意。"对上海要出的"诗意小说",表示同意郭选,但希望"书出得好些"。同日,致刘梦岚信,谈身体恢复情况,收入《孙犁全集》第11卷。

1月3日　致徐光耀信,载3月19日《文艺报》,收入《曲终集》"芸斋短简"题下。

1月4日　在刘宗武转来的北京友人孙桂升赠送的《琉璃厂小志》书衣题记。

1月5日　为孙桂升赠送的《说园》包书衣并题记,言:"此为大病后新添书籍。虽非自购,然爱书之情,似仍未已也。"

1月6日　致邢海潮信,收入《曲终集》"芸斋短简"题下。

1月10日　致王爱玲信,感谢其对作品字句所提意见,收入《孙犁全集》第11卷。

1月11日　致卫建民信,致徐光耀信,收入《曲终集》"芸斋短简"题下。

1月14日　致万振环信,谈身体恢复情况并提到"因病的时间很长,不了解文坛现状,也不愿再接触",因此没有写文章,收入《孙犁全集》第11卷。同日，致姜德明信，谈对旧书市场和以前所印古籍印象。

1月18日　为《南明野史》包书衣并题记，记述去年住院、手术、出院日期及三位手术专家姓名，言："如不记注，恐将忘矣。""因见此书，近日读过去所购《南明史料》。"

1月20日　致卫建民信，收入《曲终集》"芸斋短简"题下。

1月23日　致邢海潮信，收入《曲终集》"芸斋短简"题下。

1月27日　致卫建民信，收入《曲终集》"芸斋短简"题下。

1月29日　致陕西礼泉赵润民信并附书作一件，感谢其寄赠书画，收入《孙犁全集》第11卷。同日，为赵润民寄赠之《昭陵碑林书法集锦》包书衣并题记，言："赵君先后来信，并寄画册、字帖等。又求当地画家孙君作白菜萝卜一幅，为我祝寿，情谊可感。""此君后又来函，有所商谈，余因故未及时作复，音问遂断。交友之道，余甚疏忽也。"同日，致徐光耀信，载3月19日《文艺报》，收入《曲终集》"芸斋短简"题下。

1月31日　为《寒松阁谈艺琐录》重包书衣并题记。

2月1日　为多年前购置之《明史纪事本末》做一简易书套并题记，认为该书"叙事简明有据，非一般野史可比"，高度评价该书之用纸、印装质量："可见当时出版家精益求精，为读者着想的精神。"

2月2日　致郭志刚信，收入《曲终集》"芸斋短简"题下。

2月6日　致邢海潮信，谈信件发表事，提及："弟亦非绝对不能为文，只因为当今文坛实非'场所'，懒于掺和。"收入《孙犁全集》第

11卷。

2月7日　致韩映山信,告知收到来信,谈近期以读明末野史尤其是张献忠和李自成的故事,认为"他们杀人很多,妇女尤其遭殃",提及读《明史纪事本末》中妇女同样遭殃的记载,信末谈到明末清初中国大动乱的原因及知识分子的选择,载3月19日《文艺报》,收入《曲终集》"芸斋短简"题下。

2月8日　复李安哥信,告知病中住院手术事,提及:"您正在青年,对于生活、工作,也要适应,不能固执。余暇,可以多读点书。"

2月11日　致段华信,认为:"要当作家,先要当游子,这是中国文人的一特点。"谈到近来读明史,包括南明野史和《明史纪事本末》,认为:"必须多读书,特别是中国古书,不然文章就很难写好,鉴赏能力也提不高。只读翻译作品,解决不了写作问题。"收入《孙犁全集》第11卷。

2月12日　致卫建民信,请其抄录有关读书信件给《文汇读书周报》,载《新文学史料》2014年第2期。

春节期间　读到田间夫人葛文写孙犁妻子的文章《抓髻夫妻情》,非常激动。

2月13日　人民日报记者、编辑刘梦岚来访,回答说现在每天生活很有规律:早晨在阳台锻炼,上午读书看报或写信,下午躺着休息,晚饭后八点听田连元评书《水浒传》,晚九点准时熄灯睡觉。每天准时吃五顿饭和一次水果,每日牛奶、豆浆各半斤,鸡蛋两个。刘梦岚问手术后读什么书,遂说出一大串书名,竟有二十一种之多，内容十分博杂，既有《清史杂考》等旧籍，又有《鲁迅书简》等新书；既有《画论丛刊》等论画之著，又有《坛经校释》等佛学之书。并说："有时也写点读书笔记。"刘梦岚请教书橱上方镜框内"大道低回"（孙犁自书）四个字的出处。为其讲解道："这是汉代杨雄的话，意思是大的、深奥的道理在下面转悠、回旋。我很喜欢这四个字……"将《题文集珍藏本》稿交刘梦岚。

2月16日　下午，致徐光耀信。同日，致韩映山信，告知收到来信，委托韩映山转告徐光耀编排自己病后给韩、徐二人的信，算是自己病后的文字，建议韩映山系统地读些书，以开拓思路："现在文章不好写，可节省时间多读书。"两信载3月19日《文艺报》，收入《曲终集》"芸斋短简"题下。

2月20日　致徐光耀信，载3月19日《文艺报》。

2月21日　致段华信，谈读明史事，建议线装书不要多买，太贵，不值得。谈对《通志堂集》和《赖古堂集》的印象，再次强调读书对于写作的重要性，认为："过去，只强调'有生活'，即可写东西，现在看来不行了。"收入《孙犁全集》第11卷。

2月23日　致傅正谷信，祝贺梦文化研究会成立，希望"加强学术性，防止庸俗化"，同时谈及梦与文学艺术创作的关系，收入《孙犁全集》第11卷。

2月24日　致徐光耀信，就在《长城》发表书信一事表示谢意，认为远离文坛是上策，但积习难改，投稿多为读书札记，算不上写作，收入《孙犁全集》第11卷。

2月26日　下午,致徐光耀信,收入《曲终集》"芸斋短简"题下。

2月28日　致韩映山信,告知收到来信,认为:"读书和买书,有时是两回事。""买书要实用,还要不占地方,读着方便。"建议韩买《汉书》,认为该书虽和《史记》有些内容重复,但写法有别:"《汉书》是一部大著作,不能不读,其中还保留了很多文学名篇,一举两得。"建议其看《后汉书》,该书对很多思想家、作家都有论列。又介绍自己身体见好及读书情况。

3月1日　致常跃强信并附书作一幅,对其寄来作品剪报表示感谢,告知身体恢复情况:"基本上能够自理,每天还可以读书,写点东西。"收入《孙犁全集》第11卷。同日,致艾东信,对所办刊物发表其信件表示感谢,认为:"书信虽是小道,但在感情传递上,有其直接平易的优势,非一般文学作品所能及。"收入《孙犁全集》第11卷。

3月2日　将早年在劝业场对面之古籍书店所购《蜀典》残本装入纸袋并题记,言:"余喜其字大行稀,拟携归修理。然经验不足以治此……乃拆毁之,用以垫书。今日忽又惜之,叠在一起,差足一卷。"

3月4日　致邢海潮信,谈百花文艺出版社向其付酬事,认为:"有些事情,他们不催是不办的。"告知近来看一些有关中国美术理论方面的书,也开始练练毛笔字,收入《孙犁全集》第11卷。

3月8日　致徐光耀信,对《河北日报》转载书信表示感谢,谈自己身体、写作及养花状况,收入《孙犁全集》第11卷。

3月10日　致韩映山信,告知收到来信,介绍买书经验和读书近况:"近日看关于中国美术的书,并写了一些读书笔记。"载 1995 年 12 月 1 日《文艺报》。

3 月 12 日　致卫建民信,告知在写关于画论的笔记,载《新文学史料》2014 年第 2 期。

3 月 13 日　用近一月时间,完成《读画论记》,包括:一、引,二、《画法要录》,三、《画论丛刊》,四、《画鉴》,五、《宣和画谱》,六、《画史》,七、《文人画之价值》,八、《石涛画语录》,载 3 月 23 日《天津日报》,收入《曲终集》。

3 月 14 日　致耿见忠信,谈到去年大病一场,令朋友们牵挂,好转之后,发表一些文字,借以使亲友们高兴,收入《孙犁全集》第 11 卷。

3 月 15 日　致邢海潮信并附剪报二页,告知近年已不读小说,也多年不买书,不去书店了,收入《孙犁全集》第 11 卷。同日,致段华信并附字幅一张,建议其不能只读古书,"还应该以新潮书籍为主,藉知世界文化现状",认为编刊物应该兼收并蓄,不能只登一种风格的文字,收入《孙犁全集》第 11 卷。

3 月 19 日　上午十时,滕云、宋安娜、张金池、金梅、郑法清、李华敏、刘宗武来访,商议召开孙犁研究会事,向众人重申不要拉赞助,后合影留念。同日,北京耿见忠持赠《中国书法全集》(78)康有为、梁启超、罗振玉、郑孝胥卷一部,以石印本《西域水道记》回赠。同日,为此书包书衣并题记,言:"今之青年,并汉奸之不知,甚亦不知租界为何物,且有人缅怀租界,拟议建立博物馆者,不知收藏何物,见诸报章,亦无下文,不知何时建立也。""书法者,知识分子之余事,然亦处世之大节。观此集,可知文字非小道,文人之趋避亦反映其间。康、梁,时代之猛士;罗、郑,因循之小人。合编一集,乃时代之丑净先后之演出。"同日,作《阅微草堂砚谱》题记,言:"余向来不当顾问。然报社顾问不能不当,因系饭碗所在处。中国作家协会之顾问,不到下届改选,亦无法辞掉。此①顾问乃柳溪代允,亦不得不当也。""文人好砚,以其为本身工具也,又以其为石也。此亦物恋,实难言矣。"

3月20日　致韩映山信并附书法作品一张,肯定韩答记者问和书法,建议其看汉碑、魏碑的字帖,谈到自己"毛笔字不行,主要是少年时未下功夫,老年太随便,不肯下功夫练。现在更写不好",又谈到近日完成的近八千字的《读画论记》,载1995年12月1日《文艺报》。

3月24日　王剑挺、周申明来天津专程看望,此时大病初愈。

3月25日　致段华信,告知3月23日在《天津日报》发表的《读画论记》为病后正规写作之始,谈买《六十种曲》过程以及对词、曲书的隔膜,认为张相《诗词曲语词汇释》一书很有用,对创作有好处,收入《曲终集》"芸斋短简"题下。同日,致姜德明信,谈近期写作情况及对文化界一些反常现象的看法。

3月29日　上午,为《佩文斋书画谱》前两册包书衣并在第一册

---

① 指《纪晓岚全集》。

题记。同日,致徐光耀信,谈购买瓷器,建议徐买一只康熙朝青花大碗。

4月2日　天津市孙犁研究会成立。

4月4日　致张学新信,嘱对某篇文章"发表时,不必署名,按原来样子就好",告知已收到段华所寄书籍。

4月6日　致邢海潮信,告知因百花文艺出版社人事变动,一些事情拖了下来。

4月8日　致万振环信,谈到因疾病困扰诸事俱废,有"从此搁笔"之念,收入《孙犁全集》第11卷。同日,致段华信并附字幅一张,谈到写《读画论记》后准备写文论和史论,因不好写就停了下来,仍在看书画方面的书,对《佩文斋书画谱》给予高度评价,又提到准备写一篇关于书法的读书记,收入《孙犁全集》第11卷。

4月10日　致段华信,请其代转致周翼南信及字幅。同日,致周翼南信并附书作一件,感谢其赠送一猫、一鱼两幅画作。

4月15日　致徐光耀信,谈购买瓷器,认为买玩意儿不能强求,又谈到民间旧瓷器大盘多而大碗少的原因,收入《孙犁全集》第11卷。同日,刘梦岚和同事罗雪村来访,发现客厅中镜框中换了一张画着萝卜、白菜的国画,下方题写:"朴而无华,淡而有味,清清白白,绵甜香脆。"告诉二人系一位不认识的作者寄来,又千方百计打听到地址给人家回了信。又提到多年前曾有人寄宣纸请他写字,这些年生活动荡,身体不好,没顾上写,这次病后终于写好,俟有来人带回。恰巧罗雪村认识求字者,表示可以带回妥交,闻之十分高兴,说总算了却了多年的一桩心愿。

4月17日　致段华信,告知正在阅读《画禅室随笔》和《艺舟双楫》,谈对唐人文集的看法,信末提及:"买书要有计划,不能滥收。"收入《孙犁全集》第11卷。

4月18日　梁斌八十诞辰,天津市举行梁斌文学活动六十年研讨会,北京、河北与会代表拜访孙犁。同日上午,徐光耀、韩映山、段华来访,提到是否看了一本大写性生活的书,回答说没看,而且加重语气说:"我说没看就是没看。"又说:"当前,因为评论不太正常,使得一些原来不错的青年作家变坏了,有的因为红得发了紫,变得忘乎所以,谁也不敢碰一点了。"韩映山说:"您给××的信,写得那么委婉、含蓄,以前您不这样。"回答说:"我也怕得罪人呀!不能老让孙犁得罪人呀!"谈到吹捧之风,说:"过去天津叫'托姐',我想起名叫'老托',可又怕误解为托洛茨基;叫'托翁'吧,又跟老托尔斯泰联在一起了。"同日,林默涵夫妇、贺敬之、陈涌、程代熙、郑伯农、刘朝兰来访,谈话中提出文坛应该"呼唤一下文学批评",有理论、有分析、联系实际的批评,不能是新名词轰炸,云遮雾罩,雾里看花,让人摸不着头脑。同日,致梁斌信,对其八十寿辰和梁斌文学研究会成立表示祝贺。

4月19日　天津日报社编辑宋曙光陪同魏巍来访。

4月22日　致万振环信并致郭志刚、段华、葛文书信稿各一。三封书信稿以《芸斋书简》为题,载5月27日《羊城晚报》。

4月26日　致肖复兴信,收入《曲终集》"芸斋短简"题下。

4月28日　致徐光耀信,谈接待客人情况及心境。

4月29日　致杨栋信,告知收到来信,请其转告罗公元收到赠书并表示感谢,谈自己身体和读书情况,建议其"多读一些古代大家的文集,不要只读小品,另外看一些历史书"。

本月下旬　对孙犁研究会负责人谈及对研究会活动和文学研究的一些重要看法。主张不要铺张浪费,不要讲排场,要量力而行,绝不要拉赞助,绝不能因此而败坏了名誉。

5月6日　致刘梦岚信,对罗雪村所画速写表示满意,提及梁斌研讨会期间因来客多感到劳累。同日,致罗雪村信,赞赏其所画肖像和摄影并在小幅上签名寄回,又提到欣赏其所创作的藏书票,希望再得到几张,贴在珍贵藏书之上。两信均收入《孙犁全集》第11卷。

5月7日　致韩映山信,告知收到来信,谈到梁斌生日期间自己这里门庭若市,"又是谈话,又是摄影,从来也没有这样热闹过",感到劳累,无法做事,询问韩映山所买《笑林广记》版本,认为该书涉及民俗学、医学、病理学等,"不可只当笑话读",载1995年12月1日《文艺报》。同日,致段华信,告知可将与徐光耀、韩映山、段华合影照片送交二女儿孙晓森单位处。

5月8日　为《历代诗话》重新包书衣并题签。

5月9日　致宫玺信,感谢其持续赠书,谈到自己"去年大病一场,幸已平复"。

5月11日　致鲁承宗信,告知身体恢复情况,提及:"目前教育不好办,您当量力而行,不可冒进。年纪大了,应以颐养为主,可写些回忆录之类的文章。"又提及保定育德中学的两位先生。

5月15日　致姜德明信,谈三、四月的情绪波动。

5月16日　致徐光耀信并附书法一件,谈自己近况,收入《孙犁全集》第11卷。

5月17日　致卫建民信,告知精神状况,载《新文学史料》2014年第2期。

5月21日　致韩映山信,告知收到来信,谈及:"廊坊那位写《铁木后传》的同志,又来信征求我的意见。"要韩映山转告其可找人看看或直接投稿,信末提到自己已能下楼,但近日有腿肿现象,载1995年12月1日《文艺报》。

5月22日　致邢海潮信,告知三月份情绪很好,写了一篇文章。认为邢海潮"给百花审读一些书稿,于公于私,都是很有意义的事,希望能坚持下去"。

5月30日　致徐光耀信并附赠作家贾大山字幅,谈自己学习书法经历及对书法碑刻见解,收入《孙犁全集》第11卷。同日,致韩映山信,谈及:"您说的治腿肿的办法,很有道理,我当照行。"随信附自书杜甫诗字幅,载1995年12月1日《文艺报》。

5月31日　致邢海潮信,委托其转致项国成所求字幅,表示:"不会写字,人家一定见笑的。"告知出现腿肿,原因待查。

6月3日　致段华信,谈对诗话、笔记小说的看法。

6月4日　作《墨巢秘玩·宋人画册》题记,言:"宋代画院,作者如林,待遇优越,作品丰富。""当时画师,争奇斗艳,心血所钟,竟如此短暂,即告消亡。艺术之局限性,亦令人无可奈何也。"同日,为《华新罗写景山水册》包书衣并题记:"余后半生与旧书打交道多年,所受污染多矣,此亦老死而无悔之一途乎!"题记并谈鲁迅逛旧书店留许广平和周海婴在店外,免受旧书尘垢污染事。同日,为《石涛画东坡时序诗册》包书衣并题记:"东坡诗多凄苦内涵,然又强作洒脱。处寂寞之境,而寻觅慰藉之情。为宦不顺,而关怀庶民之事。有感即发,不作隐晦之态。此种意境,甚宜石涛作画也。"同日,作《石涛山水册页》题记,言:"在抗争之时,泾渭分明,大谈名节。迨局面已成,恩仇两忘,随遇而安,亦人生之不得已也。古今如是,文人徒做多情而已。""此册略见石涛风格。其画法,简洁而淡远,笔墨纯熟如天成。开卷其作风自现,无第二人可比,此谓之创意。"

6月5日 再题《墨巢秘玩·宋人画册》,言:"《宣和画谱》只存名,历代名画已成灰。""沧海桑田,当是常见之景,画幅小事,尚须论乎!"

6月6日 致肖复兴信,回答有关读书记、读书途径及近来读书情况,告知四、五两月,情绪低落,但仍读一些书论和画论,认为:"读书烦了,就读字帖;字帖厌了,就看画册。""奔波一生,晚年得静,能有此享受,可云幸福!"收入《孙犁全集》第11卷。

6月8日 为《顾恺之画女史箴》重包书衣并题记:"近日不能静坐读书,乃觅出一些画册整理。""此如系真迹,则中国画法之传,源远流长,不绝如缕矣。"同日下午,收到卫建民寄赠的《张大千生平和艺术》,当即为之包书衣并题记。同日,致徐光耀信,谈身体浮肿原因和有关佛经的话题。同日,致韩映山信。

6月9日　张学新来访,索去合影照一张。同日,致段华信,提及将李惠均所照照片装入金丝楠木镜框,谈到仍不想做事,在整理一些旧画册,包裹书皮并题字,作为消遣。

6月11日　致韩映山信,谈北方养鸟的种类和自己养鸟的经历,载1995年12月1日《文艺报》。

6月17日　致肖复兴信,谈身体恢复情况和对《书目答问》的印象。

6月25日　致肖复兴信,谈对其发表在《天津日报》上《母亲》一文的感受,认为:"不了解作家的身世,贸然谈论他的作品,是不妥当的。""您的童年,无论如何,不能说是幸福的,使我伤感。"

6月26日　致邢海潮信,告知要买小说《尤利西斯》可托外地朋友,同时提到腿肿已消。同日,致徐光耀信,谈天气及自己近况。

6月28日　致卫建民信并附书作一纸,告知自四月份以来,身体、精神均不佳,什么事也做不成,书也看不下去,勉强读《民国演义》和《书谱》,每晚听评书,收入《孙犁全集》第11卷。

6月30日　致徐光耀信,谈对文学评论中"新八股"的看法,谈陶器及古董,谈身体状况,提到"不习惯吃药、补品、偏方",收《孙犁全集》第11卷。

7月4日　致肖复兴信,谈对其创作的感受,认为:"文章写得好,就是能感动人。能感动人,就是有真实的体验,也就是真实的感受。这本是浅显的道理，但能遵循的人，却不多，所以文学总是无有起色。""现在，有的作家，感受不多，而感想并不少，都是空话，虚假的情节，虚假的感情，所以我很少看作品了。"收入《孙犁全集》第 11 卷。

7月12日 致卫建民信，告知收到《张大千生平和艺术》，载《新文学史料》2014 年第 2 期。

8月3日 上午，侯军自深圳来访，对侯说："你来得真巧，今天正好是我出院一周年。去年发病的时候，简直不成样子了：身上瘦得皮包骨，一点力气都没有。谁知做了手术之后，恢复得挺好，又能写点文章哩。"谈到为文的人，只有耐得住寂寞，才能写出好文章，这是一个规律，就个人而言，还是坚信文人应当恪守"寂寞之道"。题赠其《孙犁新诗选》一册，在其带来的《孙犁文集》(珍藏本)扉页上签名。同日，致徐光耀信，谈天气炎热，无法做事，赞同鲁迅说过的"小说一经别人改编，便成了别人的东西，与自己无关"，收入《孙犁全集》第 11 卷。

8月7日 致韩映山信，告知收到来信及赠书，赞同韩映山对朱自清散文的看法："叫人不解的，不在他过去的名声，而在今天一些人对他的评价，奇怪极了。"载 1995 年 12 月 1 日《文艺报》。

8月12日 致邢海潮信，谈到手术后身体虚弱，书看不下去，两个月没有动笔、写信，收入《孙犁全集》第 11 卷。

8月14日 致傅瑛信，告知收到 7 月 30 日来信，谈自己身体及手术情况。

8月15日　作《"病句"的纠缠》讫,载9月2日《羊城晚报》,收入《曲终集》。同日,作《当代文事小记》,载8月15日《文艺报》,收入《曲终集》。同日,致万振环信并附《病句的纠缠》,收入《孙犁全集》第11卷。

8月17日　致姜德明信,谈对纪念鲁艺图片册的感受。

8月18日　致万振环信并补充《病句的纠缠》稿,收入《孙犁全集》第11卷。

8月20日　致邢海潮信,告知晚年生活状况,收入《孙犁全集》第11卷。

8月23日　致卫建民信,托与段华联系,载《新文学史料》2014年第2期。

8月25日　致常跃强信,告知收到来信及照片,谈到夏天太热,什么也做不成,开始写些东西,也没有什么意思,信末提及:"社会如此,谁也没有想到,谁也没有办法。"收入《孙犁全集》第11卷。

8月28日　致彭荆风信。同日,致董大中信,请其帮助复印台湾《中央日报·长河专刊》中刘淑尔介绍孙犁和"荷花淀派"的文章,收入《孙犁全集》第11卷。

8月30日　致韩映山信,告知收到赠书,"当即读了几篇,很明畅",谈到自己"仍在写作,然系信笔直书,恐难发表,聊以解除烦闷而已",载1995年12月1日《文艺报》。同日,致卫建民信,告知近况,载《新文学史料》2014年第2期。同日,致罗雪村信并附稿件一篇,收入《孙犁全集》第11卷(误植为1995年)。

9月1日 摘抄《文场亲历记》之《又一次文过》《罪名种种》《"老说告退，又死盯着文坛"》，收入《曲终集》。

9月2日 作《我和青年作家——〈文场亲历记〉摘抄》，载9月27日《羊城晚报》，收入《曲终集》。

9月3日 作《我与文艺团体——〈文场亲历记〉摘抄》，收入《曲终集》。

9月4日 作《我观文学奖》，收入《曲终集》。

9月5日 致卫建民信，就与李国文的文字纠纷表示自己的看法，认为："老年为文，我何曾不深思，然屡次受刺激，则忍耐不住。""近日又新作一万字，择其可发者，成为四篇，总题为《文场亲历记摘抄》。"收入《孙犁全集》第11卷。

9月6日 致李屏锦信，告知收到来信及样书，谈去年做一次大手术："胃切除三分之一，病系幽门梗阻，非常危险，幸医生得力，得以全活，恢复一年，已如过去。"收入《孙犁全集》第11卷。

9月9日 致韩映山信，告知收到来信，谈到依然受到李国文等人攻击，便发表两篇旧稿回应，提及："又新写了一万字，总题为《文场亲历记》，分为四五篇，已寄这两家晚报。""我是一贯主张忍的，但总在刺激我，就忍受不住了。"载1995年12月1日《文艺报》。

9月15日 致卫建民信，认为其对自己所谈文章得失"都能深得我心"，因此每有疑难，总愿意看其想法，提及："我的毛病，在于少实际，多幻想，这还够不上理想主义，到头来，只能落个虚无主义。"收入《孙犁全集》第11卷。

9月19日 作《反嘲笑》,收入《曲终集》。同日,致徐光耀信,认为关于自己著作的校对表很有用,如能再版当改正。随信附反驳李国文剪报一份,提到近日写了一些这样的文章,将陆续在上海、广州报纸发表,收入《孙犁全集》第11卷。

9月20日 作《作家的文化》,收入《曲终集》。

9月21日 致万振环信并附《我和青年作家》,收入《孙犁全集》第11卷。

9月24日 致姜德明信,谈对书市印象。

9月28日 致万振环信并附"来函"一篇,认为自己那篇《病句的纠缠》"文章并没有写错",收入《孙犁全集》第11卷。同日,作《给某编辑的信》。

9月30日 致邢海潮信,谈过冬前的准备,收入《孙犁全集》第11卷。同日,致罗维扬信并退还邮票、稿件,认为其文章写得很好并向好几位朋友称赞,收入《孙犁全集》第11卷。

国庆节后 刘宗武到住处拍摄《布衣文录》书影。

10月3日 致刘梦岚信并附稿件,收入《孙犁全集》第11卷。

10月5日 致卫建民信,谈近期写作,载《新文学史料》2014年第2期。

10月7日 病情发作。

10月9日 郭志刚来访,谈到台湾的《中央日报》发表了一篇关于孙犁的文章,其中说孙犁是名家,不是大家,赵树理是大家。表示不在乎家不家,只说文章写得不错。又说日本也有一篇关于他的文章,从那汉字还能看懂意思,也写得不错。谈及自己写了几篇回答李国文的文章,并略说起因。又谈及近来不大写文章,写了也没用,书也读得少,"混"日子,每早下楼活动。

10月10日 致邢海潮信,谈自己生活状况及饱受装修噪音之苦,收入《孙犁全集》第11卷。同日,致段华信,谈对地方志类图书的见解,认为:"其文字,以修志之人水平为准,名家不多。即是名家,地方取材,亦难得有重大事迹可写也。"收入《孙犁全集》第11卷。

10月11日 姚恩河寄赠《沉吟楼诗选》,回信致谢,并附一签条,请其贴在《孙犁文集》(珍藏本)第一册,算是签名本,弥补百花文艺出版社工作之失,收入《孙犁全集》第11卷。同日,为姚所赠书包书衣并题记,言:"久未得书,即整治之,兼听评书。"同日,致赵润民信并附书作一件,感谢其寄赠画册,收入《孙犁全集》第11卷。

10月15日 致徐光耀信,提到自己所写反驳李国文的文章系出于不得已,也感到无聊,不准备再写,收入《孙犁全集》第11卷。

10月17日 在《直斋书录解题》书衣上题记,言:"无聊之极,又想新法以排遣之。"同日,致万振环信,谈及:"我非好斗之人,实在忍无可忍,才略为反击一下。"表示此事"告一段落,再写则近无聊",收入《孙犁全集》第11卷。同日下午,自制简易书套三个。

10月18日 在《续汇刻书目》书套上题记。

10月19日 为《世说新语》制书套并题记,称思贤讲舍所刻印者为"可靠之本也"。同日,天气晴暖,晾晒衣被。

10月21日 清晨,为《涵芬楼秘笈》制书套并题记,在第一集书套上题记:"病后无聊,亦很少看书。然无所事亦甚烦恼,乃偶作此等书套,以保护易损之书。时至迟暮,仍恋恋于此,亦余与书籍相依一生,即称之为'黄昏恋',亦无不可也。"发表时改为:"时至迟暮,仍眷眷如此。余与书籍,相伴一生,即称为黄昏之恋,似亦无所不可也。"认为:"对所谓秘笈,不要过于迷信。一切有价值著作,易于流行传世;一切价值不大之书,保存者少,成为孤本,或成为秘书,亦不足为奇。验之今日作者,动不动即慨叹当世之人,不识彼之天才,书卖不出,即声称藏之名山,寄希望于将来,此等想法和志向,恐亦有验有不验耳。"同日,为天津市总工会秦建中寄赠的《法书要录》包书衣题记:"可感念也。"载2004年1月6日《天津日报》,收入《孙犁全集》第10卷"书衣文录"题下。

10月23日 致邱允盛信,谈对一位女作者文章的感受:"思路和感觉都很好,很有前途,希望她继续努力多写。"收入《孙犁全集》第11卷。

11月1日 杨栋前来拜访,对其谈到曾多次托人为其找《芸斋小说》,说:"我这里确实没有了,一本也没有了。"签名赠送其《孙犁散文选》和《孙犁新诗选》各一册。同日,致万振环信并附稿件,表示一位作者写的访问记"所记多不实,可不用",收入《孙犁全集》第11卷。

11月2日 致刘梦岚信,就稿件校对一事表示感谢,收入《孙犁全集》第 11 卷。同日,致徐光耀信,问候徐身体,谈自己整理图书、制作书套事,收入《孙犁全集》第 11 卷。

11 月 11 日　为《冷庐医话》包书衣并题记:"近日以此为事,已近一月矣。"同日,致董大中信,对其复印刘淑尔文章表示感谢,认为该文虽系学生所写,但"还是很有水平的",收入《孙犁全集》第 11 卷。

11 月 12 日　致鲁承宗信,告知身体状况,谈及:"写作一事,也将结束。一生别无所能,事此雕虫小技,只有惭愧耳。"收入《孙犁全集》第 11 卷。

11 月 18 日　致周翼南信,谈对周所写《妻子》一文的感受,认为:"遇到灾难,还是女人表现得坚强,并有牺牲精神。"收入《孙犁全集》第 11 卷。

11 月 19 日　致邢海潮信并附两张剪报,谈生活近况,就百花文艺出版社未及时给邢海潮付酬一事发表看法,认为:"他们经济困难,也不能拖延给兄的报酬。"收入《孙犁全集》第 11 卷。

11 月 23 日　在《吴中藏书先哲考略附艺风藏书记　知圣道斋读书跋尾》书衣上题记,言:"连日暖气不热,时好时坏。修检人员如走马,口中衔香烟,与之言,爱搭不理,此人情时尚也。"

11 月 26 日　午饭后边听评书边为《两般秋雨庵随笔》包书衣并题记,言:"初购此书归,浏览数则,颇觉其浅薄。余以为随笔之作,以实践经历为主,书呆子或富贵子弟所作,必流于肤浅。此亦纨绔子弟之作,即如一般名士,如随园所作,亦陷于浅薄。"认为《宋元小说大观》"皆为有政治经验之名家所作，其所记均有益于人生，无一字空泛……明清之作能与之比者寥寥"。"近代人粗通文字，写两篇小说，即成为名作家。既不去读书，亦不去采访，自己又无特殊经历。但纷纷去作随笔，以为随笔好作，贫嘴烂舌，胡乱写之即可。其实随笔最不易写好，它需要经验、见解、文字，都要达到高水平。而且极需严肃。流俗之辈，以为下笔即可换钱，只是对随笔的亵渎。""随笔既被人所践踏，亦如其他文章，一代不如一代。"记述因无书可读，于是听评书，认为"近人所说评书，亦吸收现代语言及注意人物性格塑造"，"先为《水浒传》，后为《杨家将》，再后为《隋唐演义》"，认为后者"最有趣味，因曾买此小说而未读，赠与映山。近又睹隋唐正史，颇欲知此小说之结构也"。

11月27日 致韩映山信，告知收到来信，并说在九月份写了八篇文章(其中两篇为旧稿)："因为是在激怒的情况下写的，可以说是大放厥词，百无顾忌，大有姜太公在此、诸神退位的味道……写了一阵，气消了，也就觉得无聊，就不再写了。"载1995年12月1日《文艺报》。

12月1日 下午，作《鲁岩所学集》题记，言："今日检书，见书皮题字，多为一九七五年至一九七六年。盖此二年，心情烦乱，无日不以此为事也。其间一九七五年春，家庭多事，情感尤其波动，如无书籍为之消遣，不知将又如何度日也。""作者一生，州府教授，是一个真正的书呆子，所作几乎都是读书札记，然阅读范围甚广泛，读书甚精细，独自有见解，故成就如此。""正因为质实，故其书得以传世。历史不会收留空腹高心，欺世盗名之作。"

12月2日 为《南宋杂事诗 淮南杂识》包书衣并题记，言："近日仍为此，兴趣不减。复肖信谓卖书人家留套而抛书本，为卖珠留椟云云。"

12月3日 在《四明丛书》（三种）书衣上题记，言："暖气此暖彼冷，整修后又此冷彼暖。"同日，在《铁桥漫稿》书衣上题记，言："有虫蛀而不易修，望之兴叹而已。"

12月4日 为以前所购《增广入幕须知十种》包书衣并题记："此等书本拟处理矣，而今又成上宾。余去年大病，此等事本应结束矣，而今又裁纸为之装束，世事之多变无常也如此。"同日，作《宦海指南五种》题记，言："建国以后无法治，近改革开放，乃纷纷以立法为荣，但自'文革'以来，法已不存于人心，无法无天惯了。即使处处立法，亦不能为力了，故社会大乱，已无法治理。"

12月5日 清晨，糊两个纸套，用于封藏《古泉丛书》，并题记："余幼年时，犹用铜钱，现身边已无一个铜钱，而有关于古钱之书六种。""其中李竹朋之书，印装何其精美。而戴熙之书，乃余过去所手补者。"同日整理《十国春秋》，发现书衣上有连日记述与张保真离异之前纠纷文字，认为"颇伤大雅"，于是将这些文字剪下，另贴存于他处，言："今年老，念及身后，故使之与书本脱离。""呜呼，余一生轻举妄动之事太多，身心受祸亦不少，过去之事，亦不愿永存记忆。然仍贴存之，以警来日。来日虽无多，亦不无意义也。"

12月7日 致彭荆风信。

12月12日 致邢海潮信,提及得到一册张舜徽的笔记,认为学识甚佳,向其了解张舜徽的情况,收入《孙犁全集》第11卷。同日,致徐光耀信,谈为旧书之作书套并在上面"大写特写",表示想把这些文字整理一下,编一束"书套文存",又谈到喜听评书,认为:"现在的报刊和小说,都没有看头,还不如听评书。"收入《孙犁全集》第11卷。同日,致董大中信,对其寄赠关于赵树理的研究著作表示感谢,收入《孙犁全集》第11卷。

12月13日 作《牧斋初学集》题记,提到晚上听广播,知姚依林去世消息,回想1945年冬从张家口返冀中时曾与姚见过一面,言:"彼时同志之间,识与不识,何等热情。今晋察冀故人,凋谢殆尽,山川草木,已非旧颜,回首当年,不禁老泪之纵横矣。"

12月14日 上午九时,云南作家彭荆风趁赴京参加总政文化部召开的长篇小说座谈会间隙,抵津看望,为其收藏多种孙犁著作一一签名,并赠书二种。同日,为以前所购《如来应化事迹》包书衣并题记,述该书版本之流变。同日,为《近思录》包书衣并题记:"近日仍业此,昨晚装此书,误糊又拆开,乃太疲乏之故。"同日,在《雷塘庵弟子记》书衣上题记,记述与彭荆风会见情况及彭之遭遇。

12月15日 在《近思录》书衣上作补记。同日,为早年购买但没有阅读的《定香亭笔谈》包书衣并题记:"此达官贵人之笔记也。所记无人民生活,更无其疾苦。全部为风雅之事……真可谓笔记著作中之阔气者矣。""此书购自津沽,我进城后,大买旧书,减去书贾多年陈货,使其有利可图,并暗中庆幸遇此大老憨,亦津门书市逸事之一端也。"

12月16日 致杨栋信,告知收到来信及贺年片,认为其"诗、文作得都很好,希望多写、多发表",谈及近来整理旧书、制作简易书套并题写字句。同日,致卫建民信,谈近期状况,载《新文学史料》2014年第2期。

12月19日 为《世说新语》制书套并题记。

12月20日 作《扬州画舫录》题记,感到在灯下读新印古籍已模糊不清,言:"余又不能一日无书,则进城后所滥购木版书,即将成为目前唯一之精神支柱矣。"

12月21日 为《茶香室丛钞》重包书衣并题记,言:"其自序云:'……老怀索寞,宿疴时作,精力益衰,不能复事著述。而块然独处,又不能不以书籍自娱……'余读之有同悲矣。"

12月26日 为《酌中志》制书套并题记,言:"此书余曾细读,甚有内容,非一般笔记可比。"

12月28日 致罗雪村信,询问托其转交郭振华字幅及8月30日所寄稿件,收入《孙犁全集》第11卷(误植为1995年)。

是年夏 王道生来家中提出为拍摄一集《人间正道》的电视报告文学,婉言拒绝,但表示支持《人间正道》的拍摄,鼓励王道生做好。

是年冬 为《明夷待访录》制一简易书套、题书签并题记:"原刻字体端正,故影印亦清楚可喜。此书清末民初颇流行,余在中学即知之,盖宣传民为贵也。"发表时修改为:"原刻字体工整,故影印亦清楚可喜。黄梨洲此书,清末民初颇流行,余在中学即知之,盖宣传民为贵也。”

是年冬　作《湘军记》题记，言："王湘绮之'志'出，曾国荃不满，乃请王定安为此'记'……曾国荃为此书作序，谓传闻异词，实系主事者之相违耳。"

是年冬　作《庸闲斋笔记　柳南随笔》题记，言："清朝末年民国初年，石印方便，传奇小说及笔记小说曾亦泛滥，今所传已少，盖佳者少，而无内容者多被淘汰。"发表时改为："清末民初，石印方便，传奇及笔记小说曾亦泛滥，观当时书籍后之广告可知。然能传至今者寥寥，盖佳作少，而无内容者多，必遭淘汰。"

是年　作《粤东笔记》题记，言："留此书，可观当时出版界之一格，即向大众普及文化，价格低廉又传播知识。"发表时改为："留此书，可观当时出版界之一格，即向大众普及文化，向乡村及小城市开扩。纸张粗劣，价格极廉，然于传播文化知识有功，绝非今日印坏书，坏人心者可比。"

是年　作《妙香室丛话附屑玉丛谈》题记，言："此等书见于鲁迅书帐，余从上海邮致数种……每种册数、厚薄相同，盖于设计，亦费一番工夫矣。"

是年　作《秦淮广记》题记，言："以缪氏之学识，而有暇辑录此等材料，人可誉之为别有见解。然终是大材小用，不足为训。"

是年　作《知不足斋丛书》(第三集)题记，评价该丛书为清代最佳者，言："书多实用，每书有跋，即'编后记'，鲍廷博氏之精细用心，实开鲁迅编印书籍优良作风之先河。"

是年 作《清人考订笔记》题记,言:"无用之书。明知无用,而仍印行。好古之士,无时无有。有人印,即有人买,何怪之有?"发表时改为:"无用之书,而仍印行。好古之士,无时无有。"

是年 作《张大千生平和艺术》题记,言:"余自作《读画论记》,内涉及中国绘画发展史,恐有失误。今读此书,余所作时代划分,尚与大师主张相吻合,乃一块石头落地。"

是年 作《蜀碧》题记,言:"前读《鲁迅日记》,许钦文曾送此书一部与他。后先生著文,引此书,谓张献忠等杀人太多。近代颇有人讳言之,甚不必也。张流入四川后,杀人更多,几以杀人为战术之一种。此等现象,历史多见。"

是年 致张金池信,嘱将发表书信的稿酬分一半给邢海潮。

1995年 | 八十二岁

1月2日　致韩映山信，告知收到来信及所谈文章，认为"写得都很好"，谈及自己入冬以来，睡眠不好，精神不佳，书也懒得看，无事可干，也很苦恼，叮嘱韩映山注意保养，劳逸结合，另提到段华买书藏书丰富，学识也日有长进，载12月1日《文艺报》。同日，致卫建民信，谈进城后因患病失去许多旅行良机，载《新文学史料》2014年第2期。同日，致段华信，提及："近来愈是读不下书去，实际是玩书，糊书套也腻了，不愿干了。想编一个藏书目录，也畏难未动。"谈及近日在做木版书目卡片，收入《孙犁全集》第11卷。

1月15日　致徐光耀信，称赞徐书法，认为有褚遂良笔意，劝其多写，认为："只要有兴趣，就可以养身。"收入《孙犁全集》第11卷。

1月24日　致彭荆风信。

1月25日　复李安哥信，告知近况，提及："您能适应生活，很好。人应当投入生活，不能逃避生活，逃避将一事无成。"又提到"近年我写给您的信"可以联系发表，但须看一下有无违碍字句。

1月26日　致刘梦岚信，认为其三篇作品"都写得很好，文字简洁，能掌握要点"，写报道"访问，当然重要，但更重要的是多读他的著作"，收入《孙犁全集》第11卷。

1月29日　抄1992年藏书题跋一则：题《宋贤遗翰》。

1月30日　作《曲终集》后记。

1月31日　致刘梦岚信并附稿件,收入《孙犁全集》第11卷。

2月1日　致卫建民信。

2月4日　作《记秀容》,载2月19日《羊城晚报》,收入《曲终集》。

2月5日　致万振环信并附《记秀容》,此为寄给《羊城晚报》的最后一篇稿件,收入《孙犁全集》第11卷。

2月11日　致徐光耀信,告知最后一本书《曲终集》已交百花文艺出版社,谈近作发表情况,收入《孙犁全集》第11卷。

2月12日　致邢海潮信,说明去年12月12日信系询问张舜徽情况,收入《孙犁全集》第11卷。

2月13日　在《清代文字狱档》书衣上题写诗句:"血泪斑斑文字狱,自投罗网尤可悲。刑部文书今得见,欲加之罪总有辞。消息多因小人报,文人处世应细思。""文人自古多冤孽,展卷犹闻拷掠声。诗词不过一纸轻,祸发即能倾万家。鲁翁曾经称此书,九卷原印尤难得。"收入《孙犁全集》第10卷"书衣文录"题下。

2月18日　为《吾学录初编》重包书衣并题记,该书第一册内容除凡例、目录外,为典制、政书、风教、学校,题:"此书盖当时不知内容,以为是笔记购进者。"第二册内容为贡举、戎政、仕进、制度、祀典,题:"此书主要摘录《大清会典》而成,由此可知当时社会风气,亦不得谓无用也。"第三册内容为祀典、宾礼、昏礼,题:"吾尝思如不革命,吾亦不能乡居,不能适应当时旧风俗礼教,亦必非常痛苦,而不为乡里喜欢。既不能务农,稍识字即被歧视,此余所习见也。"第四册为祭礼、丧礼,题:"吾出征八载,归而葬父;养病青岛,老母去世未归;'文化大革命'时,葬妻未送。于礼均为不周,遗恨终身也。"

2月21日 作《读〈清代文字狱档〉记》前言,连同正文《谢济世著书案》《王肇基献诗案》收入《曲终集》。

2月22日 为李屏锦赠送的《海上花列传》包书衣并题记:"此下流之书也。不能以之教育子女,插之书架,亦不增加书房光辉。"同日,为李屏锦赠送的《品花宝鉴》(上、下)包书衣并题记:"新潮小说不足以征服群众,于是请出这些作品作为文化食粮,可叹也夫。""清代世情而传播于九十年代,不亦谬乎!然今之世情,近于是矣,故此等书得以印行也。"载2004年1月6日《天津日报》,收入《孙犁全集》第10卷"书衣文录"题下。

2月25日 致徐光耀信,谈对贾大山小说的印象,给予高度评价,收入《孙犁全集》第11卷。

3月4日 为吴云代赠之《曹丕集校注》(夏传才、唐绍中校注)包书衣并题记,言:"盖闲来无事消磨时间也。"载2004年1月6日《天津日报》,收入《孙犁全集》第10卷"书衣文录"题下。

3月6日 致刘梦岚信,嘱其劳逸结合,注意休息。同日,致徐光耀信,谈及《曲终集》书名已来不及改,也不必改,告知准备出书信集。两信均收入《孙犁全集》第11卷。

3月14日 整理"文革"前购自南京古旧书店之《李文忠公外部函稿》,并作长篇题记,言:"读这部函稿,大者如天津教案、日本侵台、朝鲜事件、越南事件、派人员出洋学习、购买枪弹船炮……同时中国土地之上，不分水陆，无时无地，不发生洋务、外交事件。交涉、谋划，又无不是丧权辱国的结局。""此书对余本无用，然曾修整包装于一九七六年二月一日灯下，今又将第一册书皮上文字剪去，并浏览数日。清末外交，已如过眼云烟，所留存的时间详情、外交对话，皆反映一代真实，使后之读者，不无感慨。"同日，致徐光耀信，谈整理书信集的难度，收入《孙犁全集》第11卷。

3月21日 致邢海潮信，提及吴晓铃近日逝世，印象中吴系邢之朋友，告知近期牙齿及睡眠均不佳，影响精神及身体。

3月22日 清晨，因前晚梦见《章氏丛书续编》，找出翻阅并题记，言："章氏晚年所作短文，竟无一篇生动活泼者存世。是章氏不为乎？或编入他书余未见乎？实可怪异。"同日，在2月22日所题《品花宝鉴》书衣的基础上，又就《品花宝鉴》等新印本发出感慨："此下流之书也。开放以来，各地出版社竞印过去禁印之书，有些竟不知是何等书籍。而不在扫黄之列，盖即所谓'擦边球'也。"

3月23日 清晨，为查阅《西岳华山庙碑》全文，翻阅《金石文钞》并题记。上午，为早年所购《金石学录》制简易书套并题记："细阅其内容，亦多无深刻之见，说不上是学问，只能作清谈之助耳。"发表时改为："细观其内容，亦不过抄录他书，无深刻之见，说不上是学问，只能作清谈之助耳。"

3月24日 为早年所购《金石文钞》制简易书套并题记："因此又购《金石文钞》一部，系在上海或南京邮购，书到后方知此书系续他人之书,即都穆之《金薤琳琅》者。汉碑多在都书,此书所抄寥寥,但唐碑仍不少。失望之余,尚可稍慰。"发表时改为:"此书系在上海邮购,书到后方知系续都穆之《金薤琳琅》,汉碑多在都书,此书所抄寥寥。但唐碑仍不少,失望之余,尚可宽慰。"

3月25日 下午,作《古刻丛钞》题记,言:"《金石萃编》号称全富,然所收时有遗漏,此余所发见也。……看来集体著书,其弊甚多,实际无人负责也。"同日,致韩映山信,告知收到来信及赠书。赠书为韩映山所著《孙犁的人品和作品》,由贺敬之题写书名,大众文艺出版社1995年1月出版。又提到自己的身体和精神状况,载12月1日《文艺报》。

4月2日 致徐光耀信,谈身体状况和读碑帖事,收入《孙犁全集》第11卷。

4月4日 上午,为湖南出版局李冰封所赠张舜徽著《爱晚庐随笔》题记,言:"余放置案头,已有半年,时常翻阅,认为很有价值……所记充实有据,为晚清以来,笔记所少有,而书之命运,竟不入时如此。非著作之过,乃社会、文化风气之过也。""现在讲发展教育,讲尊师重教,讲尊重人才。而课堂、出版,已成买空卖空之势,纸张都用来印了无用有害之书,真正有学术价值的书,竟卖不出去,这里面的道理,实在难以说清了。"同日,读完《新文学史料》1995年第1期刊发的吴组缃材料,并题记:"吴氏创作严肃认真,此从材料所知,后人有定评也。""吴氏晚年,有弟子问他,为何不专搞创作,而去教书。吴氏答:写小说不能养家。此言甚确。以当时吴氏之名,文坛之秀,尚不能专业,其他作家可知矣。那时的作家,不像现在这样,专业,即有铁饭碗,如此容易。然非吴氏一代人,已不足与谈此种甘苦矣。"

4月5日 上午,整理罗振玉《丁戊稿》并题记:"'文化大革命'前,我正买书上瘾,也想照样刻一大木印,印制一些书票,粘在我的线装书上。随即风暴来临,未能如愿。今老矣,万念俱灰,只是觉得这种书票简易而实用而已。""罗氏此书,印于大连,技术落后,错字颇多。罗氏写有详细校记,附于书后。而书中错字,也已经逐个改正。铅字为三号黑体,改者用墨笔勾画,尽量不留痕迹,是校书老手所为,想即为(邵)倬庵所校也。精细如此,值得学习。"同日上午,作《碧声吟馆谈麈》题记,认为该书"多记晚清名流诗文及逸事,均属平平,无特殊之作,但供艺术家们消闲阅览,也就可以说是不错了"。

4月6日 清晨,抄录《吾学录初编》题记。

4月9日 致段华信并附字幅,祝贺其新婚,委托其购买罗尔纲的《师门五年记》和张伯驹的《素月楼联语》,谈到近日读书甚少,还是翻阅一些字帖并看一些金石文字方面的书,收入《孙犁全集》第11卷。

4月8日 致姜德明信,谈近期写作和读书情况。

4月10日 上午,作《北隅掌录》题记,言:"此书虽亦记述地方掌故,然文字典雅,取舍有序,每记一处,除记见闻,并征引前人记载,与之对证。""古人著述,虽记述一时一地,着眼必从大处,求其能以征信。传语流言,亦无不悉意关情,即能把小事写大。不像今日有些作者,把大事写小,写得委琐不堪也。"下午,作《续汇刻书目》题记,言:"琉璃厂印的书,都是书贾所为,偷工减料,纸张印刷俱不佳……近日理书,书写了宣纸书签贴上,增加一点新鲜。有的造反派,估计我的藏书,值多少钱。不知像这样的破烂,能值几何?造反派最容易变为向钱看。"

4月11日 上午,作《直斋书录题解》题记,言:"近三十年,我倾心古籍,因之注意书目一类书籍,所藏甚多,且多已浏览,虽各有所长,然或多于考订,或流于琐碎,即如有名之作,与此书比较,立见彼书之绌。同是一书,此书所注简明精要,语无虚发,每书必及其时代,述其源流,称其作用。读完注解,读者即对此书具有明确印象、准确的定评,一生受用,不会误导。此不只著者见识高明,且用心超人一等,绝不自误误人。文字典雅,使人乐于诵读。"下午,作《言旧录》题记,言:"书亦物质,并非神物,其遭厄也,古有四端:水火兵虫(鼠)。除此,又有抄家一厄,古之抄,进入官府,近之抄,毁于红卫兵。四厄改为五厄,即水火兵虫红。"

4月12日 上午,整理早年所购之《阮庵笔记》并题记,言:"过去的书籍,没有广告,顶多有些本店出售的书目。目前的书刊,从封面到封底,都是红红绿绿的广告,语言污秽,形象丑恶,尚未开卷,已使人不忍卒读,隐隐作呕。""这些往日的线装书,则是一片净土,一片绿地。磁青书面,扉页素净,题署多名家书法;绿锦包角,白丝穿线,放在眼前,即心旷神怡。无怪印刷技术,如何进步,中国的线装书籍,总有人爱好,花颜永驻不衰。"整理《野记》一书并题记,言:"余向不喜明人文章,包括钱式等大人物之作。余以为明人文章多才子气,才子气即浅薄气,亦即流氓气,与时代社会有关。近日中国文坛,又有此氤氲发生,流氓浅薄之气甚多,社会风气堕落,必有此结果也。"

4月13日 整理早年所购罗振玉著《辽居稿》并题记,言:"文章不能脱离历史制约而独立存在。""人之一生,行为上,文为次。言不由衷,其文必伪;言行不一,其人必伪。文章著作,都要经历历史的判定与淘汰。""一个人的历史,更是难以掩饰的。你的言论,有耳共听;你的文字,有目共睹。批判会上的发言,贴在墙上的大字报,虽事过境迁,终有人记得。"

4月14日 用两天时间读完都穆《使西日记》,下午作题记,记述自己因体弱不喜欢旅行,战争年代,很少探访古籍,晚年喜读有关舆地之书,认为这部日记"甚为简略,记于旅程,无暇铺张。然所记各事,了如指掌,文字功力甚厚"。同日,作《忠王李秀成自述校补本》题记,就李秀成自述中的"迷迷而来"做出推断,认为李秀成起初是出于少年对革命的向往,"并未想到革命道路上的诸多困难,以及最后的自相残杀的大悲剧","实不知今日繁难也",是其痛心之言。

4月18日 作《使西日记》《秦辐日记》题记,言:"近日理书,检及日记,此二种过去读过已忘记,以为未读,及见书皮文字,方知近年记忆力之衰退也。"

4月20日 上午，天津人民出版社编辑藏策和天津社会科学院傅正谷一同前来看望。当日藏策作《孙犁老人》一文，发表于4月27日《天津工商报》(月末版)，详述这次拜会的经过。中午，整理《郭天锡手书日记》并题记，对于该书未附释文不以为然，言："郭氏虽系书信，然字颇草，有很多字认不清，真是苦事。这样一来，既欣赏不了文学，也无暇欣赏书法，可谓两误事矣。"

4月22日 致邢海潮信，告知近况，向其请教《参考消息》所载张学良幽禁岁月一文所引两句诗的出处，收入《孙犁全集》第11卷。

4月24日 上午，整理《汪悔翁乙丙日记》并题记，对日记作者汪士铎大难之前六神无主，措置失当而又斤斤财物，鄙视妇女等行为和主张进行了分析和批判，认为其"能说大话，不能作实事"。

4月26日 整理《翁文恭公军机处日记》并题记，介绍该书作者翁同龢经历及日记内容，言："此日记，所记甚简略，如记事簿。"所记一些民间情状"也可以说是清朝末年腐败现象的反映"。

4月27日 上午，整理《三愿堂日记》并题记，言："所记可谓浩瀚，柳诒徵至以与清代三大名日记相比拟。""其文字之谨严深厚，尤可与三家颉颃。"对三大日记提出自己看法，认为"这些名日记，也不一定就都有那么大的学术价值"，《湘绮楼日记》"读起来实在清淡寡味"。下午，整理并读完早年所购《西征日记》并题记，介绍作者汪振声经历及日记内容，言："所记颇得体要，并附歌咏，盖亦能文之士也。"

4月29日 致周翼南信，感谢所寄无风楼主书法，表示自己的字没有基本功，谈不上书法，认为："文坛近状，已无法谈，自好自洁之士，只能独善其身，别无他途。"收入《孙犁全集》第11卷。

4月30日 刘宗武、自牧等四人前来看望。为四人带来的图书签名，应自牧请求，题写"绿室诗存""香在无心处""柳泉"等。此为住院前接待的最后一批文友。下午五时，在《宣德鼎彝谱》书衣上题记，记述来客情况，言："说话亦多，大累，后应节制。另有一抗日时期学生上午来，下午又来，均以告之我太累，体谅而去。故人能理解，新交不可能。"

本月某日 谢大光来访，聊天时对谢大光说："现在看，存一些线装书太对了。字大，纸白，书轻，看得很舒服。新书一打开，阳痿广告、错字连篇、印刷不匀，很堵气。说两件好笑的事吧。《新民晚报》严建民要我写字，一拿毛笔就紧张。我这人小气。怕浪费纸，怕写错字。寄稿子，用自己糊的信封，结果自己封上的一头打不开，成品的一头好打开，拿出稿子时，把一点连到了笔画里，'万'字成了'方'字，熟悉的编辑会把关。给《羊城晚报》的稿子，'到独单'，'独单'是方言，广东人不懂，疑为'单独'，给改成'单独到'。天气不好，就在阳台上活动，亲眼见邻居一老人过马路时胆小，问着司机倒车吗，正巧司机在倒车，撞倒在水里了，后来再出来就坐上了轮椅，现在就见不到了。"谢大光问起身体状况，回答说其他都还好，就是牙不行了，都磨平了，像老马一样，咀嚼的功能退化了。睡觉也不行，常睡一会儿就醒来，再也睡不着。每天早上还能出去转一下，警惕自己别摔跤。

本月　在《西征日记》《三顾堂日记》《翁文恭军机处日记》《越缦堂詹詹录》书衣上题记："过去买了很多旧书,也没有很好读,晚年无事,分类排比,兼作欣赏,亦乐事也。"

本月　在《汪悔翁乙丙日记》《郭天赐手书日记》书衣上题记："(买)郭氏日记本为书法,而古典文学出版社印之,而又不根据排印本(有二种及一简本)。书写体不易读,只能当作书法欣赏。草字又有很多认不清,苦事也。"

5月3日　致徐光耀信,谈发表《甲戌理书记》事,又提及宣德博山炉,告知正在看关于此物的书。同日,致鲁承宗信,告知身体状况,主要不适在于失眠和牙齿咀嚼能力差。两信收入《孙犁全集》第11卷。

5月5日　致段华信,告知收到寄来的两册上海古籍出版社的影印书,表示很喜欢,谈对写字的见解,就是看字帖,多用毛笔写字,收入《孙犁全集》第11卷。

5月7日　整理《越缦堂日记补》并题记,记述该书印行缘起,认为李慈铭对于日记的涂抹,反映其"心猿意马,变化无常","可以看出他的性格和文风"。表示亦不愿读如此紊乱的文字:"虽然佩服他的学问,对他的尖刻的文风,也不大喜欢了。"

5月9日　上午,作《郭嵩焘日记》题记,介绍郭嵩焘生平事迹,认为:"郭氏一位书生,性格孤傲,不宜做官,也不恋栈,后来讲学以终,最为得体。"同日,作《日记总论》一文。

自1993年6月手术后至此　共翻阅六十多种古籍,汇集为《甲戊理书记》,约两万字。最后一篇为《日记总论》,就《曾文正公手书日记》《湘绮楼日记》《翁文公日记》《缘督庐日记钞》《越缦堂日记补》五种日记发表看法,认为日记并不一定是可靠的史料,尤其是政治家的日记,往往讳莫如深:"对于文人名士的日记,也不要多抱幻想。""日记,归根结底,是个人的生活史。""日记各有风格,各有目的。有的记事失实,有的多存恩怨。有人甚至伪造日记,涂改日记,以作自我装饰。另外,日记亦如名人字画,传者不必佳,埋没者或有真正价值。"最后说:"日记遗书,如字体大体清楚,最好影印,保存原貌。一经排印,反易出错。然今日话此,有些不合时宜。一切文言古籍,都在译为白话,不久将无能读中国古典书籍者,况古人书写之日记乎!"

5月15日　清晨散步时受风寒,导致不能排尿,极为痛苦。

5月18日　致邢海潮信,提及向花山文艺出版社李屏锦推荐其审稿事,收入《孙犁全集》第11卷。同日,致徐光耀信,谈到5月3日所提关于宣德炉的书为《宣德鼎彝谱》,谈买书经验和体会,收入《孙犁全集》第11卷。同日,致姜德明信,谈发表"甲戌理书记"情况和对出版界争出通俗读物、白话今译的看法。

5月24日　致万振环信,认为万所作《老屋的荒凉》"写得很好,希望多写",杨栋所写访问记"'谈话'无内容,可不发表",收入《孙犁全集》第11卷。

5月25日　致邢海潮信,感谢常君为4月22日信中提及两句诗找到出处,又请教梁启超文章中所引用两句诗出处。同日,致刘运峰信,对其 5 月 22 日来信中告知张舜徽著作书目表示感谢。两信收入《全集》第 11 卷。

5 月 28 日　题赠《新民晚报》编辑曹正文(笔名米舒)《孙犁新诗选》一册。同日,致孙桂升信,对其寄赠照片表示感谢,谈到近日身体不太好,准备去医院检查前列腺,收入《孙犁全集》第 11 卷。

5 月 29 日　致曾镇南信,对其所写文章表示感谢,谈到自己写作少的原因在于身体状况下降,心情忧郁,最近又闹前列腺毛病,感叹:"人生如此艰难,实无可奈何也。"告知在《天津日报》所发"理书记"情况,收入《孙犁全集》第 11 卷。

本月某日　《天津日报》文艺部编辑葛瑞娥来家中取《理书续记》稿,告知因年纪大了,作品发表前不再看报纸大样。

6 月 1 日　致柳溪信,为其多灾多难感到难过,表示同意吴云教授的观点,认为其文章可以传世。谈及自己发表"理书记"一事及身体情况,收入《孙犁全集》第 11 卷。

6 月 5 日　致邢海潮信并附自书曹操诗字幅,告知身体有些不适,收入《孙犁全集》第 11 卷。

6 月 7 日　致吕剑信,告知收到来信及身体近况,表示:"人到老年,最好不问世事,少写文章,这部散文①出版,也不再印书。"

6 月 23 日　致韩映山信,托其为保姆的大女儿在保定找工作。

---

①　当指《曲终集》。

5、6月后,突然与外界中断联系,几乎与所有人都不再来往,进入与世隔绝的状态。

7月9日　致姜德明信,谈近期患病和住院情况。

8月　刘宗武陪同孙福田、张学新等人,送来市委宣传部为庆祝抗战胜利五十周年向从事文艺工作五十年以上的作家、艺术家颁发的奖状,同时探视病情。

11月　散文、小说集《曲终集》由百花文艺出版社出版,收入芸斋小说、散文、杂感、耕堂读书随笔、耕堂题跋、芸斋短简等共一百零一篇,后记一篇。

12月23日　郭志刚前来拜访,感到"一眼望去,人明显地瘦了,情绪也不佳。谈话间,他对病情表示悲观,说每个小时都可能出现问题"。

1996 年 | 八十三岁

春节期间 刘梦岚前来探望,此时身体衰弱,只能坐在卧室里见客。

9 月 22 日 郭志刚、张学正前来探望,未接见,由保姆玉珍和妻妹介绍情况:"吃饭尚好(一天五次),但心态和生活方式全变了,不理发,不刮胡子,不换衣服,不让人到他屋里去(他有事按铃),很少讲话。以前早晨下去转一圈,回来还在阳台上坐一会儿,现在不让开阳台的门,有早期老年痴呆状。但心里又什么都明白,屋外有点什么事,都知道。听晓达说,小脑有萎缩现象。"

12 月 16 日至 20 日 中国作家协会第五次全国代表大会在北京举行,许多老作家因身体原因不能出席此次大会,《文艺报》临时决定在大会开幕当天的报纸上开设"文坛前辈寄语五次作代会"专版。对电话采访的吴泰昌说:"请你们代我表达对大会的一点祝愿,希望大家同心协力拿出好作品。"

1997年 | 八十四岁

春节后　被孙晓达接到其家中养病,直至住进天津医科大学附属总医院。

夏天　住进总医院高干病房。谢大光和几位同事前去探望。几人排队依次到床前问候,始终合着眼不回答,谢大光上前握手刚要说话,突然睁开眼,问谢大光:"万振环有信来吗?"谢大光趋近一步双手紧握,连说:"有哇,有哇!老万来信,每次都要问到您。"

8月30日　郭志刚及夫人章无忌去总医院南楼病房看望,其时正在输液,精神还好。据护工说:"吃饭还好(家里送饭),但不肯遵医嘱进行检查(B超)。""老人家心眼儿可好了,知道疼人。一到晚上,就叫我们早些支床睡觉。"问候郭志刚。郭志刚一家出房门时,举起未输液的胳膊,示意告别。

1998 年 | 八十五岁

6 月 27 日　上午,郭志刚、汪稼明、章芳、段华由刘宗武陪同至孙晓达家看望,已卧床,认出郭志刚,问:"是郭志刚吗? 是志刚吗? "郭志刚趋前答:"是我,是志刚。"但之后即无语。此系汪稼明第一次来拜见,带来刚由山东画报出版社出版的《芸斋书简》(上、下)。

8 月　日本友人渡边晴夫由刘宗武陪同到医院看望,此时眼睛几乎看不见,不能讲话,但头脑非常清醒。

10 月 10 日　第三次住进总医院,接受全面治疗与护理。

是年秋　刘宗武、刘运峰至总医院探望。

1999年 | 八十六岁

1月18日 滕云和侯军到天津医科大学附属总医院看望。滕云介绍《天津日报》创刊五十周年举办隆重庆典情况，听得很认真，不住发出短促的应答声。此时已无力讲长句子，白发蓬松，胡子没有修剪，指甲足有半寸长。

4月9日 从维熙来天津看望，之后在《北京日报》发表《近读孙犁》，文中提到："陪同我们一块儿去探视孙犁的《天津日报·文艺周刊》编辑宋曙光，他是孙犁的老部下，深知孙犁个性中的含蓄，因而把孙犁流下的泪水，看成是一首无言的诗。"

9月16日 "耕堂劫后十种"出齐后，山东画报社总编辑汪稼明专程到天津送来样书。

2000年｜八十七岁

年初　舒乙和中国现代文学馆的同事们到天津医科大学附属总医院看望。

4月中旬　刘宗武陪同段华去医院看望，并转达在外地的老同学与老战友鲁承宗、邢海潮、陈乔、吕剑和徐光耀等人的关怀。其间，问起《修辞学发凡》和《文坛登龙术》的作者。

5月9日(农历四月初六)　八十八岁生日。刘宗武、张金池、张宝树、刘运峰到医院祝寿，当时正在沉睡。

2001 年 | 八十八岁

1 月 24 日(春节) 上午,前来探望与慰问的人走后,大脑出现暂时"失忆",与孙晓玲核对一些名著的作者。

3 月 17 日 刘宗武、徐明祥、自牧、段华等到天津医科大学附属总医院特护病房探望,吐字含糊,说:"我要休息。走吧——走吧。"

3 月 25 日 孙犁研究会年会在天津召开。

6 月 24 日 说话不大清楚。

6 月 30 日 出现吞咽困难。输液。

7 月 1 日 说话令人难以听懂。

7 月 7 日 张大纲、孙晓玲夫妇到医院看望,嘱咐张大纲为买一双鞋,但鞋码没有说对,出现神志不清现象。

7 月 21 日 孙晓玲来医院送鸡汤、蛋糕。天津市市长派人送来鲜花,对来人说:"谢谢!"

8 月 10 日 医院通知亲属,享受副省级医疗待遇。

10 月 16 日 铁凝在宋曙光、孙晓玲陪同下,到医院探望,此时已处于半昏迷状态,眼睛几近失明,紧握铁凝的手说:"你好吧? 我们很久没有见面了!"

12 月 12 日 进食困难,医生建议鼻饲,遭拒绝,说:"不下! 不下!"对护工说:"我宁肯死,也不下鼻管儿。"

2002 年｜八十九岁

2 月 12 日（春节） 刘梦岚来医院探望，感到突然衰弱了许多，开始还认识并点头，但过了一会儿就糊涂了。

6 月中旬 金梅与朋友去医院探望，发现已很虚弱，除无力地和来人握握手外，很少再有一言半语，眼睛也总是微闭着，像是要睡去的样子。

7 月 4 日 在医院高烧三十九摄氏度，血压急速下降，呼吸、心跳衰弱，胸腔积水……孙子孙瑜、儿子孙晓达夫妇先后赶到医院。经输液逐渐清醒，催孙瑜回家，说这里没有什么事。天津日报社决定组织人员排班进驻医院，二十四小时值守，请医院采取一切有效手段和最好药物治疗，同时将情况向天津市委及市委宣传部汇报。

7 月 5 日 病情未出现明显好转，血压、心率、呼吸不稳，精神亢奋，到半夜犹未入睡。

7 月 6 日 病危，呼吸一度停止三十分钟，经全力抢救，心跳基本恢复正常，但大脑已无意识，靠呼吸机维持。

7 月 7 日 夜间，段华前来探望、陪伴。

7 月 7 日至 10 日晚 仍处于昏迷状态。

7 月 11 日 清晨六时，在天津医科大学附属总医院去世。天降大雨。新华社发布消息："著名作家孙犁今晨在天津病逝，享年九十岁。"全国各地的重要报刊同时转载这一消息。李瑞环、丁关根、曾庆红、巴金、胡启立和杨成武、吕正操等分别以不同方式表示沉痛哀悼。

7月12日　关于孙犁逝世的报道在天津各媒体全面铺开。《天津日报》辟通版特刊,自右至左为挽联式通栏竖题:"山风昔曾吹淀水,一片丹霞,一派蒹葭,挹取清芬怀远者;海雾今已锁砚池,一代文宗,一缕哲踪,留得典型惠后人。"

7月15日　遗体在天津市第一殡仪馆火化。同日凌晨,河北省安新县乡亲特意从白洋淀采摘了新鲜的荷花、荷叶送至殡仪馆灵堂,放到孙犁身边。各界人士及生前友好、读者、亲属前来送行。

索引

后记

这本《孙犁年表》部头虽然不大,但说来话长。

早在幼年时期,我就听说过孙犁的名字。那是因为我们家珍藏着一部油印的《区村和连队的文学写作课本》(简称《文学写作课本》,即后来的《文艺学习》)。这是父亲在抗战时期得到的一件宝物。父亲告诉我,这部书的作者孙犁是安平人,和我们老家河北省束鹿县(今辛集市)相隔不远。虽然还看不懂书中的内容,但我由此记住了孙犁这个名字。

真正系统阅读孙犁的著作大约是在1990年前后,那时,我工作单位附近有一个书摊,以出售百花文艺出版社的图书为主,在这个书摊上,我买到了《晚华集》《澹定集》《尺泽集》《远道集》,孙犁的这些小开本散文集给我留下了深刻的印象,其中有关冀中抗战的故事、"乡里旧闻"等,读来更是倍感亲切,仿佛在听一位老人讲述往事,也仿佛从中看到了故乡的父老。我从此迷上了孙犁,又买到了《老荒集》《陋巷集》《如云集》《曲终集》《耕堂读书记》等。那时候没有网络,买书只能靠运气。记得为了寻找《秀露集》,我跑了好多家书店都无功而返,不得已用一部《读杜心解》和一位同事交换来一本。此后,凡是孙犁的书,我都毫不犹豫地买下;凡是有关孙犁的书,我也下力气收集。久而久之,竟占满了一整个书柜。

大概是二十多年前,我在烟台道古籍书店门前的旧书摊上,买到了三十多册《新文学史料》,在 1984 年的第 3、4 期上,刊有傅瑛和黄景煜编写的《孙犁年表》。这份年表对于孙犁研究具有开创之功,但只写到 1981 年 8 月 6 日,之后也没有续写下去。

这就使我产生了一个念头:孙犁这样一位文学大师,是应该有一部内容完整的年表或年谱的,我何不顺着傅、黄所编《孙犁年表》的脉络,继续编写下去呢?但由于工作繁忙,难以集中精力,于是就请两位年轻人一起来完成这项工作。

刘苗苗很喜欢孙犁的作品,她的硕士学位论文就是从生态美的视角研究孙犁的小说创作。她自重庆师范大学研究生毕业后,到重庆文化艺术职业学院任教。工作之余,根据我提供的资料,她在傅、黄《孙犁年表》的基础上进行增补,完成了一个约七万字的初稿。

刘璁自幼耳濡目染,对孙犁的生平和著作也很着迷。他在南开大学哲学院获得博士学位进入文学院博士后流动站工作后,便在刘苗苗初稿的基础上进行增补,在不到一年的时间里,使这部年表增加到了近二十万字。

在他们两位工作的基础上,我对全部书稿完成了统一修改和加工。

2022 年 5 月,经南开大学文学院张铁荣教授和天津社会科学院文学研究所原所长孙玉蓉研究员推荐,《孙犁年表》获得南开大学亚洲研究中心资助出版立项。于是,我们把书稿交给了孙犁著作出版的重镇——百花文艺出版社。这部年表的许多内容都直接或辗转出自百花文艺出版社出版的图书。除了前面提到的之外,《孙犁文集(补订版)》《书衣文录全编》《孙犁书札:致姜德明》《孙犁书札:致韩映山》《百年孙犁》等,都是编写本书时的重要参考。

在《孙犁年表》进行增补、修订之时,段华先生历经数十年之功完成的《孙犁年谱》由人民出版社出版,这部年谱内容丰富、详尽,给本书的编写提供了很大的助益,本书在对其适当借鉴的同时,也纠正了其中的一些差错。

百花文艺出版社原副总编辑、与孙犁有关密切交往的谢大光先生得知我们编写《孙犁年表》的消息,极为赞同,特意将其撰写的《耕堂聊天记往》《耕堂聊天续记》提供给我们参考。

百花文艺出版社总编辑汪惠仁先生对此书的出版给予了大力支持,《散文》执行主编张森先生精心审校,付出了许多心血和汗水。

所有这些,都使我们感激不尽。在此,谨向为本书的出版提供支持及帮助的各位专家、前辈和朋友表示衷心的谢意。

在编写这部《孙犁年表》的过程中,我们深深感到,尽管本书部头不大,却涉及方方面面,且是一件没有止境的工作——有关孙犁的资料不时有新的发现,这部年表也就因此而无法画上句号。

我们期待着读者的批评,同时也希望在不远的将来,能够得到补充与修订的机会。

刘运峰

2024 年 8 月 5 日

参考书目（以出版时间为序）

■ 刘宗武、段华、自牧编：《回忆孙犁先生》
　中国文史出版社 2006 年 7 月版

■ 万振环著：《我与孙犁的深情厚谊》
　广东旅游出版社 2008 年 4 月版

■ 张建星主编：《孙犁文集·天津日报珍藏版》（上、下）
　文汇出版社 2008 年 12 月版

■ 孙晓玲著：《布衣——我的父亲孙犁》
　生活·读书·新知三联书店 2011 年 6 月版

■ 滕云著：《孙犁十四章》
　人民文学出版社 2012 年 3 月版

■ 孙犁著：《孙犁文集（补订版）》（1—10 卷）
　百花文艺出版社 2013 年 4 月版

■ 铁凝、贾平凹等著：《百年孙犁》
　百花文艺出版社 2013 年 5 月版

■ 刘宗武、白贵、王彦博主编：《孙犁百年诞辰纪念集》
　河北大学出版社 2013 年 5 月版

■ 孙晓玲著：《逝不去的彩云——我与父亲孙犁》
　百花文艺出版社 2013 年 5 月版

■ 姜德明编著：《孙犁书札——致姜德明》
　百花文艺出版社 2013 年 5 月版

■ 孙犁著：《孙犁全集（修订版）》（1—11 卷）
　人民文学出版社 2016 年 8 月版

■ 孙犁著、韩大星编：《孙犁书札——致韩映山》
　百花文艺出版社 2016 年 7 月版

■ 孙犁著、刘宗武编:《书衣文录》

　　海燕出版社 2017 年 5 月版

■ 段华著:《荷花的光影——孙犁之旅》

　　北方文艺出版社 2018 年 1 月版

■ 王林著,王端阳、冉淮舟编:《王林日记辑录之一——我与孙犁四十年》

　　北岳文艺出版社 2019 年 1 月版

■ 赵明主编:《孙犁书札——致徐光耀》

　　河北美术出版社 2020 年 6 月版

■ 孙犁著:《书衣文录全编》(上中下)

　　百花文艺出版社 2021 年 6 月版

■ 段华编著:《孙犁年谱》

　　人民出版社 2022 年 3 月版

■ 卫建民著:《耕堂闻见录》

　　天津人民出版社 2022 年 7 月版

■ 冉淮舟著:《欣慰的回顾》

　　天津人民出版社 2022 年 7 月版

■ 宋曙光著:《忆前辈孙犁》

　　天津人民出版社 2022 年 7 月版

■ 肖复兴著:《清风犁破三千纸》

　　天津人民出版社 2022 年 7 月版

■ 谢大光著:《孙犁教我当编辑》

　　天津人民出版社 2022 年 7 月版

■ 侯军著:《报人孙犁——重读孙犁随笔》

　　天津人民出版社 2023 年 5 月版

■ 孙晓玲著:《一生荷梦寄清风——我的父亲孙犁》

　　山西教育出版社 2023 年 9 月版

　　※报纸、期刊和内部读物未予列入。